KB117008

제정신이라는 착각

제정신이라는 착각

1판 1쇄 발행 2023. 9. 25.
1판 9쇄 발행 2024. 6. 11.

지은이 필리프 슈테르처
옮긴이 유영미

발행인 박강휘
편집 박익비 **디자인** 조은아 **마케팅** 박인지 **홍보** 이한솔·강원모
발행처 김영사
등록 1979년 5월 17일(제406-2003-036호)
주소 경기도 파주시 문발로 197(문발동) 우편번호 10881
전화 마케팅부 031)955-3100, 편집부 031)955-3200 | 팩스 031)955-3111

값은 뒤표지에 있습니다.
ISBN 978-89-349-5099-8 03180

홈페이지 www.gimmyoung.com   **블로그** blog.naver.com/gybook
인스타그램 instagram.com/gimmyoung   **이메일** bestbook@gimmyoung.com

좋은 독자가 좋은 책을 만듭니다.
김영사는 독자 여러분의 의견에 항상 귀 기울이고 있습니다.

제정신이라는 착각

필리프 슈테르처
유영미 옮김

확신의 큰 헛소리들과
그 이유에 대하여

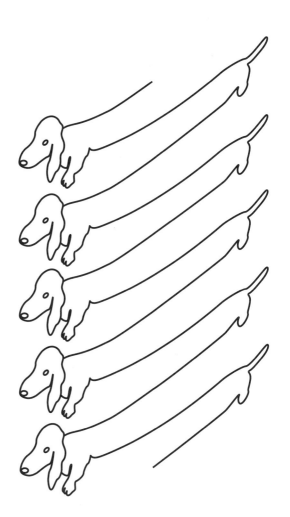

김영사

에이다와 코지마
그리고 프란츠에게 바친다.

우리 머릿속의 세상

———— 세상이 7일 만에 창조됐다고?

분명히 말도 안 되는 이야기인데, 사람들이 그것을 굳게 믿는 현상을 주변에서 쉽게 볼 수 있다. 와! 어떻게 그럴 수가 있지? 나는 그 점이 늘 신기했다. 언제부터 이런 현상에 매력을 느꼈는지는 잘 모르겠다. 하지만 나는 매우 오래전부터 이런 현상에 흥미를 느꼈다. 내가 신경정신의학자의 길을 선택한 이유다. 이 책도 그런 관심에서 시작됐다.

나는 기독교 집안에서 태어났다. 어릴 적 늘 《성서》의 이야기를 들으며 자랐고, 종교 선생님과 목사님이 믿음이 얼마나 중요한지 가르쳐줬다. 그리하여 나는 자연스럽게 《성서》의 이야기를 곧이곧대로 믿어야 한다고 생각했다. 하느님의 말씀이니 말이다. 하지만《신약성서》에 등장하는 기적은 잘 믿어지지 않았다.

'그래, 예수가 하느님의 아들이고, 동정녀를 통해 인간의 모습으로 태어난 거라면, 물을 포도주로 변화시키고, 물 위를 걷고, 죽은 지 사흘 만에 부활하는 등의 일이 왜 불가능하겠어! 그러나《구약성서》의 이야기는?'

부모님 왈 상상력이 너무나 풍부한 소년이었던 내게《구약성서》속 이야기는 더욱 의구심을 자아냈다. 손짓 한번으로 바다를 양쪽으로 가른 모세 이야기, 소금 기둥이 된 롯의 아내 이야기, 세상 모든 동물의 암컷과 수컷을 태웠다는 노아의 방주 이야기(모든 동물? 정말로 모든 동물이었을까? 몇천 년 전에 만든 배가 도대체 얼마나 컸기에 세상 모든 동물을 다 태울 수 있었을까?)…. 의아한 마음은 창조 이야기에서 절정을 이루었다. '하느님이 7일 만에 세상을 창조하셨다니!' 이것은 노아의 방주 이야기와 마찬가지로 당시 내가 탐독하던 어린이 과학서에 나오는 설명과 도무지 맞아떨어지지 않았다.

부모님은 나의 궁금증에 빙그레 미소 지으면서도 내 생각을 진지하게 받아들여줬다. 그러면서 "얘야,《성서》는 문자 그대로 받아들여서는 안 된단다. 비유적으로 이해해야 해"라고 말했다. 《성서》는 몇천 년 전에 쓰였고, 당시 사람들은 그 시대에 맞게 사고했으니《성서》의 이야기를 문자 그대로 받아들여서는 안 되고, 역사적 맥락에서 이해해야 한다고 했다. 부모님의 설명을 듣고 마음이 좀 놓였다. 그러나 한편으로는 의아심이 여전히 풀리지 않았다.

　'아니, 《성서》는 하느님의 말씀이 아닌가. 하느님은 전지전능한 분이라면서, 왜 그런 분이 2,000년 전에 지금의 우리로서는 좀 황당하게 다가오는 이야기를 했단 말이지?'

　나는 어린아이의 논리로 자문하고는 '그래, 그냥 그렇다고 해두자!'라고 타협했다. 그러고는 《성서》를 문자 그대로, 피상적으로 읽는 것을 그만두고, 그 안에 깃든 더 깊은 영적 의미를 발견하고자 노력했다. 그러면서 '다른 사람들도 나와 비슷하겠지'라고 생각했다. 모두가 언뜻 동화처럼 보이는 이야기 속에서 더 깊은 메시지와 지혜를 읽어내려 한다고 말이다.

　그러다 20대가 되어 많은 사람이 《성서》와 다른 고대 문헌의 텍스트를 그냥 곧이곧대로 받아들인다는 사실을 알았을 때 어안이 벙벙해졌다(이 사실이 놀라운 건 지금도 마찬가지다). 창조 동화 혹은 창조 신화를 아주 진지하게 사실로 받아들이고, 블랙홀부터 진화론에 이르기까지 과학적인 이야기를 완전히 엉터리라고 받아들이는 사람들이 있었다. 이 사람들은 왜 이렇게 생각하는 것일까? 신이 어떻게 7일 동안 온 세상을 창조했다는 것일까? 그러면 과학은 뭐가 되는 것일까? 우주 창조와 지구상 생명체에 대한 과학적 인식은 다 헛소리란 말인가? 이런 문제들에 대한 과학적 인식이 완전히 틀릴 가능성이 얼마나 될까? 과학자들은 모두 엄청난 음모론을 신봉하며, 사람들을 호도하려는 것일까?

──── 우리 머릿속 세계상은 어떻게 형성되는가

나는 이 같은 현상에 대해 오래전부터 모종의 매력을, 혹은 깊은 우려를, 혹은 이 둘을 동시에 느껴왔다. 어떤 이유에서든 사람들이 주어진 사실과 확률을 무시하고, 흔들림 없이 자신의 확신을 고수하는 현상을 말이다. 이런 현상이 내게 매력적으로 다가오는 것은 일종의 민족학적 호기심 때문이다. 이런 현상은 놀라움과 흥미를 불러일으키고, 이를 이해하고 설명하고 싶게 만든다. 그러나 이런 현상은 강 건너 불구경하듯 거리를 좀 두고 별 감정 없이 관찰해야 매력적으로 다가온다. 문제는 그렇게 하기가 쉽지 않다는 것이다. 그것이 쉽지 않은 이유는 첫째, 내가 사실과 무관하게 확신을 고수하는 사람들을 보며 그들이 틀렸거나 터무니없다고 확신하기 때문일 것이다. 이는 나 역시 내 확신에 위배되는 여러 사실을 제대로 보지 못하기 때문일 수도 있다. 그리고 둘째, 내가 제한된 자원을 가지고 제한된 생활공간을 공유하며, 이런 공간에서 평화롭게 지내고자 하는 사회 공동체의 일원이기 때문이다.

더불어 살아가면서 서로 얼마나 평화롭게 잘 지낼 수 있느냐 하는 데는 우리가 현실에 대해 지닌 상이 중요한 역할을 한다. 현실에 대한 상이 어떤 식으로 더불어 살아갈지, 어떤 규칙을 세우고 사회와 개인으로서 어떻게 중요한 결정을 내릴지 좌우하기 때문이다. 사회 구성원들은 사회가 잘 돌아가도록 공동의 해결책을 찾기 위해 조율하고 타협하고 협력해야 한다. 구성원 모두가 같은 의견이라면 문제가 없다. 그러나 구성원들이 서로 다른 이해관계를 가지고 그것을 관철시키려고 하면 어려워진다. 무엇이 진실이고, 무엇이 진실이 아닌지 서로 합의되지 않을 때도 어려워진다.

신이 인간을 창조했다고 확신하는가, 인간이 진화의 산물이라고 확신하는가는 더불어 살아가는 데 별로 중요하지 않은 문제일지도 모른다. 어떤 사람이 어떤 신념을 가지든 그건 사적인 문제가 아니겠는가(인류가 신앙 문제로 서로 전쟁을 벌이곤 했던 역사를 모른다면 최소한 그렇게 생각할 수 있다).

그러나 신이 있는지 없는지, 이 세상과 인간이 어떻게 생겨났는지 같은 비교적 추상적인 질문 말고도, 더불어 살아가는 데 매우 중요하지만, 사회 구성원끼리 서로 의견 차이가 나는 주제가 굉장히 많다. 기후변화가 일어나고 있는가? 그렇다면 그것은 인위적인 것일까? 아니면 지구온난화는 늘 있어온 정상적 기온 변동으로, 걱정할 필요도 없고 대책을 세울 필요도 없는 것일까? 코로나19 COVID-19 사태는 빌 게이츠 Bill Gates가 일으킨 것일까, 혹은 무책임한 (또는 악의적인) 중국 과학자들 때문에 발생한 일일까? 아니면 인간이 살아가는 방식이나 여러 지역의 높은 인구밀도, 동물 사육 방식 등 다른 원인으로 발생한 일일까?

이런 질문에 대한 우리의 답변은 중요하다. 그것이 많은 것을 좌우하기 때문이다. 사람들 모두가 흔들림 없이 본인의 확신만 부여잡고 있어 이런 질문에서 합의가 이루어지지 않는다면, 그래서 이 시대가 당면한 현안에 필요한 조치가 이뤄지지 않는다면, 정말 우려할 만한 일일 것이다.

　인간은 본성상 이기적이고 근시안적이라 자신이 믿고 싶은 것만 믿는 존재인 것일까? 지구온난화를 막기 위한 조치가 내 생활에 불편을 초래하니까 편하게 그저 인위적인 기후변화 따위는 없고, 그냥 지어낸 이야기라고 믿어버리는 것일까? 코로나19 팬데믹 극복 방안 때문에 자유로운 삶을 포기해야 하고, 귀찮게 마스크를 쓰고 다녀야 하니까, 코로나19가 빌 게이츠가 인류를 통제하기 위해 조작한 사건이라고 믿어버리는 것일까?

　하지만 일은 그렇게 간단하지 않다. 우리가 세계를 자신이 보고 싶은 대로 보는 건 맞지만 이런 세계상이 우리의 욕구나 필요에만 좌우되는 것은 아니다. 세계상은 우리가 필요에 따라 이리저리 왜곡한 상이 아니다. 그보다 더 근본적인 의미에서의 개인적인 상이다. 우리가 주변 세계(그리고 그 세계 속 우리 자신)를 어떻게 지각하고, 우리의 지각을 어떻게 커다란 전체, 즉 '큰 그림 big picture'으로 정돈하는지는 매우 개인적인 부분이다.

　우리의 세계상은 머리, 더 정확히 말하자면 뇌에서 만들어진다. 물론 우리는 사회적 존재로서 소통하기에, 나의 세계상과 너의 세계상은 서로 무관하지 않다. 소통하기 때문만이 아니라, 우리 모두 유전적 장비가 비슷하다 보니 뇌도 비슷하게 작동하기 때문이다. 그리하여 각자가 만들어내는 세계상은 많은 부분 유사하다. 그럼에도 결국 감각기관이 제공하는 데이터를 이해하고 설명해야 하는 것은 나의 뇌다. 세계에 대해 개인적인 상을 만드는 것은 나의 뇌인 것이다.

——— 춤추는 난쟁이와 두 가지로 보이는 형상

그리하여 우리는 이 책이 탄생하는 데 기여한 두 번째 매력에 당도했다. 바로 인간 지각이 극히 주관적이라는 것과, 그런 주관성이 뇌에서 어떻게 만들어지냐는 것이다.

10대 후반부터 대학교 저학년 때까지 나는 많은 시간을 음악에 할애했다. '마인드 게임즈' 밴드는 나와 친구들에게 음악적 고향이자 실험실이 되어줬고, 우리는 밴드 활동을 하며 다양한 리듬 작업을 했다. 가령 〈춤추는 난쟁이가 보이시나요?Can You See the Dancing Gnomes?〉라는 작품에서 4분의 3박자, 혹은 4분의 4박자로 들릴 수 있는 리듬을 만들었다.[1] 드러머와 베이시스트는 4분의 3박자로 연주하고 나머지 밴드는 4분의 4박자로 즉흥연주를 하는 것처럼 들렸다. 우리의 귀나 듣는 사람의 귀에 그다지 거슬리지 않고 말이다(물론 음악적으로 듣기에 좋은 것이었는지는 또 다른 문제다). 우리는 당시 서로 다른 리듬을 동시에 '느끼는 것'에 대해 이야기했다. 하지만 여기서 '느낀다'는 것은 감정과는 별 상관이 없는 것이었다. 같은 것을 들으면서 서로 다르게 느끼는 것이 아니라, 실제로 다른 것을 '듣고 있었다'. 우리 뇌는 동일한 재료, 동일한 음으로 서로 다른 지각을 만들어냈다. 같은 세상에 대해 개인적으로 서로 다른 (청각적) 이미지를 만들어냈던 것이다.

나중에 프랑크푸르트 대학병원의 신경과 의사이자 연구원으로 일하면서 특별한 지각에 대한 나의 호기심은 날로 커져갔다. 나는 그곳에서 내가 젊은 시절에 음악을 하면서 열광했던 바로

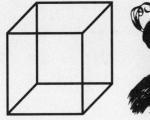

그림1 쌍안정 착시 효과의 고전적 예. 서로 다른 두 가지 해석이 가능한 그림으로 오래 보고 있다 보면 우리의 지각이 두 해석 사이에서 이리저리 '넘나든다'. '네커의 정육면체'(왼쪽), '내 아내이자 장모님'(가운데), 또는 '루빈의 꽃병'(오른쪽)이다.

그 주제를 연구하는 안드레아스 클라인슈미트Andreas Kleinschmidt를 알게 됐다. 그 주제는 학문 용어로 '쌍안정 지각Bistable Perception'이라는 분야였다. 쌍안정 지각이란 자극(예: 리듬)이 서로 다른 두 가지 지각(예: 4분의 3박자 또는 4분의 4박자)과 결합할 수 있는 현상을 칭하는 전문용어다. 우리의 지각이 때때로 두 개의 안정된 지각 상태 사이를 이리저리 왔다 갔다 한다는 것이다(그래서 쌍안정이라는 이름을 얻게 됐다).

쌍안정 리듬보다 훨씬 더 유명한 것은 바로 쌍안정 착시 효과로, 〈그림 1〉에서처럼 이미지를 보면서 두 개의 이미지를 번갈아 지각하게 되는 것을 말한다.

나는 안드레아스 클라인슈미트가 이끄는 연구 팀에 합류해 우리의 뇌가 쌍안정 지각 현상을 활용해 어떻게 머릿속 세상을 만들어내는지 신경학적으로 탐구하기 시작했다.[2] 쌍안정 지각을 통해 인상 깊게 느낄 수 있듯 우리의 지각은 수동적 과정이 아니다. 언뜻 생각하면 외부 세계의 상이 뇌로 어떻게든 투사될 것 같지만, 상을 인식하는 과정은 그렇게 작동하지 않는다.

우리 뇌 속에서 누가 (혹은 무엇이) 이런 투영된 이미지를 보고, 그로부터 의식적으로 지각되는 이미지를 만들어낸단 말인가? 외부 세계에서 투사한 이미지를 보고 뿅 하고 마술처럼 의식적인 지각을 만들어내는 주체가 뇌 속에 있단 말인가? 그렇게 작동하지 않는다는 걸 우리는 쌍안정 지각을 경험할 때 눈으로 여실히 확인할 수 있다.

내가 〈그림 1〉의 네커의 정육면체에서 오른쪽 내지 상단이 전면으로 나오는 상을 보는 동안, 독자들은 아마 왼쪽 내지 하단이 전면으로 부각되는 모습을 보게 될지도 모른다. 두 개의 뇌가 동일한 데이터(선으로 그린 정육면체 이미지)로부터 같은 시점에 서로 다른 두 개의 지각(각기 다른 방향을 가리키는 두 정육면체)을 만들어낼 수 있는 것이다.

우리가 의식하지 못한 사이 우리의 뇌는 시종일관 주어지는 감각 데이터로부터 지각을 구성한다. 그리고 이 과정에서 대부분 명확하고 안정된 해답에 이른다. 뇌는 외부 세계에 직접 접근할 수 없기에 지각을 만들어내야 한다. 뼈로 이루어진 깜깜한 공간에 들어앉아 감각기관이 그에게 공급해주는 신호를 이해해야 한다(이런 신호들은 절대로 외부 세계를 명확하거나 완전하게 보여주지 못한다). 우리의 뇌는 발달 과정에서 바깥의 사건 중 어떤 것이 이런 신호를 유발하는지 학습해야 한다. 그렇게 해야만 지각을 만들어내고, 이런 지각을 세상이 어떠하며, 이 세상에서 사건이 어떻게 연결되는지에 대한 이론, 생각, 아이디어, 예감, 의견, 신념, 확신으로 분류할 수 있다.

'뇌가 어떻게 지각을 만들어낼까'라는 질문을 연구하다 보니, 나는 지각의 변화 증상이 나타나는 심리 질환에 점점 더 관심이 생겼다. 현실과 유리된 세계상을 지니고 있어 —즉 그들의 뇌가 현실과 유리된 세계상을 만들어내— 타인들이 볼 때 '미쳤다'는 생각이 드는 질환 말이다. 그런 질환 중 하나는 조현병이다. 조현병 환자는 —최소한 다른 사람들이 볼 때는— 현실과의 연결을 잃어버린다. 그리하여 환각 증상, 즉 현실에 부합하지 않는 지각과 망상, 다시 말해 현실에 부합하지 않는 생각과 확신을 경험한다. 그리하여 나는 신경과에서 신경정신과로 방향을 틀어 뇌가 세계상을 만들어낼 때 어떤 과정이 어떤 방식으로 변하는지에 천착해보기로 했다.[3]

─── 우리 모두 미쳤다고?

'어떤 과정이 변화될까'라는 질문은 곧 다음 질문으로 이어졌다. '정말 변화가 된다면 건강한 사람의 뇌 기능과 망상에 시달리는 사람의 뇌 기능에 분명한 차이가 있어야 하지 않을까?' 하지만 연구를 깊이 할수록, 그런 명백한 차이는 전혀 존재하지 않는다는 것이 확연해졌다. 정확히 말해 차이는 있을지도 모른다. 그러나 '정상'과 병리적 변화 사이에 명확한 선을 그을 수는 없다. 이 사실은 별로 놀랍지 않다. 우리 주변에도 현실과 그다지 부합하지 않는 확신을 품고 있으면서도, 명백한 증거가 나와도 확신을 수정하려 하지 않는 경우가 비일비재하지 않은가. 음모론 신봉자나 종교적 근본주의자만이 아니라, 우리 모두에게 해당되는 이야기다.

데이터와 사실을 토대로 가능한 한 진실에 부합하는 세계상을 그려 내야 할 과학자들마저 자신의 아이디어에 지나치게 열광하다가 삼천포로 빠져 말도 안 되는 이론을 주장하는 경우를 심심치 않게 볼 수 있다.[4] 그러므로 우리가 (또는 우리의 뇌가) 자신만의 세계를 만들어내는 것은 인간들의 보편적이고 기본적인 특성인 듯하다.

따라서 우리는 세상을 다르게 지각하고, 지각을 우리 나름대로 이해해 무엇이 맞고, 무엇이 틀린지에 대해 서로 다른 확신에 이르곤 한다. 그뿐만 아니라 사실이 분명히 그에 반하는 경우에도 흔들리지 않고 자신의 확신을 고수하곤 한다. 이렇게 현실과 동떨어지게 되는 것은 모 아니면 도 현상이 아니다. 우리 모두 어느 정도는 현실에서 떨어져 있기 때문이다.

우리 모두가 실제로 어느 정도 '제정신이 아닌 걸까?' 또는 우리가 '제정신이 아니라고' 여기는 사람들이 최소한 우리 생각보다는 '제정신인 걸까?' 우리는 어째서 최대한 현실적인 세계상을 제공하는 걸 최우선 과제로 여기지 않는 뇌를 가지고 태어났을까? 진화가 어째서 우리를 종종 현실을 그릇되게 평가한 뒤, 반대되는 사실이 대두해도 아랑곳하지 않고 자신의 틀린 확신을 고집스럽게 부여잡는 존재로 만들었을까? 다음과 같은 질문도 생긴다. 그렇게도 종종 서로가 확신하는 바가 다르고, 종종은 그 확신이 그릇된 것인데도, 자신의 확신을 철석같이 믿고는 그 믿음에 갇히는 현상을 대체 어떻게 하면 좋단 말인가?

나는 뇌에서 확신이 어떻게 생겨나는지 살펴보면서 이런 질문들에 답해볼 수 있다고 생각한다. 이것이 바로 이 책을 쓴 이유다. 기후변화나 코로나19 팬데믹으로 인한 갈등, 종교적 모티브로 인한 전쟁과 분쟁[5] 등 우리 시대의 도전에 직면해 우리 자신과 타인의 고집스러운 확신을 대체 어떻게 해야 할지 가슴이 답답하기만 하다.

이런 문제는 어제오늘 일이 아니지만, 요즘 들어 더 첨예해지는 듯한 인상이다(이런 인상이 그저 인상에 그친다 해도[6], 정말 심각한 문제가 아닐 수 없다). 열린 대화를 나누고 서로 합의에 이르는 것이 많은 경우 불가능할 정도로 서로 다른 확신이 심하게 대립하는 모습이다. 인터넷 시대에 끼리끼리 소통하고, 필터 버블(인터넷 정보 제공자가 필터링한 정보만 제공하는 현상—옮긴이)이 만연하다 보니, 자신과 다른 의견은 아예 귀담아듣지 않고, 열린 토론을 하기 힘들다.

탈진실post-truth 시대를 맞아 자신의 의견을 뒷받침하는 논거로 (거짓) 팩트를 동원하는 일이 흔하게 일어나며[7], 경험적 검증과 균형 잡힌 토론은 점점 더 사라져가고 있다. 합리적 확신을 표방하는 사람들은 비합리적 의견을 신봉하는 사람들을 얕보며, 비합리적 의견을 신봉하는 사람들은 스스로를 합리적이라고 생각하는 사람들을 얕본다. 그러다 보니 "난 무엇이 옳은지 알아. 난 이성적이고 똑똑하니까"라는 말로 대변되는 공상적 박애주의자와 "난 무엇이 옳은지 알아. 그냥 감이 오니까"라는 말로 대변되는 포퓰리즘 신봉자 사이에 형성된 전선은 더 팽팽해지고 있다.[8] 플로리안 일리스Florian Illies는 이런 비참함을 다음과 같이 표현했다. "토론이나 의견 교환은 결코 중요하지 않다. 늘 280자(트위터 최대 글자 수)로 자신이 옳다는 이야기만 할 뿐."[9]

상황은 고착된 것처럼 보인다. 우리는 자신의 확신을 의문시하고 캐묻는 대신 다른 확신을 신봉하는 사람들을 '흠, 정말 제정신이 아니네'라며 폄하해버린다. 우리는 확신을 '정상적인 것'과 '제정신이 아닌 것', 합리와 비합리, 건강한 것과 병든 것으로 양분한다. 우리 모두가 이런 구분을 한다. 이런 구분이 직관적으로 그럴듯해 보이기 때문이다. 이런 구분은 복잡성을 줄여주며, 구조를 부여한다. 한마디로 이렇게 구분하면 불확실하고 혼란스러워 보이는 세상에서 방향을 잡는 것이 더 수월해진다.

그러나 우리는 대체 어떤 근거와 정당성으로 이처럼 교집합이 없는 이분법적 구분을 하고 있는 것일까? 나는 이 책에서 확신을 단순히 '정상'과 '비정상' 같은 이분법적으로 분류하는 것이 이론적으로나 경험적으로 타당하지 않음을 보여주고자 한다. 게다가 이런 이분법은 위험하다. 건설적인 대화에 장애물이 되고, 사회 분열을 초래하기 때문이다. 이분법은 생각, 믿음, 성적 지향이 다른 사람들을 배제하게 만든다. 자신의 신념과 다른 생각을 하는 모두를 배제하고 보는 것이다. 이분법은 무엇보다 심리 질환자에 대한 낙인을 부추긴다. 그러므로 확신을 이분법적으로 구분하면 많은 것이 더 간단하게 느껴지지만, 사회에서 더불어 사는 것을 어렵게 만든다.

그러면 어떻게 하면 좋을까? 대안이 무엇일까? 이런 질문에 대해 손쉬운 답을 할 수는 없을 것이다. 하지만 확신이 어떤 메커니즘으로 생겨나고 유지되는지, 그리고 확신이 우리를 위해 어떤 기능을 하는지 이해한다면, 답변에 최대한 접근할 수 있지 않을까 싶다.

이 책에서 나는 신경과학적 관점에서 이야기하려고 한다. 최근 뇌과학 이론과 연구 결과를 토대로, 확신이 생겨나는 기본 메커니즘과 기능을 설명할 것이다. 신경과학 외에도 철학, 진화론, 유전학, 사회심리학, 인지심리학, 그리고 무엇보다 신경정신의학을 넘나들며 논의해보려고 한다.

핵심 명제는 바로 이것이다. 어떤 확신이 '정상적인' 것으로 혹은 '제정신이 아닌' 것처럼 보인다 해도, 그것은 언제나 가설에 불과하다는 것이다. 이런 가설은 종종 우리에게 커다란 유익이 된다. 세상에서 일어나는 일을 예견하게 해주고, 그런 사건에 더 쉽게 대응하도록 해주기 때문이다. 그러나 가설은 가설일 따름이다. 즉 아직 입증되지 않은 가정이므로, 언제든 잘못된 것으로 드러날 수 있다.

확신하고 싶어 하고, 확신을 고집스럽게 부여잡고 싶어 하는 경향은 심리학적으로나 진화론적으로 십분 이해가 가는 일이다. 하지만 확신은 가설에 불과하므로, 자신의 생각이 틀릴 수도 있다는 점을 받아들이고, 절대적으로 확실한 것은 있을 수 없다는 점을 염두에 둔다면, 자신의 생각을 비판적으로 바라보고, 다른 관점에 대해 열린 태도를 취할 수 있을 것이다. 이런 태도는 다원화된 사회에서 서로 도우며 평화롭게 공존하는 데 중요한 전제다. 이 책이 보여줄 관점이 우리 모두가 열린 태도로 타인과 평화롭게 공존할 수 있게끔 작은 기여를 할 수 있다면 좋겠다.

차례

2부 예측 기계

1부

비합리성

DIE ILLUSION DER VERNUNFT

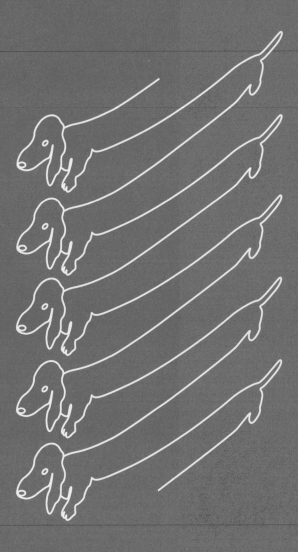

1장

가까우면서도 먼

해킹당한 존 M.의 스마트폰

새벽 4시, 베를린의 한 종합병원 응급실. 존 M.이 긴급하게 도움을 청한다. 그는 3일 전부터 잠을 제대로 자지 못했다. 존 M.은 26세로 영국 잉글랜드 북부의 작은 마을 선덜랜드에서 태어났으며, 런던에 거주하다 베를린에서 새 출발하기 위해 두 달 전 이곳으로 왔다. 존 M.의 북잉글랜드 사투리는 알아듣기가 쉽지 않다. 특히 흥분해서 빠르게 말할 때면 대략 난감해진다.

그는 요즘 화가 날 때가 너무 많다며, 때로는 참기 힘들 정도로 화가 많이 난다고 한다. 자신의 스마트폰이 해킹당했기 때문이란다. 농담이 아니란다. 자신은 글을 써서 먹고사는데, 아니,

최소한 그렇게 하려고 노력 중인데, 다른 사람이 스마트폰에서 자신의 아이디어를 훔쳐 가기라도 하면 끝장이란다. 무슨 글을 쓰냐고 물으니 이것저것, 무엇보다 기사 같은 것을 쓴단다. 온라인 매체나 출판 매체에 팔 수 있는 좋은 이야기를 찾아다니고 있단다. 그는 막 아주 따끈따끈한 일을 추적 중인데 일종의 음모에 관한 것이라며, '러시아 마피아'와 관련이 있다는 말밖에 해줄 수가 없다고 한다. 그 이야기가 스마트폰이 해킹당한 것과 관련이 있을까? 그는 그렇다며, 확실히 그런 것 같다고 한다. 그래서 지금 너무나 신경이 쓰이고 미치겠단다.

그 밖에는 이제 막 베를린에 와서 독일어도 못하는데 살기가 불편하지 않나? 그는 그건 다 괜찮다고 한다. 여기 사람들은 대부분 영어를 아주 완벽하게 구사한다면서. 그럼 친구들은? 역시 문제가 없단다. 자신은 어차피 '사회적 동물'이 아니며, 게다가 몇몇 지인이 있고, 런던에서부터 친하게 지내던 친구도 한 명 있다고. 재정적으로는 압박을 받고 있다고 한다. 베를린 물가가 무척 싼데도 저축한 돈은 얼마 가지 않아 떨어질 거라면서. 집세는 저렴하지만, 대신 큰길가 1층에 살고 있다며, 위치가 좋지 않고 안전성도 떨어진다고 한다.

이제 다시 해킹당한 스마트폰으로 돌아가서, 그는 대체 휴대폰이 해킹당한 사실을 어떻게 알까? 하하, 모두가 자신에게 그런 질문을 던진다고 한다. 아무도 자신을 믿어주지 않는다고. 하지만 아주 확실하단다. 몇 주 전에 그는 처음으로 이상한 이메일을 받기 시작했다고 한다. 영어로 된 것이었고, 작성자가 동유럽

쪽인 듯했다면서, 러시아에서 발송한 것이 분명한 듯하다고 한다. 그를 조사한 냄새가 났다고. 하지만 그것이 전부가 아니라고 한다. 그 후 계속해서 스팸 메일이 왔는데, 어떤 것들은 키릴문자로 돼 있었다며, 이런 메일이 오면 그는 늘 즉시 삭제해버렸다고 한다. 그런 다음 3일 전에 발신자가 불분명하고, 아무런 내용도 없는 SMS를 받았으며, 같은 날 발신자 표시가 없는 전화가 와서 받으니까, 아무런 말도 없이 그냥 거친 숨소리만 들리더라고 한다. 어제는 전화기가 그냥 다운돼버렸다고 한다. 그냥 꺼져버렸다면서, 이런 일은 처음이라고 한다.

말을 하는 중에 존 M.은 너무나 긴장해서 땀을 흘리며 몇 번이나 일어서 왔다 갔다 한다. 제길, 왜 아무도 자신을 믿어주지 않느냐며! 런던 출신의 오랜 친구는 자기더러 미쳤다며, 시시껄렁한 이야기 그만하고 그냥 대마초 한 대 피우고 정신 차리라고 하더란다. 그건 그렇고 대마초 말인데, 존 M.은 정기적으로 대마초를 피우나? 아니, 그렇지 않단다. 예전에는 간혹 피웠는데, 지난 몇 주간은 전혀 손대지 않았다고. 자신은 마약을 하는 타입이 아니라, 오히려 맥주를 즐겨 마시는 타입이라면서. 지난 며칠간 저녁마다 맥주 몇 캔을 마셨다고 한다. 마음을 가라앉힐 요량이었다고. 하지만 이제는 말할 기운도 없고 완전히 진이 빠져 강한 수면제를 먹고 잠이나 자고 싶다고 한다. 아, 제발 다시 한번 실컷 잠이나 잘 수 있었으면! 그것이 유일한 소망이라고 한다.

응급실에서 존 M.을 상담한 신경정신과 의사도 그에 수긍한다. 존 M.은 신경정신과적 질환의 여러 지표를 보여준다. 피해

망상증도 있는 듯하다. 새로운 환경, 힘겨운 삶의 상황, 스트레스가 맞물리는 것은 전형적인 상황이다. 스트레스로 급성 정신증이 생긴 것인지도 모른다. 조현병의 초기 단계인 것일까? 한편으로는 모든 것이 존 M.이 말한 대로일 수도 있다. 정말로 휴대폰이 해킹당했을지도 모르지 않는가. 베를린에서 러시아 마피아 이야기를 취재 중이라면, 물론 그 모든 가능성도 염두에 두어야 할 것이다.

의사는 만일을 위해 신경정신과 병동에 며칠 입원할 것을 제안한다. 입원해서 안정을 취하고, 상담도 하고 정확한 진단을 해보자는 취지다. 그러나 존 M.은 절대 입원하려 하지 않는다. 뭐 의사도 양가적인 마음이 들었으므로(모든 상황, 모든 사람을 병리적으로 해석하지 않으려 하기에) 일단 수면제를 처방해주고 '불편이 계속되거나 악화되는 경우 재진 요망'이라고 기입해둔다.

일주일 뒤 존 M.이 다시 병원에 나타난다. 불편은 여전히 계속되고 심지어 더 악화되고 있다고 한다. 계속 불면증에 시달리고 불안해서 외출하기조차 어렵다. 그는 휴대폰을 통해 자신의 일거수일투족이 감시당하고 있다고 확신한다. 가능한 한 모든 웹사이트에 그를 겨냥한 메시지를 보내고, 자신의 생각까지 조종하는 듯한 느낌을 받는다. 물론 이런 생각은 불합리하지만, 그런 방법이 있을지 누가 안단 말인가. 그는 자살까지 생각할 정도로 절망하고 있다고 말하다가, 아니 이런 것은 그냥 헛소리고, 본인은 그런 것에 굴하지 않을 거라고 한다. 어쨌든 이번에 존 M.은 너무 절망스러운 나머지, 의사의 제안에 순순히 입원 치료를 받겠다고 한다.

담당 의사는 상당히 확신을 갖는다. 존 M.의 이야기가 일말의 진실을 포함하는지는 몰라도, 누군가 자신의 생각을 조종한다고 느끼는 것이야말로, 뚜렷이 자아 장애로 분류할 수 있다. 그래서 의사는 급성 정신병을 진단한다. 존 M.은 이런 진단을 완전히 헛소리라고 치부한다. 그러면서 사람들이 도무지 자신의 말을 믿어주지 않고, 자신을 미친 사람 취급하려 한다고 말한다. 하지만 좋아, 한번 신경안정제를 복용해보지 뭐.

일주일 뒤에 존 M.은 약간 호전돼 자신의 의사에 따라 퇴원한다. 외래로 계속 치료받으라는 제안을 감사히 받아들인다. 그러고는 딱 한 번 외래 진료를 받으러 와서는 자신이 다시 좋아졌으며, 이제 모든 것이 괜찮다고 말한 뒤 다시는 병원에 모습을 보이지 않는다. 일 년 뒤 존 M.을 치료했던 팀은 그의 가족에게서 그가 베를린 프리드리히가의 에스반역에서 기차에 치여 사망했다는 전갈을 받는다. 제삼자가 밀었다거나 하는 정황은 전혀 없고, 유서도 없다. 정말로 러시아 마피아가 그의 휴대폰을 해킹했는지는 영영 알 수 없게 됐다.

─────── **무너져버린 헬렌 S.의 세상**

헬렌 S.는 49세로 뉴욕에 거주한다. 미생물학 교수이며, 그런 대로 행복한 결혼 생활을 하며 두 아이를 두었다. 인생의 한가운데에서 성공한 여성으로 학문적 커리어의 정점에 있던 어느 날, 헬렌 S.는 샤워를 하다가 왼쪽 가슴에 딱딱한 게 만져져 급히 산부인과에서 검사해본 결과 유방암 진단을 받는다. 수술은 신속하게 이루어졌고, 그 뒤에 항암 치료를 받기로 돼 있다. 그녀는 이에 따른 부작용을 잘 알고 있다. 전에 의학도 공부한 적이 있다. 머리카락이 빠지고, 메슥거리고, 구토가 날 것이다. 헬렌 S.는 자세히 알고 싶지 않다.

항암 치료를 시작하기 전에 그녀는 구토를 억제하는 강한 약을 투여받는다. 구토 억제 효과를 뒷받침해준다는 스테로이드계 약물인 덱사메타손dexamethasone 주사도 맞는다. 병원에서 집에 가는 길에 그녀는 잠시 택시를 타고 갈까 망설이다가 그냥 지하철로 가기로 한다. A 노선으로 불과 몇 정거장 되지 않는 데다 공연히 법석 떨지 않고, 암에 걸렸어도 가능하면 그냥 평범하게 살아가고자 한다.

지하철에 앉아 있는데, 단번에 뭔가 단단히 달라진 듯한 느낌이 밀려온다. 처음엔 속이 안 좋은 건가 했는데, 변한 것은 바로 주변 세계다. 지하철 안 조명이 평소와 다르고, 주변 사람들도 굉장히 이상해 보인다. 뭔가 특이하고 수상쩍어 보인다. 영문은 모르겠지만, 속에서 스스로가 위험에 빠진 것 같은 느낌이 올라온다. 주변 모든 사람이 그녀가 모르는 걸 알고 있는 것처럼 보인다. 그들이 애써 숨기려 해도 훤히 표시가 난다. 지하철에서 나는 소음은 점점 커지고, 갑자기 뚜렷한 리듬이 생긴다. 지하철의 흔들림도 평소보다 매우 과격하다.

물론 과학자로서 헬렌 S.는 자신의 뇌가 장난을 치는 건가 생각한다. 뇌 기능이 변해서 경험, 세계에 대한 지각, 감정의 변화가 느껴지는 것일 수도 있다. 약물 부작용일까? 잠시 암에 대한 생각도 고개를 든다. 뇌에 전이된 것일까? 하지만 이런 생각도 잠깐, 너무나 불길한 예감이 격하게 밀려온다. 이제 헬렌 S.는 나쁜 일이 일어나고 있다고 확신한다. 뭔가 경악할 만한 규모의 재앙이 임박했다고, 최소한 또 하나의 9·11 테러 같은 사건일 거라고. 아직 패닉 상태는 아니다. 심장이 약간 빠르게 뛸 뿐. 그 밖에는 침착한 상태다. 그녀는 초연하게 가까이 다가오는 종말을 마주한다. 자신의 끝, 이 도시, 아니 세상의 종말을.

그러고는 뭔가에 씐 사람처럼 다음 정거장에서 내린다. 원래 내리려던 정거장보다 한 정거장 앞이다. 그녀는 이제 죽을 때 죽더라도 대체 무슨 일인지 알아보고 싶은 심정이다. 그런데 지하철 승강장은 평소와 다름없다. 사람들은 당황한 기색도, 패닉을 일으키는 기색도 없다. 이런 상황에서 어떻게 이렇게 아무렇지도 않을 수 있는지 놀랍다. 전형적인 뉴요커답다. 헬렌 S.는 계단을 올라 거리로 나간다. 센트럴파크 서쪽, 96번가. 하지만 여기도 모든 것이 고요하고 편안하다. 눈부신 황금빛 10월의 하루, 파란 하늘이 빛나고, 센트럴파크는 울긋불긋 가을 옷을 차려입었다. 갓 구운 프레첼 냄새가 건너편에서 실려 온다. 모든 것이 평소와 다름없다. 헬렌 S.는 여전히 이런 평화가 믿기지 않는다. 어쩌면 이렇게 보통 때랑 똑같을 수가 있단 말인가. 이럴 수는 없는데. 이건 뭐지? 헬렌 S.는 남쪽으로 접어들어 집까지 걸어가기로 마음먹는다. 그렇게 걸어가던 중에 서서히 공포감이 사라지고 오늘은 그저 평범한 하루이며, 자신이 그토록 확신했던 재앙 같은 것은 일어나지 않았다는 사실을 깨닫는다. 그렇다면 방금 전 상태는 어떻게 된 일일까? 자신이 돌아버렸던 것일까?

헬렌 S.는 스스로를 100퍼센트 이성적인 인간으로 여긴다. 뼛속까지 철두철미한 과학자다. 초자연적인 힘이나 음모론, 혹은 모종의 '불합리하고 말도 안 되는 생각'을 믿는 사람들을 정신 나간 작자라 여긴다. 그녀가 믿는 것이 있다면, 계몽의 원칙과 학문적 인식이다. 물론 그녀에게도 감정과 감성이 있고, 좋은 느낌과 덜 좋은 느낌도 있다. 그러나 이것은 —진화론적 관점에서 보면— 생존과 번식 가능성을 높이고자 하는 뇌의 반응 패턴일 따름이다. 물론 그녀도 행복감을 느낀다. 사랑스러운 아이들이 아무런 가식도 없이 노는 걸 볼 때, 멋진 섹스를 할 때, 모차르트 음악을 들을 때 등등. 그러나 이 모든 것은 생물학적으로 설명 가능하며, 누군가 신을 들먹이거나 하면, 금세 피곤한 미소가 지어진다.

하지만 방금 지하철에 앉아 갑자기 재앙이 일어날 거라고 굳게 확신한 것은 대체 무슨 일이었을까? 주변 세상이 갑자기 변하고, 모든 것이 평소와 다르게 아주 특이하고 낯설게 보였을 때, 이성적으로 설명해보려는 노력은 전혀 통하지 않았다. 막 재앙이 일어나고 있다는 확신이 다급히 밀려왔다. 그 순간에는 그것이 현실이었고, 그녀는 그것을 믿을 수밖에 없었다.

헬렌 S.는 예일대학교에서 의학을 공부할 때 들은 신경정신과

강의와 실습에서 만났던 조현병 환자를 떠올린다. 그 환자의 망상이 꼭 그러지 않았는가. 그들은 뭔가를 확신했다. 대부분은 끔찍하고 위험한 뭔가를 확신했다. 이성적 논지는 전혀 먹혀들지 않는 듯이 보였다. 조현병 환자와 헬렌 S.의 차이는 조현병 환자에게선 이런 말도 안 되는 확신이 지속되고, 머릿속에 단단히 똬리를 틀고 물러가지 않는다면, 헬렌 S.의 경우는 뉴욕 동네의 평범한 가을 풍경을 보며 그런 확신이 사라졌다는 점뿐이다. 헬렌 S.는 혼잣말을 한다. "그래, 난 단단히 미쳤었군. 방금 잠깐 미쳤어."

집에 돌아와서 헬렌 S.는 컬럼비아대학교 신경정신과 의사이자 신경학자인 친구에게 전화를 건다. 그는 그녀의 이야기에 놀라지 않고, 곧 아주 이성적이고 납득이 가는 설명을 해준다. 덱사메타손을 투여한 뒤 정신병 증세를 보인 것이 그녀만은 아니라면서, 덱사메타손은 극도의 스트레스 상태를 약리학적으로 본뜬 것이라 그것을 투여하면 뇌가 극도로 예민해지기에, 지각이 변해 있지도 않은 위험을 감지할 수 있고, 편집증적 증세를 보일 수 있으며, 나아가 환각까지 나타날 수 있다고 한다. 그러면서 그런 증상이 금방 사라져서 다행이지만, 그래도 담당 의사에게 그 이야기를 하고, 앞으로 그 약을 투여할 때는 약간 조심해달라 말하라고 한다. 그러면서 뇌에 전이되지는 않았겠지만, 만일을 위해 뇌 MRI를 한번 더 찍어보라고 한다. 헬렌 S.는 친구에게 솔직히 말해줘 고맙다는 인사를 하고 전화를 끊는다. 그녀는 믿을 수가 없다. '세상에서 둘째가라면 서러워할 정도로 이성적인 인간인 내가, 스트레스 호르몬 과다로 잠깐 돌아버릴 수 있구나. 정말 완전히 홱 돌아버릴 수 있구나!'

────── 노부인 마르가레트 G.의 확신

마르가레트 G.는 73세로 아직 많이 늙었다고 할 수 없는 꽤 빠릿빠릿한 노부인이다. 독일 프랑크푸르트 북쪽 오래된 아파트에 홀로 살면서, 몇 달 전부터 콘스타블러바헤의 한 신경과에 다니고 있다. 건망증이 심해져 가정의의 의뢰로 대학병원에서 검사한 결과 '경미한 인지 장애' 진단을 받았던 것이다. 기억력이 약간 떨어지긴 하지만, 그 밖에는 별 이상이 없다는 소견이었다. 뇌 MRI 결과, 뇌의 볼륨이 감소된 것이 관찰됐지만, 연령을 감안할 때 그리 심한 상태는 아니었다. 대학병원 의료진은 치매가 있는지는 아직 확실히 알 수 없으며 지켜봐야 한다는 입장이었다.

마르가레트 G.는 새로 다니게 된 신경과 전문의를 마음에 들어 한다. 여자 의사가 시간적 여유를 가지고 이야기를 세심하게 잘 들어주기 때문이다. 네 번째 진료를 받으러 갔을 때 마르가레트 G.는 굉장히 불안한 모습을 보인다. 사위 미하엘이 최근 들어 반복적으로 자신의 물건을 훔쳤다는 것이다. 자기도 정말 우습게 생각하는데, 사위가 최근 들어 평소보다 자주 자신의 집을 찾아왔고, 때로는 맏딸인 클라우디아 없이 혼자 오기도 했다고 한다. 그러면서 클라우디아에게 비상시를 대비해 집 열쇠를 줬기 때문에, 자신이 없을 때도 사위가 집을 쉽게 들락거릴 수 있었을 거라고 한다. 이런 의심이 생긴 연유는 몇 주 전 처음으로 산책을 갔다가 돌아오니 부엌의 물건들이 제자리에 놓여 있지 않고 위치가 달라져 있더라는 것이다. 그런 다음에는 책상에 올려뒀던 50유로짜리 지폐가 없어졌더란다. 처음에는 이런 일들이 자신의 착각 때문인가 했는데, 이제는 갑자기 가정용 은 제품 몇 개가 없어졌다고 한다. 아! 마르가레트 G.는 도무지 화를 가라앉히기 힘들어한다. 하지만 경찰을 개입시키고 싶지는 않다고 한다. 가족 간에 이런 불미스러운 일이 일어난 게 너무 창피한 것 아니냐면서.

신경과 의사는 몇 가지 검사를 해본다. 약간의 단기 기억 감퇴는 관찰할 수 있지만, 전반적인 기억력과 방향감각은 좋은 편이다. 인지 장애가 있다는 별다른 징후도 없다. 하지만 초기 치매 환자가 편집증적 사고를 보이는 것은 충분히 가능한 일이다. 의사는 그다지 치료가 급한 경우라고 보지 않는다. 그래서 마르가레트 G.에게 2주 뒤에 다시 오라며 날짜를 잡아준다. 그때는 딸과 함께 오라고 한다. 이런 상황에 대해 딸이 어떻게 생각하는지 알아보기 위해서다.

2주가 지나서 마르가레트 G.는 약속대로 딸 클라우디아와 함께 병원에 온다. 그 사이에는 또 다른 의심스러운 사건이 없었음에도 마르가레트 G.는 상당히 불안한 모습을 보인다. 그녀는 집에서 늘 불안하며, 모든 것이 제자리에 있는지 계속 체크하게 되고, 더 이상 오랜 시간 집을 비울 수 없노라고 한다. 딸 클라우디아는 이 모든 것을 말도 안 되는 황당한 것으로 치부하며, 엄마가 자신의 남편을 의심하는 것에 대해 기분 나빠 한다. 그러나 한편으로는 엄마의 건강을 걱정하며, 엄마가 최근 더 산만해졌고 다른 진료 일정도 잊어버려서 가지 않았다고 말한다. 신경과 의사는 초기 치매에 나타나는 편집증이 의심되니 일단 좀 입원해서 관찰해보면 어떻겠느냐고 한다. 하지만 마르가레트 G.는 그럴 수 없다고 손사래를 친다. 이런 상황에서 장시간 집을 비울 수는 없단다. 의사는 본인의 의견에 반해 병원에 입원시키는 것은 부적절하다고 판단해 가정방문 간호를 제안한다. 주중에 세 번 간호사가 집에 들러 도움을 주겠다는 것이다. 마르가레트 G.는 탐탁한 표정은 아니지만, 그 제안에 억지로 응한다.

두 달 뒤에 상황이 나빠진다. 다시금 서랍장에 두었던 돈이 사라졌다. 마르가레트 G.는 이번에는 경찰에 가서 사위를 신고한다. 딸 클라우디아는 분개해서 엄마가 드디어 완전히 돌았다며, 제발 병원에 입원하라고 다그친다. 신경과 의사가 이번에도 약간 뜻뜻미지근한 태도를 보이자, 딸은 성년 후견인으로서 권리를 활용해 어머니를 입원 조치하게끔 한다.

대학병원 노인 신경정신과 병동의 의사들은 입원 서류에 환자가 굉장히 긴장하고 예민해져 있다고 쓴다. 접촉을 꺼리며, 경미한 단기 기억 장애 외에도 편집증적 망상이 의심된다고도 쓴다. 마르가레트 G.가 끊임없이 사위가 도둑질을 하고 있다는 생각에 골몰하고, 사위 이름만 나와도 화를 내는 것으로 봐서 그렇다는 판단이다. 의사들은 이제 저용량 신경 이완제를 투여해 마르가레트 G.가 '상황에 좀 거리를 두고' 너무 흥분하지 않게끔 하고자 한다.

그런데 마르가레트 G.가 처음으로 이 약을 복용하기 전에 경찰에서 흥미로운 소식을 전해온다. 사위를 심문한 결과 사위가 도박으로 진 빚을 갚기 위해 돈과 은 제품을 훔쳤다고 자백했다는 것이다. 법적으로 입원 조치됐던 마르가레트 G.는 곧 병원에서 나오게 된다. 병원의 퇴원 서류에는 "예비 진찰 때와 비교해 별다른 소견이 발견되지 않음"이라고 기록됐고, 편집증에 대해서는 일언반구도 없다. 신경 이완제 처방에 관해서도 적혀 있지 않다. 마르가레트 G.는 나중에 신경과 의사에게 이 일은 가족 내에서 해결했다고만 한다.

─────── **아주 정상적인 망상?**

존 M., 헬렌 S., 마르가레트 G.의 이야기는 내가 신경정신과 의사와 신경과 의사로 활동하던 시기에 경험한 예다. 물론 이름과 몇 가지 세부 상황을 바꿔 실제 인물을 알아볼 수 없게끔 처리했지만, 정말로 이런 일들이 있었다. 신경정신과 의사를 대상으로 강연할 때, 진료하면서 망상인지 실제인지 구별하는 것이 힘들거나 불가능한 경우가 있었냐고 물으면, 다들 고개를 끄덕인다. 신경정신과 의사는 계속 존 M. 같은 경우를 만난다. 물론 사실일 수도 있겠는데, 몇몇 디테일이나 이야기 방식에서 왠지 '제정신이 아닌' 듯 느껴지는 이야기들을 말이다.

존 M.에게서도 우리는 ─그가 비극적으로 죽은 다음까지도 ─ 확실한 걸 알지 못한다. 그가 심한 편집증 때문에 절망감에 휩싸여 목숨을 끊은 것일까? 아니면 실제로 계속되는 위협에 시달리는 바람에 막다른 골목에 이르러 극단적 선택을 한 것일까? 외부의 조종이었을까? 러시아 마피아가 살인을 자살처럼 보이게끔 하는 방법을 동원했을지도 모르지 않는가. 아니면 그의 이야기의 일부만 사실이었을까? 휴대폰이 해킹당한 것은 맞지만, 별것 아닌 일을 본인 스스로가 편집증적으로[1] 받아들였던 것일까? 아니면 정확히 반대였을까? 우리는 진실을 알 수 없다.

헬렌 S.는 스스로 두려워하던 재앙이 본인의 착각이었음을 빠르게 알아차렸다. 본인은 무서워 죽겠는데 주변 현실은 햇살 찬란한 평화로운 10월의 하루인 것을 알고, 나중에 본인의 증상에 대해 납득할 수 있는 의학적 설명을 들으면서, 약물 투여로 잠시 뇌 기능에 장애가 발생해서 경험한 일이라고 결론지을 수 있었다. 하지만 그런 망상이 그토록 진짜처럼 여겨질 수 있다는 것에 대한 혼란스러움은 남았다. 더구나 하필 평소 불합리하고 비이성적인 것을 지극히 경멸하고 무시하던 그녀에게 그런 일이 일어났다니 말이다. 늘 검증 가능한 엄격한 팩트로 옳고 그름을 판단하던 그녀에게 말이다. 그러나 지하철에서 겪은 것과 같은 상황에서 엄격한 팩트가 무엇이란 말인가?

바로 전에 투여받은 스테로이드 제제가 지각의 변화를 일으킨 것이 틀림없다. 모든 것이 다르고 낯설고 위험해 보였다. 주변 세계가 위험하게 지각되면, 빠르게 상황을 판단해 행동에 돌입하고, 필요한 경우 목숨을 구해야 할 것이다. 이럴 때는 일일이 신중하게 팩트를 체크할 시간이 없다. 헬렌 S.는 오래 폭넓게 생각하지 않고, 거의 자동적으로 결론을 내렸고 재앙이 다가오고 있다고 보았다. 이런 위협은 이 순간 그녀에게 완전히 진짜였다. 엄격한 팩트였다.

따라서 (적어도 당사자가 느끼기에는) 뇌가 평소처럼 이성적 원칙에 의해 작동하는 것 같은데, 스트레스 호르몬 과잉으로 갑자기 자신만의 현실, 완전히 비이성적인 현실을 만들어내는 것이다. 현실이 우리 머릿속에서 어떻게 생겨나는가 하는 질문과 관련해 이것은 무엇을 의미할까? 스트레스 호르몬이 과다 분비되는 경우 이런 효과가 나타난다면, 아주 정상적인 스트레스 반응도 뇌 기능에 비슷한 방향으로 영향을 미칠 수 있는 게 아닐까? 그렇다면 우리가 경험하는 현실은 지금 얼마나 스트레스를 받고 있는가에 따라 달라지는 것일까? 그뿐 아니라, 뇌 기능에 영향을 초래할 다른 많은 요인에 좌우되는 것일까?

우리는 앞으로 이런 문제들을 이야기해보려고 한다. 그러나 이 자리에서 확인할 수 있는 것은 바로 '정상'과 '비정상' 상태는 한 끗 차이라는 것이다. 정상 모드에서 제정신이 아닌 모드로 옮겨가는 데는 헬렌 S.의 뇌에서 스위치 하나만 돌리면 되는 듯이 보인다.

마르가레트 G.의 경우는 존 M., 헬렌 S.와는 달리 편집증적 생각으로 짐작됐던 도난이 사실로 드러났다. 사람들은 마르가레트 G.가 제정신이 아니라고 생각했지만, 그녀는 정상이었다. 그녀의 지각과 두려움은 현실에 철저히 부합한 것이었고, 그녀의 말대로 사위가 도둑으로 드러나면서 망상과 그로 인한 정신병 진단은 없던 일이 되어버렸다.

그러나 다시 한번 자세히 살펴보도록 하자. 망상 장애가 의심된다는 진단은 그 이야기가 망상처럼 들렸기 때문만이 아니라 치매 환자에게서 종종 망상 장애가 나타난다는 데 근거를 두고 내려졌다. 기억력과 다른 인지 기능 감퇴가 해당 환자에게 불안과 공포를 불러일으키기 때문이다. 그 밖에 왜 이런 일이 일어났는지 기억나지 않을 때 그 일은 불가해하게 다가오고, 그 때문에 위험하게 느껴진다. 3일 전에 내가 50유로짜리 지폐를 서랍장에서 꺼냈다는 사실을 잊어버린다면 스스로 지폐가 없어진 것을 다르게 설명하려 할 것이다. 이것은 스트레스를 의미하고, 헬렌 S. 사례에서 보았듯 스트레스는 다시금 편집증적 생각을 조장할 수 있다.

마르가레트 G.의 경우에는 의심이 옳았던 것으로 드러났음에도, 경미한 인지 장애가 그녀의 불안을 조장하고, 그로써 주변의 이상한 것에 더 예민하게 반응하게끔 했을 수도 있다. 전에는 그런가 보다 하고 넘겼을 테지만, 이제 기억력 장애, 불안, 그로 인한 스트레스가 그녀의 뇌를 알람 상태로 만들었을 것이다. 이 경우 뇌는 아주 제대로 작동했고, 그녀는 올바른 결론을 이끌어냈다. 그녀의 뇌는 편집증적 생각이 생기기 쉬운 상태였을 것이고, 망상 장애의 문턱 가까이까지 갔다고 할 수 있다. 편집증적 성향을 강하게 지니고 있었을 수도 있다. 다만, 이 경우는 이런 성향이 현실을 올바로 평가하는 것으로 이어졌을 뿐이다. 하지만 이것은 단순히 추측일 따름이고, 우리는 마르가레트 G.를 아픈 사람 취급하고 싶지는 않다. '경미한 인지 장애'라는 진단은 아직 치매는 아니다. 아마도 그녀는 치매로 진행되지 않고, 망상증에도 걸리지 않을지 모른다. 그러나 그녀의 경우에도 다시금 '정상'과 '비정상'이 얼마나 가까운지 보여준다.

하지만 너무 성급한 결론을 내려서는 안 될 것이다. 이런 사례가 신경정신과 질환이 사실은 아주 평범한 것이라거나, 신경정신과적 진단이 단지 없는 것을 지어내는 것으로, 신경정신과 의사의 상상에서 나온 산물인 듯한 메시지를 줘서는 안 된다. 많은 경우 사정이 아주 분명하다. 심리 질환이 있는 사람들은 종종 누가 봐도 기괴하고 현실과 동떨어진 망상적 확신을 품고 있는 경우가 많다. 심각한 신경정신과적 혹은 신체적 질환으로 말도 안 되는 생각을 확신하게 되는 것이다. 이런 경우는 의료적으로 아주 진지하게 받아들여 치료해야 한다. 그러나 우리가 앞에서 살펴본 사례는 '정상'과 '비정상', 심리적으로 '건강한' 상태와 '병든' 상태가 확연히 나뉘는 것이 아님을 보여준다. 이런 분류는 결코 돌로 새긴 것처럼 확실하지 않으며, 우리는 사람을 정상과 비정상이라는 카테고리로 분류하는 일에서 오류를 저지를 수 있다.

——— 정상과 비정상 사이의 깊은 고랑

하지만 우리는 정확히 이렇게 두 개의 카테고리로 사고한다. '정상'과 '비정상' 같은 이분법적 분류를 한다. 그렇게 하는 것이 언뜻 당연해 보이기 때문이다. 카테고리적 사고는 심리학에서 아주 오래전부터 알려져 있는 현상이다. 사회심리학자 고든 윌러드 올포트Gordon Willard Allport의 말마따나 "인간의 정신은 카테고리를 도구로 생각해야 한다. 우리는 이런 과정을 피할 수 없다. 정돈된 삶을 살려면 그래야 한다."[2]

세상에서 만나는 무수한 현상을 카테고리로 분류하면, 많은 것이 쉬워진다. 카테고리는 복잡함을 줄여주고, 정돈하고, 구조를 만들고, 결정을 내리는 걸 도와준다. 이에 대한 좋은 예는 우리 사례에서 살펴본 바와 같은 의료 행위다. 존 M.이나 마르가레트 G. 같은 사람이 찾아오면 의사들은 도움을 주기 위해 결정해야 한다. 누군가를 '건강하다'라는 카테고리로 분류하면, 더 이상의 조치가 필요 없다. 하지만 누군가를 '아프다'라는 카테고리로 분류하면, 어떤 치료 옵션이 있는지 숙고해야 한다. 이런 옵션이 의미가 있을지 점검하고, 이런 토대에서 치료를 권해야 한다.

따라서 카테고리로 분류하는 것은 결정을 내리는 데 아주 큰 도움이 되는 수단이다. 의사뿐 아니라 우리 모두에게 마찬가지다. 살아가면서 끊임없이 내려야 하는 크고 작은 결정에 도움을 준다.

그러나 이분법적으로 분류하는 경향은 참으로 위험하다. 흑백 논리로 이어지고, 극복하기 힘든 고랑이 파일 수 있다. '정상'과 '비정상'이라는 카테고리 사이의 고랑은 특히 깊다. 정상과 비정 상의 중간도 얼마든지 있을 수 있는데, 우리 머릿속에 그어진 이 두 카테고리 사이 경계선은 너무나 예리하다. '정상'인 사람은 괜찮은 사람이다. 그러나 '비정상'인 사람은 다른 사람이고, 다 른 세계에 사는 사람이며, 낯설고 끔찍하고, 심지어 공공에 위험 한 사람이다.

구스틀 몰라트Gustl Mollath의 황당하고 비극적인 이야기는 이런 고랑이 얼마나 깊을 수 있는지 보여준다. 그는 바이에른의 히포 베레인스은행HypoVereinsbank에서 근무하는 자신의 아내가 1990년 대부터 대규모 불법 자금 거래에 연루돼 있다고 확신했다. 아내에 대한 이런 비난으로 부부 사이에 금이 갔고, 결국 둘은 이혼했 다. 몰라트의 아내는 신체에 상해를 입고 자유를 박탈당했다며 남편을 고소했는데, 법정에서 몰라트에게 기물 파손 죄도 더해 졌다. 그러나 재판 결과에 결정적 역할을 한 것은 신경정신과 의 사인 감정인의 진술이었다. 감정인은 몰라트가 아내를 불법 자 금 거래에 연루됐다며 비난한 것은 심각한 정신 질환으로 말미 암은 편집증적 망상 증세로 봐야 한다고 주장했던 것이다. 결국 몰라트는 공공에 위험한 상태로 분류돼 법무병원(치료감호소)에 수용됐다. 여러 번 열린 재판의 결과는 똑같았다. 그러다가 세월 이 흐르면서 이 소송의 합법성에 대한 의심이 제기됐고, 2012년 히포베레인스은행의 내부 감사 보고서가 공개됐다. 이 보고서에 따르면 구스틀 몰라트의 말대로 불법 자금 거래가 있었던 것으로 나타났다.

따라서 몰라트의 생각은 심각한 정신 질환으로 말미암은 망상도, 병든 뇌가 만들어낸 산물도 아니었다. 그건 현실에 부합하는 생각이었다. 치료감호소에서 7년 반(!)을 보낸 구스틀 몰라트는 2014년 재심에서 마침내 무죄를 선고받았다.

어떻게 이렇게 비극적인 오판이 있을 수 있었는지 여기서는 더 자세히 다루지 않겠지만, 이를 다룬 자료는 정신과적 감정인의 역할과 소송에서 합법성의 결여와 관련해 전반적인 상황을 다룬다.[3] 그러나 일단 이 사례에서 얻을 수 있는 중요한 교훈은 이것이다. 명백한 오판으로 구스틀 몰라트가 '비정상'으로 분류됨으로써 그와 나머지 세상 간에 상상을 초월하는 깊은 고랑이 파였다는 사실이다. 아내가 불법 자금 거래에 연루돼 있다는 그의 확신을 편집증적 망상으로 분류한 것이 한창 왕성하게 활동할 나이에 그에게서 삶의 자유를 박탈해버렸다. 정신과 감정인의 이런 평가가 구스틀 몰라트를 고랑의 한쪽, 즉 '정상' 쪽에서 '미친', '제정신이 아닌' 쪽으로 몰아냈고, 그는 7년 반을 그곳에 꼼짝없이 수감돼 있어야 했다. 자유를 송두리째 빼앗긴 7년 반이라는 세월은 매우 깊은 고랑을 상징한다고 하겠다.

——— 제정신이 아니라고? 무슨 뜻이지?

이제 '제정신이 아니'라는 말, '미쳤다'는 말에 대해 짚고 넘어갈 때가 된 듯하다. 그렇다고 이 말의 원래 의미가 무엇인지 어원적으로 분석하려는 건 아니다. '이 말은 원래 이러러한 의미였는데…'로 시작하는 분석으로 공연한 시간 낭비를 하고 싶지 않다. 이런 어원 분석은 대부분 별 의미가 없다. 그러므로 대체 어떤 상태를 두고 우리가 '미쳤다', '돌았다', '제정신이 아니다'라고 말하는지 쉽게 살펴보기로 하자.

우리는 현실과의 접점을 잃고 자신의 머릿속에서 우리가 아는 세계와는 별로 관계가 없는 세상을 지어내는 사람을 '미쳤다', '제정신이 아니다'라고 말한다. 이런 사람은 머릿속에서 말도 안 되는 망상을 지어낸다. 말도 안 되는 생각을 믿거나 황당한 이야기를 확신한다. 따라서 '제정신이 아닌' 사람들은 우리 눈에는 사실이 아니거나 터무니없게 생각되는 것을 사실이라고 굳게 확신한다. 이런 확신은 그의 말과 행동에서 표시가 난다. 뭔가를 확신하면 보통 그 확신에 의거해 행동하기 때문이다. 요컨대 우리는 우리가 보기에 현실과 전혀 맞지 않는 확신을 가지고 있는 사람, 그리고 그에 따라 행동하는 사람을 제정신이 아니라고 말하는 것이다.

나는 여기서 의식적으로 확신이라는 용어를 사용한다.[4] 독일어 사전 《두덴Duden》에 따르면 확신은 "확고하고 흔들리지 않는 (…) 의견 혹은 확고한 믿음"을 말한다.[5] 그런데 '제정신이 아니다’라고 생각되는 사람들에게서도 이런 주관적 확신이 나타난다. 자신의 확신에서 조금도 물러서지 않는 것이 바로 ‘제정신이 아닌’ 사람들의 특성인 것이다.

얼마 전 나는 베를린 샤리테 대학병원에서 나이 든 신사를 진료한 적이 있다. 그는 자신이 슈타지Stasi(구동독의 비밀경찰—옮긴이)의 감시를 받고 있다고 굳게 확신했다. 슈타지가 자신의 아파트에 생각을 읽을 수 있는 장비를 설치했다는 것이었다. 그래서 슈타지가 뇌에 접근하는 걸 막기 위해 값비싼 알루미늄 헬멧을 주문해 집 안에서 그것을 쓰고 있었다. 내가 30년 전부터 국가안전부 같은 것은 존재하지 않는다며 조심스레 이의를 제기하자, 그는 내가 아무것도 모른다며 코웃음을 쳤다. 나는 이런 상황에서 더 이상 내 의견을 주장하는 것은 득이 되지 않을 것 같아 가만히 있었다. 그의 첫 반응에서 아무리 역사적 사실을 이야기해 봤자, 그가 자신의 확신에서 한 발자국도 물러서지 않을 것임을 예상했기 때문이다. 그는 자신의 가족과 이웃도 나와 똑같은 말을 한다며, 그들도 아무것도 알지 못하면서 알루미늄 헬멧과 다른 차폐 장치를 사들인 자신을 미친 사람 취급한다는 것이었다.

여기서도 알 수 있듯 다른 사람들의 눈에는 말도 안 되는 생각을 부여잡은 채 그에 의거해 행동하고 흔들리지 않는 확신으로 그 생각을 믿는 사람을 우리는 ‘제정신이 아니다’라고 칭할 수 있다. 우리가 어떤 사람이 ‘제정신이 아니다’라고 한다면, 여기서 우리라는 말은 ‘우리 모두’ 혹은 ‘우리 대부분’이라는 의미지, ‘우리 신경정신과 의사’라는 의미가 아니다. ‘제정신이 아니다’

혹은 '미쳤다', '돌았다' 같은 용어는 일반적인 개념일 뿐 의학적 혹은 심리학적 전문용어가 아니기 때문이다.

'돌았다', '미쳤다'는 단어는 명백히 부정적 어감을 지니고 있고, 다른 사람들과 관련해 이 단어를 사용하는 경우, 보통 그 사람들이 기본적으로 뭔가 이상하다고 이야기하려는 것이다. 신경정신과 의사의 경우는 다르다. 전문가는 사람들을 낙인찍지 않고자 증상을 명명하는 개념을 사용하고, 증상을 분류하기 위해 (때로는 너무 빠르게) 진단을 내리며, 이런 토대 위에서 치료를 위한 결정을 내린다. 심리적 증상과 신경정신과적 진단은 돌에 아로새긴 것처럼 변치 않는 것이 아니며, 종종 없던 일이 될 수도 있다. 즉 증상이 없어지고 진단이 철회될 수도 있다. 이런 단순한 이유만으로도 신경정신과 의사는 인간을 기본적으로 비정상이라고 낙인찍는 개념을 무조건 피하고자 한다. 나아가 이런 식의 낙인을 단호하게 저지하는 것이 바로 신경정신과 의사의 가장 중요한 임무 중 하나가 아닐까 한다.

내가 여기서 '제정신이 아니다', '미쳤다'라는 말을 사용하는 것은 모두가 그 말을 입에 달고 살기 때문이다. 무엇보다 누군가가 완전히 말도 안 되는 것으로 보이는 의견이나 확신을 지니고 있다는 이야기를 할 때면 우리는 흔히 '미쳤어', '정신 나갔어'라고 한다. 존 M.의 친구는 그를 두고 제정신이 아니라고 했다. 러시아 마피아가 존 M.의 스마트폰을 해킹했다는 말을 황당하게 여겼기 때문이다. 클라우디아는 자신의 엄마 마르가레트 G.를 제정신이 아닌 것으로 여겼다. 그녀가 사위가 도둑질을 했다고 의심했기 때문이다. 헬렌 S.는 뉴욕 지하철에서 세상이 무너지는 듯한 경험을 한 뒤에 스스로가 순간 돌았었다고 혀를 끌끌 찼다. 이런 경우는 '제정신이 아니'라든지 '미쳤다'는 일상용어로 정신 건강에 대한 의심을 표현한 것이며, 이런 단어는 결코 병리학적 의미에서 쓰이는 말이 아니다.

──── 사회 분열은 어디서 시작되는가

내가 여기서 도덕군자인 척하거나 언어 순화를 하려는 것이 아니다. '미쳤다'라든가 '돌았다', '제정신이 아니다'라는 표현을 금하자는 것도 아니다. 다만 현상을 기술하고 이해하고 그것으로부터 배우자는 것이다. 현상은 이것이다. 우리는 스스로 여러 모로 굳게 확신하는 세계상을 만들어내고, 다른 사람의 확신이 자신의 확신과 일치하면 그것을 '정상적인' 것으로 여기고, 그렇지 않으면 '미쳤다', '제정신이 아니다'라고 한다.

 심리 질환과 관련해서도 이런 이분법적 구분을 한다. 건강과 비건강의 경계가 종종 유동적임에도 말이다. 이분법적 카테고리로 생겨날 수 있는 고랑이 얼마나 깊은지 구스틀 몰라트의 사례에서 살펴봤다. 그러나 우리가 정신 건강과 관련해서만 이런 구분을 하는 것은 아니다. 우리는 정신병과 상관없이 스스로의 확신에 위배되는 견해를 표명하는 모두를 '제정신이 아니'라고 보는 경향이 있다. 우리는 자신이 틀렸다고 여기는 일을 맞다고 생각하는 사람들을 '돌았다'고 낙인찍는다. 틀렸다는 말은 사실이 아닌 것, 현실에 부합하지 않는 것, 즉 사실에 의해 반박될 수 있는 것을 말한다.

그런 의미에서 도널드 트럼프를 예로 들지 않을 수 없다. 그는 수많은 트윗에서 '미쳤다crazy'는 말을 많이 쓴다. 2020년 초 자신에 대한 탄핵 절차가 진행되는 와중에는 미 하원 의장 낸시 펠로시를 번번이 노골적으로 '크레이지 낸시'라 불렀다. 펠로시는 당시 미국 대통령의 이런 '크레이지 트윗crazy tweet'을 그 말을 하는 스스로가 미쳤다는 표시로 봤고, "누군가를 미쳤다고 말하는 사람은 미친 것이 바로 자기 자신임을 알 것" [6]이라고 평했다.

물론 나잇살깨나 먹은 사람들의 이런 유치한 행동을 거론하며 기가 막혀 하는 건 한편으로는 재미있는 일이다. 무엇보다 세계 정치 무대를 누비는 사람들인 경우에는 말이다. 그러나 서로를 '미쳤다', '제정신이 아니다'라는 식으로 지칭하는 것은 흔한 일이다. 우리 자신도 마찬가지다. 얼마 전에 나는 한 친구와 더불어 진화생물학자이자 종교 비평가 리처드 도킨스Richard Dawkins의 책에 나오는 설문 조사에 대해 이야기했다. 그 설문 조사에 따르면 미국인 중 45퍼센트는 "신이 인간을 최근 1만 년 내 어느 시점에 지금과 같은 모습으로 창조했다" 믿는다고 한다.[7] 내 친구는 미국인 중 거의 절반이 '그렇게 정신 나간 사람들'이라니 믿을 수 없다고 말했다. 나도 친구의 말에 반박하기가 어려웠다.

앞에서 언급했듯 우리는 복잡성을 줄이고, 수월하게 실용적인 결정을 내리기 위해 단순하게 분류해버리는 경향이 있다. 그러나 사회적 맥락에서 이런 분류는 또 하나의 중요한 기능을 한다. 바로 이렇게 분류하면 한쪽 집단에 소속됨으로써 자신의 정체성을 정의하고 다른 사람을 배제하는 데 도움이 되기 때문이다. 즉 '우리'와 '다른 이'를 구분하는 데 도움이 되는 것이다.[8] 이일에서 확신은 중요한 역할을 한다. 그렇기에 정치적 집단에 소속되는 문제에서도 가치나 관심사, 그리고 그것을 실현하고 관철하는 일, 즉 한 사회에서 사람들이 잘 살아가려면 무엇이 가장 좋을까 하는 문제만 중요한 것이 아니다. 소속을 따지는 문제에서 중요한 것은 무엇을 진실로 여기고, 무엇을 그렇지 않게 여기느냐 하는 것이다. 가령 공적 담론에서 기후변화를 보는 시각은 정치적 지향의 문제가 된 듯하다. 기후변화를 막기 위해 어떤 정책이 중요할지, 어떤 가치를 우선시해야 할지보다, 특정 정치집단에 속하기 위해 기후변화가 있다고 보느냐 없다고 보느냐, 또는 최소한 이것을 인간이 초래했다고 보느냐 자연적인 것이라고 보느냐 하는 질문이 중요해진 것이다.

기후변화가 미국에 경제적으로 해를 끼치기 위해 중국이 고안한 것이라고 하는 트럼프의 트윗은 아주 유명하며, 말도 안 되는 정치적 여론 형성의 상징으로 자리매김했다.[9] 공화당 지지자가 모두 이런 의견을 지니고 있는 것은 아니라는 사실이 다행스러울 정도다. 그럼에도 2015년 퓨리서치센터Pew Research Center 여론조사에 따르면 스스로 보수 성향의 공화당 지지자라고 표명한 응답자 중 지구온난화가 인간의 활동으로 말미암은 것이라고 믿는 비율은 10퍼센트에 지나지 않았다. 반면 진보 성향의 민

주당 지지자 중에서는 그것을 믿는 비율이 78퍼센트였다.[10]

독일에서도 서로 다른 정당 지지자 사이에서 비슷한 차이를 발견할 수 있다. 다만 독일의 경우는 인간이 기후변화를 초래했다고 믿는 비율이 미국보다 훨씬 높다. 2019년 설문 조사 결과 좌파당 지지자 중 98퍼센트, 녹색당 지지자 중 97퍼센트가 기후변화가 인간에 의해 가속되고 있다고 답한 반면, 극우당인 독일을 위한 대안AfD 지지자 중에서는 60퍼센트만이 그런 확신을 보였다.[11]

응답자들이 어떤 확신을 가지고 있든 간에, 그들 모두가 인간이 기후변화에 미치는 영향에 대한 학문적 증거를 포괄적으로 꿰고 있을 리 없다. 인간이 기후에 미치는 영향에 대해 기후 연구자들은 엄청난 양의 경험적 데이터, 복잡한 이론, 수학적 모델을 활용해 답하기에, 문외한으로서 학문에 기반한 의견을 지니기는 쉽지 않은 일이다. 그러나 기후변화가 인간의 활동으로 말미암았다는 것이 과학적으로 맞는지 틀린지 하는 것은 이와 관련한 의견 형성에 그다지 큰 역할을 하지 않는 듯하다. 진실 여부를 떠나 우리의 확신은 집단 소속감에 대한 표현인 경우가 많기 때문이다(그 이유는 나중에 더 자세히 살펴보기로 하자).

따라서 우리는 확신에 의거해 속하고 싶은 집단을 선택하는 것이 아니라, 반대로 속하고 싶은 집단에 의거해 확신을 선택하는 듯하다. 그래서 우리의 확신은 한편으로는 속한 집단과 동질감을 느끼고, 한편으로는 타자를 배제하는 데 기여한다.

아무도 이런 경향에서 완전히 자유롭다고 할 수 없을 것이다.

나 스스로도 마찬가지다. 창조론을 믿거나 지구온난화에 인간이 영향을 미쳤다는 것을 부인하는 사람은 내 집단에 속하지 않는다. 어느 날 연수를 받다가 평소 꽤 호감을 가지고 있는 데다 상당히 똑똑한 사람이라고 생각했던 동료와 이야기를 나눴는데, 그가 자신이 복음주의 자유교회에 속해 있으며 창조론을 믿는다고 말하는 것이 아닌가. 그때 어떻게 반응해야 할지 난감해서 혼났다. 인정하기도 부끄럽지만, 그 앞에서 거부감을 보이지 않고 계속 존중하는 태도를 보이기 위해 무척 애썼다. 물론 나와 다른 집단에 속한 많은 사람이 정확히 반대일 것이다. 그들은 내가 전능한 창조주의 존재에 대해 의심을 표명하기만 해도 고개를 설레설레 흔들지도 모른다. 《성서》에 "하느님이 인간을 창조했을 때 하느님의 형상대로 그를 만들었다"고 쓰여 있기 때문이다.[12] 그것을 믿고 싶어 하지 않는다는 것은 많은 신자에게는 이해할 수 없는 일이고 '제정신이 아니게' 생각되는 것이다.

굳은 확신을 갖는 것은 여러모로 도움이 된다. 집단에 소속되는 것도 중요한 문제다. 그러나 굳은 확신으로 단순히 이분법적으로 분류하는 태도는 상당히 문제가 있으며, 우리 사회에 주어진 도전이 아닐 수 없다. 우리는 앞에서 든 사례들을 통해 심리 질환에서 확신을 '정상'과 '비정상'이라는 이분법으로 단순히 분류하는 것이 문제가 있음을 살펴봤다. 구스틀 몰라트의 예에서는 이로써 생겨나는 깊은 고랑이 얼마나 큰 재앙을 몰고 올 수 있는지도 살펴봤다. 그러나 신경정신과적 진단 문제와는 별개로 우리가 확신을 '정상'과 '비정상'으로 분류하는 경향은 굉장히 심각한 문제다. 이런 분류가 소수를 낙인찍을 위험을 동반할 뿐 아니라, 사회를 분열시킬 수 있기 때문이다. 단순한 이분법적 분류는 복잡성을 줄여줌으로써 많은 것이 더 단순해 보이게끔 할 수 있으나, 사회 공동체가 건설적 대화를 통해 서로 타협하고 공동의 의사결정을 하는 걸 불가능하게 만든다. 문제가 아닐 수 없다!

우리는 왜 그렇게도 서로를 '정신 나갔다'고 욕하는 걸 즐길까? 그것은 이렇듯 이분법적 분류가 자신이 속한 집단을 정의하고 통합하는 데 일견 도움이 되는 것처럼 보이기 때문이다. 또 다른 이유는 단순히 우리가 자신의 확신을 강하게 확신하기 때문이다. 우리는 엄청난 확신을 지니고 있고, 그 확신에서 한 걸음도 물러서지 않는다. 그런데 우리가 어떤 것이 옳다고 굳게 믿는다면, 이는 확신에 위배되는 모든 것이 틀린 것이라는 뜻이 된다. 하지만 다른 많은 사람이 이렇게 틀린 확신을 철통같이 붙잡고 있는 이유는 무엇일까?

그 원인은 여러 가지로 설명할 수 있다. 우리 스스로가 틀렸을 수도 있다는 점은 일단 차치해두자(우리가 뭔가를 굳게 믿으면 스스로가 틀렸다고 생각하지 않을 것이다). 우선은 다른 사람들이 정보가 부족하고 잘 알지 못해서일 수 있다. 관련 주제에 대한 진실이 그다지 중요하지 않다고 생각해서 알아보려는 노력을 하지 않을지도 모른다. 또는 특히 사안이 복잡한 경우는 주어진 팩트에서 올바른 결론을 이끌어내는 데 필요한 지적 자질이 부족할 수도 있다. 아니면 거짓이나 선동에 희생되고 있는지도 모른다. 즉 불순한 의도를 품은 사람들의 현란한 언변에 넘어갔는지도 모른다. 혹은 그들 자신이 사기꾼이나 선동가라서, 다른 사람들을 현혹해 반사이익을 얻기 위해 진실에 위배되는 확신을 표방하는 것일 수도 있다.

다른 사람들이 (우리가 보기에) 잘못된 확신을 부여잡고 있는 이유는 이외에도 여러 가지가 있을 수 있다. 그러나 어떤 일이 우리에겐 아주 명쾌하게 보이는데 다른 사람은 왜 올바로 보지 않으려는 것일까? 이에 대해 특히 유혹적인 추론은 이것이다. 바로 그 사람이 현실과의 접촉을 잃어버렸다는 것! 간단하게 말해 '제정신이 아니라는' 것이다.

그렇다면 우리는 어째서 자신의 확신을 그렇게 확고하게 믿을까? 이 질문을 좀 자세히 살펴보기로 하자. 굳은 확신이 우리에게 어떤 역할을 할까, 그것이 머릿속에서 어떻게 생겨날까, 그리고 어떻게 ―심리 질환자뿐만 아니라, 우리 모두가― 종종 현실과의 연결을 잃을까? 여러분은 우리의 세계상이 환상임을 알게 될 것이다. 어느 때는 현실과 더 많이 일치하고, 어느 때는 더 적게 일치하는 환상이다. 더 적게 일치할수록 '제정신이 아닌 것'이 된다. 하지만 '정상'과 '비정상'의 경계는 유동적이다.

2장

합리성의 환상

───── **대체 어떤 확신을 말하는 거야?**

확신이 어떤 역할을 하는지, 확신이 우리 머릿속에서 어떻게 생겨나는지 자세히 살펴보기 전에, 우선 확신을 어떤 근거로 '정상적인 것'과 '제정신이 아닌 것'으로 나눌 수 있는가 하는 질문을 던져보자. 주관적 기준이 아니라 객관적 기준을 논해보자. 이를 위해 몇몇 기본적인 점을 짚고 넘어가자.

우선 우리가 어떤 종류의 확신을 말하는 것인지 정의해야 한다. 그런 다음에 '미쳤다' 내지 '제정신이 아니다'라는 개념을 다시 한번 자세히 살펴봐야 한다. 무엇보다 단순히 틀렸다고 여기는 것과는 별개로 '미쳤다'라고 단정하는 확신의 특성이 무엇인지 조명해봐야 한다. 그리고 마지막으로 '정상적인' 확신과 '제정신이 아닌' 확신은 근본적으로 구분이 되는지, 어떤 기준으로 구분할 수 있는지 명확하게 살펴보자.

자, 시작해보자. 여기서 이야기하는 확신은 어떤 종류의 확신일까? 지금까지 이야기한 모든 확신에서 결정적인 질문은 그 말이 사실인지, 아닌지 하는 것이었다. 가령 영국 청년 존 M.의 경우 러시아 마피아가 휴대폰을 해킹했다는 것이 사실일까, 거짓일까? 해킹당했다고 확신하는 존 M.의 발언이 현실을 제대로 묘사한 것일까, 그렇지 않은 것일까? 이 경우는 '기술적descriptive 확신'에 대해 이야기하는 것이다. 이런 기술적 확신은 현실에 대한 발언이나 이론에 해당된다. 즉 보통 —최소한 어느 정도 확률로는— 검증을 통해 확인되거나 반박될 수 있는 것이다. 가령 지구가 태양 주위를 돈다거나 규칙적으로 운동을 하는 것은 건강을 지키는 데 도움이 된다는 등의 확신은 기술적이다.

하지만 이와 달리 진실성을 검증할 수 없는 확신도 있다. 그런 확신은 무엇이 사실에 부합하는가에 대한 질문을 다루는 것이 아니라, 무엇이 어떻게 돼야 하는지 하는 질문에 관한 것이다. 이를 규범적 확신이라고 하는데, '어떤 행동이 좋으냐 나쁘냐' 또는 '어떤 태도가 도덕적으로 옳으냐 그르냐'라는 질문도 그에 해당한다. 모든 인간이 의사 표현의 자유를 가져야 한다거나, 여자는 공공장소에서 베일을 써야 한다거나 하는 식의 확신은 규범적이다.

이 책에서는 기술적 확신을 다룬다. 따라서 진실성이 요구되는 확신을 이야기한다. 물론 우리가 기술적 확신을 고찰하며 이끌어내는 결론 중 몇 가지는 규범적 확신과 관련해서도 중요하다. 그러나 이것은 또 다른 문제다. 일단 이 책에서는 현실에 대한 진술을 다루고자 한다. 무엇이 진실인가, 그렇지 않은가를 말이다.

독자들은 자신이 현실에 대해 진술한다고 해서 그 진술을 다 확신하는 건 아니라고 이의를 제기할지도 모른다. 맞는 이야기다. 때로 우리는 자신의 진술을 확신하지 못한다. 잘 알지 못하거나, 자신이 받아들이는 것과 조금 다를 수 있다는 여지를 둔다. 그러나 철석같이 확신하는 경우도 많다. 그리고 확신하지 못하면서 확신에 찬 목소리로 대변할 때도 많다.

─────── **망상이란 무엇인가?**

1장에서 우리는 '미쳤다', '돌았다', '제정신이 아니다'라는 말이 무슨 뜻인지 잠시 살펴봤다. 이런 말들이 의학적 혹은 신경정신의학적 전문용어가 아니라는 이야기도 했다. 신경정신과 의사는 보통 누군가에 대해 '미쳤다'라는 말을 하지 않는다. 그들은 증상을 기술하고 진단을 내린다. '미쳤다'는 것은 증상도 아니고 진단도 아니다. '미친' 상태가 특정 증상으로 표현돼야 의학적 용어를 언급할 수 있다.

어쨌든 우리는 앞에서 현실에 부합하지 않는 확신을 지닌 사람에 대해 일반적으로 "와, 정말 미쳤어"라고 말한다는 걸 살펴봤다. 신경정신과 의사는 누군가가 현실에 위배되는 생각을 확신하고 있다는 판단이 들 때(통일된 지 30년이 지났는데 아직도 비밀경찰이 감시한다고 확신하는 바람에 집 안에서 알루미늄 헬멧을 쓰고 지내는 신사를 떠올려보라), 망상이라는 증상을 언급한다. 미국 정신의학회에서 발행하는《정신장애 진단 및 통계 편람Diagnostic and Statistical Manual of Mental Disorders》의 최신 버전, 즉 줄여서《DSM-5》는 망상을 이렇게 정의한다. "명백히 반대되는 증거가 있는데도 변치 않는 확신. (⋯) 망상과 강하게 주장되는 생각을 구분하는 것은 때로 어렵다. 그 구분은 명백하고 합리적인 반대 증거가 있는데도 확신을 어느 정도로 강하게 고수하는지에 달려 있다."[1]

이것은 물론 가능한 정의 중 하나일 따름이다. 그러나 이런 정의는 이 분야를 선도하는 전문가들이 합의한 내용이며, 우리의 논의에서 중요한 몇몇 진술을 담고 있다. 이런 정의에서 우리는 우선 망상은 확신이라는 것을 확인하게 된다. 이는 중요한 점이다. 종종 망상이 지각 장애와 혼동되기 때문이다. 따라서 누군가가 있지도 않은 자극을 지각하거나 존재하는 자극을 잘못 지각하는 경우는 환각이나 환상이라고 한다. 반면 망상은 감각적 지각이 아니라, 머릿속에서 일어나는 착상, 아이디어, 생각이다. 《DSM-5》의 정의에서 드러나듯 특히 고집스럽게 고수하는 생각, 즉 확신이다.[2]

그런데 망상적인 확신과 일반적이고 정상적인 확신을 구별하려 할 때 겪는 어려움은 여기서 시작된다.《두덴》은 일반적 확신을 "확고하고 흔들리지 않는 의견"이라 정의한다.[3] 흔들리지 않는다, 이것은 누군가 내 확신이 틀리다는 것을 증명하려 할지라도, 나는 내 확신을 변경하지 않는다는 뜻이다.[4] 그러나 망상에 대한 《DSM-5》의 정의에도 바로 그런 내용이 담겨 있다. "반대되는 증거가 있는데도 변치 않는 확신"이 바로 망상이다. 《DSM-5》의 정의는 "망상과 강하게 주장되는 생각을 구분하는 것"은 때로 어려우며, 이는 확신을 고수하는 정도에 좌우된다고 말하면서, 망상과 일반적 확신을 구분하는 어려움을 명시적으로 인정하고 있다.

그렇다면 어떤 확신을 망상이라고 칭하려면 그 확신이 얼마나 확고하고 흔들리지 않아야 하는가? 얼마나 굳은 확신이라야 하며, 얼마나 많은 상반된 증거에도 확신을 고집해야 하는가? '정상'과 '비정상'이라는 일상용어에서 확인할 수 있듯, 정확성을 지향하는 신경정신과적 용어에서도 정상적 확신과 망상을 뚜렷이 구분하는 것은 어렵다. 둘의 경계는 유동적이다.

《DSM-5》의 정의에 따르면 확신하는 정도 외에도 어떤 확신이 기존 증거와 합치되는가 하는 점이 중요하다. 물론 여기서 증거는 진실성 면에서 '명백하고 합리적'이어야 한다. 문제 해결책은 여기에 있을까? 어떤 사람이 명백하고 합리적인 반대 증거가 있음에도 흔들리지 않고 고집스럽게 자신의 확신을 부여잡으면 망상이라 할 수 있을 것이다. 그런데 문제는 그리 호락호락하지 않다. 그렇다면 '명백하고 합리적인' 증거란 과연 어떤 것일까? 이 질문으로 우리는 대대로 철학자들이 숙고해온 해묵은 문제에 다다르게 된다. 인식론epistemology은 인식, 지식, 확신이 어떤 전제하에서 성립되는지를 다루는 철학의 한 분야다. 따라서 현실에 대한 이론의 증거를 어느 때 명백한 것으로, 어느 때 합리적인 것으로 간주해도 되는가가 인식론의 주된 질문이다.

────── 절대적 진리라는 마른 샘

나는 철학에 문외한이지만, 분명한 것은 절대적 진리는 참으로 어려운 문제라는 점이다. 이 점에 대해서는 모든 철학자가 동의한다. 현실 인식을 얻는 인간의 수단과 능력은 기본적으로 제한돼 있어서, 우리는 현실 이론이 맞는 것인지 확실히 알지 못한다. 여기서 이론은 현실의 모델이라는 뜻이다. 즉 현실의 특정 단면에 대한 진술을 담은 모델을 말한다. 그러므로 이론은 진술의 체계라 할 수 있다.

스코틀랜드 철학자 데이비드 흄David Hume은 《인간 본성에 관한 논고》(1739)라는 저서에서 인간이 현실을 그 자체로 인식할 수는 없다고 피력했다.[5] 흄은 외부 세계에 대한 인식은 오로지 감각을 매개로 한 지각에 기초한다고 했고, 이런 인식은 흄으로 하여금 회의주의의 입장을 취하게 했다. 흄은 인간이 외부 세계가 정말로 존재하는지조차 알 수 없다고 했으며, 우리의 감각이 환상 혹은 착각을 유발해 우리 밖에 사물이 존재하는 듯한 인상을 중재한다고 여겼다. 그 뒤 이마누엘 칸트는 《순수 이성 비판》

(1781)에서 인식이 대상을 따르는 것이 아니라, 대상이 인식을 따른다는 명제를 개진했다.[6] 그로써 칸트는 대상 자체가 존재하며, 대상을 그 자체로 인식할 수 있다는 직관에 반기를 들었다. 오히려 칸트에 따르면 대상의 현현은 인식하는 주체 자체에 달려 있다.

그리하여 "철학에서의 절대적 진실의 샘은 이미 얼마 전에 말라버렸다".[7] 그러나 우리는 어떤 식으로든 무엇이 진실이고 무엇이 진실이 아닌지 결정할 수 있어야 한다. 세상에 적응하려면 세상에 대한 상을 만들어야 하고 현실에 대한 이론이 필요하다. 그런 이론들이 우리가 결정을 내리는 걸 도와주고, 행동의 방향을 정할 수 있게끔 해주기 때문이다. 물론 기본이 되는 이론, 즉 현실에 대한 상이 옳아야 올바른 결정을 내릴 수 있을 것이다. 그러나 흄이나 칸트 같은 학자들 말처럼 우리가 현실을 결코 인식할 수 없다면 어떻게 해야 할까? 어떻게 해야 진실에 최소한 근접이라도 할 수 있을까?

이를 위해서는 우리의 경험 세계가 제한돼 있음을 받아들이면서도 ―가능한 한― 어떤 이론이나 진술이 우리의 경험 세계와 어느 정도로 일치하는지 점검해야 할 것이다. 우리의 이론이나 진술이 지각, 즉 감각으로 경험할 수 있는 것에 들어맞는가? 그런 경험이나 자료가 우리에게 주어진 증거다. 우리의 이론이 증거와 부합하지 않으면, 이론을 그에 맞게 조정해야 한다. 철학에서는 이런 접근을 대응설correspondence theory 혹은 '진리 대응론'이라 부른다. 이론이 주어진 증거와 대응하는가, 즉 증거와 일치하

느냐를 묻기 때문이다.[8]

또 다른 시각에 따르면 우리가 경험하는 외부 현실은 고작 우리 스스로가 만들어내는 산물이기에 대응설은 맞지 않다. 우리의 경험 세계는 순수 주관적인 것이기에 이론이나 진술의 진실성을 점검하는 데는 기본적으로 적합하지 않다. 그리하여 이론의 진실성을 판단하기 위해 우리에게 남은 유일한 방법은 이론이 그 자체로 모순이 없느냐 하는 것이다. 이런 접근을 바로 정합설coherence theory, 혹은 '진리 정합론'이라 부른다. 정합설에서는 어떤 이론의 진술이 그 자체로 모순 없이 서로 들어맞는지 따진다. 정합론적 접근은 어려움을 초래할 수 있는데, 정합성만 기준으로 하면 비슷한 정도로 모순이 없어 진실된 것이라고 볼 수 있을 만한 현실에 대한 상이 다수 존재할 수 있기 때문이다.[9]

여기서 대응설이 더 맞다고 볼지, 정합설이 더 맞다고 볼지 확정할 필요는 없다. 다만 절대적 진실을 확인하는 것은 쉽지 않으며, 대응설이나 정합설처럼 어떤 이론을 판단하는 기준은 서로 다를 수 있다는 것만 염두에 두자. 대응설과 정합설은 서로를 배제하지 않는다. 사실 우리는 평소에 이 둘을 결합해 활용하는 경우가 더 많다. 어떤 이론이 경험이나 선지식에 부합하는지(대응), 그 이론이 자체적으로 어느 정도 모순이 없는지(정합) 숙고해, 그 이론이 올바른지 평가한다. 그렇다고 절대적인 진실에 이를 수는 없겠지만, 최소한 어떤 진술이 어느 정도 진실일지 아닐지 판단할 수 있다. 다시 말해 진술은 참이나 거짓, 어느 한쪽이 아니라 늘 '굉장히 있을 법하지 않은'에서 '굉장히 있을 법한'이

라는 눈금 위에서 움직인다.[10]

——— 최소한의 합리성

인식론을 간단히 이야기하면서 이론과 진술의 진실성 문제를 살펴봤다. 그러나 우리의 원래 관심은 확신이라는 문제다. 물론 확신은 이론과 진술을 내용으로 하기에, 이론과 진술에 대한 내용은 기본적으로 확신에 해당된다. 그러나 확신에는 또 한 가지 중요한 측면이 가세한다. 즉 확신은 언제나 사람과 관련된다는 것이다.

확신은 사람의 일이며, 늘 어떤 확신을 지닌 사람이 존재한다. 그 사람은 어떻게 그 확신에 도달해 확신을 고수하고, 다른 사람들 앞에서 그것을 대변할 것이며, 증거 상황이 달라지면 어느 정도 확신을 바꿀 마음도 있을 것이다(물론 그런 마음이 별로 없는 경우가 많겠지만 말이다).

헤르미네와 클라라, 두 여성을 상정해보자. 이 두 여성은 인간의 활동이 기후변화를 초래했다고 확신한다. 둘은 이에 대해 굉장히 강한 확신을 지니고 있어 '미래를 위한 금요일Fridays for Future' 평화 시위에도 참여한다. 하지만 어떻게 기후변화가 인위적인 것이라고 확신하게 됐느냐는 질문에 두 사람이 대답한 내용은 전혀 다를 수 있다. 헤르미네는 인터넷으로 이 주제를 광범위하게 찾아보고 관련 학술 서적을 읽었다고 대답한다. 기후 연구자가 발표한 자료부터 여러 요인이 기후변화에 어떤 영향을 주는지 보여주는 시뮬레이션 모델까지 자세히 살펴봤다. 이에 그치지 않고 지구온난화에 인간이 초래하는 영향이 미미하다고 말하는 학술 기사도 탐독했다. 이런 조사를 거쳐 인간의 활동이 지구온난화를 유발하는 중요한 요인이며, 앞으로도 계속 그럴 거라는 결론에 도달한다.

반면 클라라는 과학에 별로 관심이 없다. 그녀는 통계를 믿지 않는다고 말한다. 위조될 확률이 높기 때문이다. 다만, 인간이 끝없는 탐욕과 광기에 가까운 글로벌화로 말미암아 스스로 종말을 초래하고 있다는 사실은 자명하다. 기후변화와 그 재앙적 결과는 사적 이윤의 극대화를 공공의 선보다 우선시하는 남성 중심적이고 비인간적인 가치 체계가 빚어낸 불가피한 형벌이다. 그렇다고 신을 믿는 건 아니다. 오히려 그녀는 인간성과 정의라는 보편 원칙을 믿는다. 인류가 그것을 무시하는 바람에 그 대가를 치러야 하는 것이다. 이 모든 것을 어떻게 아냐고? 너무나 분명한 사실이 아닌가! 그냥 직관적으로 알 수 있는 사실이다. 조금만 생각해봐도 다른 결론에 이를 수 없다고 그녀는 말한다. 게다가 인터넷 포럼 등에서 매우 많은 사람이 자신과 같은 생각을 하는데, 이들 모두가 정신이상일 리 없을 것이다. 시위에 참가하면서도 기업과 정치인의 근시안적 탐욕에 맞서 인간성을 구하기 위해 열중하는 사람들을 많이 보았다. 그들이 정말 옳다는 생각이 든다.

헤르미네와 클라라는 순수 내용적으로는 같은 확신을 지녔다. 확신의 진실성 면에서도 차이가 없다. 그들은 '미래를 위한 금요일' 평화 시위에서 같은 현수막을 들고 같은 구호를 외치며 나란히 행진할지도 모른다. 그러나 그들이 어떻게 그런 확신에 이르렀는가, 왜 그런 견해를 가지게 됐는가는 매우 다르다. 헤르미네의 이유는 굉장히 이성적이다. 미스터 스포크("나는 훈련 없는 지성에 반대한다!")가 연상될 정도다.[11] 반면 클라라의 이유는 기본적으로 직감과 집단 정체성에 근거한 것으로 헤르미네와 반대로 '비합리적'이라고 할 수 있다.

물론 헤르미네도, 클라라도 망상에 시달리는 상태는 아니다. 그러나 이런 시나리오를 증거가 없거나 검증하기 어려운 확신에 적용해보자. 가령 자신의 휴대폰이 러시아 마피아에게 해킹 당했다고 확신하던 영국 청년 존 M.을 생각해보자. 한편으로 그가 헤르미네처럼 열심히 러시아 마피아의 가상 공격에 대해 꼼꼼히 취재해 저널리스트들의 휴대폰을 해킹하는 것은 굉장히 일반적인 겁주기 전략이며, 젊고 경험이 없는 저널리스트를 상대로 이와 비슷한 일이 일어나곤 한다는 걸(낯선 이메일 주소로 은근 겁을 주는 이메일이 온다든지, 내용 없는 문자가 왔는데 클릭하면 컴퓨터가 바이러스에 걸린다든지, 전화가 왔는데 받으니 아무 말도 하지 않는다든지, 휴대폰이 갑자기 다운된다든지) 발견했다고 치자. 반면 다른 한편으로 존 M.이 클라라처럼 직감을 운운하며 증거 같은 것은 필요 없다고, 자신은 이런 일에 대한 촉이 밝기에 그런 음모가 있는 것이 분명하며, 자신을 향한 보복 조치가 진행되는 것이 확실하다 말한다고 해보자.

보통은 첫 번째 합리적 버전보다 두 번째 비합리적 클라라 시나리오의 경우 편집증적 망상을 더 의심할 것이다. 나라면 비이성적 근거를 대는 경우에는 존 M.에게 신경정신과적 치료를 권할 것이며, 헤르미네 시나리오에 해당하는 경우는 존 M.에게 몇 마디 위로의 말을 건네고 경찰에게 그 사건을 의뢰하라고 조언할 것이다.

그렇다면 합리적이냐 비합리적이냐 하는 것이 '정상'적 확신과 망상을 구분하는 결정적인 문제일까? 이런 문제가 둘을 구분하는 결정적 요인인지 살펴보려 한다.

그러나 최소한 합리성 문제는 어느 진술이 참인지 거짓인지 하는 인식론적 질문을 훨씬 뛰어넘는다. 합리성이라는 개념은, 확신은 인간의 정신적 활동 혹은 정신적 상태와 관련된 것으로 보며, 누군가가 진술하는 내용의 진실성뿐 아니라, 그 진술과 관련한 그 사람의 상태를 조명한다. 그렇다면 우리는 한 인간의 확신을 어느 때 합리적이라고 칭할까? 확신에 적절한 이유가 뒷받침될 때, 그것이 합리적이라고 할 수 있을 것이다.

적절한 이유는 확신을 이해하고 수긍하게 만드는 이유다. 그런데 여기서 또 한 가지 중요한 측면이 있으니, 한 사람의 확신이 서로 얼마나 일관성이 있는가 하는 것이다. 한 이론 안에서 진술이 서로 모순되지 않아야 한다는 진리 정합론과 비슷하게, '합리성의 일관성 원칙'은 한 사람의 확신이 그의 다른 확신 혹은 신념과 들어맞아야 함을 말한다.[12] 누군가 신이 지난 1만 년 사이에 인간을 창조했다고 굳게 확신하는 동시에 진화의 신기한 지식을 열정적으로 전파한다면 확신에 대한 근거 면에서 신뢰성에 문제가 생기게 된다. 확신의 이유를 찾으려 노력하는 가운데 어쩔 수 없이 모순에 휘말릴 것이며, 확신에 일관성이 없는, 비합리적인 사람으로 여겨질 것이다.

따라서 일관성은 합리성의 중요한 시금석이다. 그러나 일관성만으로는 충분하지 않다. 앞서 비밀경찰이 첨단 장비로 자신의 생각을 읽을 수 있다고 확신하는 알루미늄 헬멧 신사의 이야기를 기억할 것이다. 이 환자는 수년간에 걸쳐 확신의 정교한 체계를 구축했고, 그 '망상의 건물'은 철두철미 일관적이었다. 사람들이 이 체계에서 비일관성을 찾아내려 할 때마다 그는 그럴듯한 설명으로 자신의 확신을 변호했다. 그럼에도 독자들은 비밀경찰이 자신의 생각을 염탐하고 있다는 그의 확신이 매우 비합리적이라고 여길 것이다.

우리가 이런 확신을 비이성적으로 여기는 것은 그 확신을 틀리다고, 가능성이 없는 일이라고 생각하기 때문이다. 우리는 독일에 평화 혁명이 일어난 뒤에 비밀경찰 조직이 해체되고, 1990년 6월 이래로 더 이상 존재하지 않는다는 걸 알고 있다. 최소한 공식적으로는 존재하지 않는다는 걸 말이다. 물론 이전의 비밀경찰이 지하에서 계속 활동했을 수도 있다. 1991년 당시 독일 신탁청의 수장이던 데틀레프 로베더Detlev Rohwedder를 피살한 것이 전직 슈타지의 소행이었다는 설도 있다.[13] 하지만 이들이 이후 30년간 발각되지 않았고 남아 있다는 건 있을 수 없는 일이고,

이런 지하 슈타지가 생각을 읽는 기기를 남의 집 거실에 설치하는 기술적 수단을 가지고 있다는 건 더 말이 안 된다. 최신 뇌 영상 기법을 동원해[14] 정신 상태를 해독하는 영역이 크게 발달했다 해도, 거실에 숨겨둘 수 있는 아주 작은 탐지기로 남의 생각을 읽어낸다는 것은 불가능한 일이다. 그러므로 이 환자의 확신은 단연 터무니없는 것이라고 할 수 있다.

여기에 더해 이 환자는 확실한 증거 앞에서도 자신의 확신을 굽히지 않을 것이다. 주어진 증거에 확신을 맞추는 대신 자신이 지은 망상 건물의 가장 구석에서 증거에 반하는 논지를 끄집어낼 것이다. 따라서 우리는 이 환자의 확신이 내적 일관성이 있다 해도, 그것을 명백히 비합리적인 것으로 본다. 주어진 증거와 부합하지 않고, 증거를 통해 그가 확신을 수정할 여지도 없기 때문이다.

이로써 우리는 사실에 근거한 '인식적 합리성'이라는 기준에 도달한다. 즉 확신은 주어진 증거에 부합해야 하며, 이런 부합성에 맞춰 확신을 수정할 수 있어야 한다는 것이다.[15] 인식적 합리성은 진리 대응론에 가깝다. 대응론은 이론이나 진술이 활용 가능한 증거에 얼마나 부합하는지 묻는다. 인식적 합리성은 한 인간의 확신이 주어진 증거에 어느 정도로 근거하며, 이런 증거에 어느 정도 스스로를 맞추는가 하는 것이다. 여기서 중요한 것은 인식적 합리성이 확신(내지 그 진술)이 참이라는 것 외에도, 그 확신이 어떤 근거를 바탕으로 하는지 묻는다는 것이다.

헤르미네와 클라라의 예는 확신의 진실성 말고, 그 확신이 어떤 근거에서 이루어졌는지 부각해서 보여준다. 그리하여 둘이 같은 확신을 지니고 있음에도, 헤르미네의 확신은 단박에 인식적 합리성을 갖고 있다고 할 수 있다. 활용 가능한 증거가 뒷받침하기 때문이다. 클라라의 확신은 진실성이 떨어지는 것은 아니지만 합리성이 떨어진다. 순수 주관적 직관에 기초하고 검증 가능한 객관적 증거는 중요하지 않다고 말하기 때문이다. 이런 확신은 다른 사람들은 이해하지 못하고 증거에 근거하지도 않는다. 따라서 클라라의 확신은 —내용의 진실 여부와는 무관하게— 인식적으로 비합리적이다.

일관성과 인식적 합리성 원칙은 서로를 배제하지 않는다. 확신의 합리성을 평가하는 데서 이 두 원칙 중 어느 쪽에 어느 정도 비중을 둘지는 어떤 증거를 활용할 수 있는지, 이런 증거가 얼마나 믿을 만한지에 따라 달라진다. 검증 가능한 증거가 거의 없는 경우에는 일관성의 원칙이 더 강하게 부각된다. 그러나 인식적 합리성 원칙은 기본적으로 늘 앞에서 잠시 살펴본 인식론의 본질적 문제와 싸워야 한다. 즉 우리의 인식 능력이 제한되어 있어 절대적 진실을 진술하기가 쉽지 않다는 것 말이다.

　인식 능력이 제한되어 있다는 것에서 두 가지 중요한 결론이 나온다. 첫째, 합리성을 판단할 때는 늘 누군가가 확신을 검증하기 위해 어떤 가능성을 지니고 있는지 고려해야 한다는 것이다. 따라서 우리는 지각 능력과 인지 능력, 그리고 정보가 제한되어 있음을 감안해야 한다. 이런 제한 때문에 어떤 확신은 특정 상황에서는 굉장히 합리적이지만, 다른 상황에서는 전혀 진실에 부합하지 않을 수도 있다. 300년 전, 진화론이 아직 정립되지 않았을 때는 전능한 창조주가 단 며칠 만에 인간을 창조했다는 확신이 굉장히 합리적일 수 있었다. 그러나 그 뒤 과학이 발전하면서 그런 확신을 인식적으로 비합리적이라고 할 수 있게 됐다.

둘째, 인식적 합리성은 결국 확률로만 평가할 수 있다는 것이다. 앞서 진술이 '굉장히 있을 법하지 않은'에서 '굉장히 있을 법한'에 이르기까지의 눈금 위에서 움직인다고 했던 것처럼 확신에 대한 합리성도 등급을 매기는 식으로 평가할 수밖에 없다. 그에 따르면 한 인간의 확신은 그것이 확률론에 부합할 때 합리적이라고 할 수 있다.[16]

진화론의 기본 명제가 절대적으로 옳다는 확신은 존재하지 않을지라도 오늘날의 지식수준에 따르면 이 명제에 '굉장히 있을 법한'이라는 등급을 부여할 수 있다. 반면 《성서》의 창조 이야기는 —그것이 정신사적, 상징적으로 의미를 지니는 것은 맞지만 — '굉장히 있을 법하지 않은'이라는 등급으로 표시할 수밖에 없다. 합리성을 개연성으로 이해하려 할 때, 진화론에 대한 확신은 대략 인식적 합리성을 지닌 것으로 말할 수 있는 반면, 《성서》의 창조 이야기에 대한 믿음은 오늘날 인식적으로 비합리적인 것으로 분류해야 한다. 내가 이런 말을 해도 《성서》의 창조 이야기를 열렬히 신봉하는 사람은 기분이 상하지 않을 거라고 생각한다. 그도 그럴 것이 그들은 인식적 합리성을 기준으로 《성서》의 이야기를 믿는 것이 아니기 때문이다. 오히려 인식적 합리성의 원칙을 벗어나는 것이 종교적 믿음의 기본적인 특징이다.

여기서 또 한 가지 중요한 질문을 던져준다. "한 인간에게 어떤 확신이 '인식적epistemic' 의미에서는, 즉 사실에 부합한 내용이냐 하는 것에서는 비합리적일지라도 '실용적인' 의미에서는 완전히 합리적일 수 있지 않을까?"

이것은 종교적 믿음과 관련해 종종 언급되는 논지다. 내세에 대한 믿음은 위안을 주고, 이 세상의 녹록지 않은 삶을 더 수월하게 살아가도록 도울 수 있다. 이 사람은 이런 믿음 덕에 더 행복한 삶을 영위할 수 있다고 주장할 수도 있다. 그 믿음의 내용이 정말 실재하는 것으로 드러날지는 상관없이 말이다. 인식론적 의미에서 이런 확신은 명백히 비합리적이다. 진실성(내지 개연성)을 무시하기 때문이다. 하지만 실용적 유익을 생각하면 비합리적이라고 볼 수 없다.

이런 '실용적 합리성practical rationality'[17]은 정당한 것이다. 실용적 유익을 확신을 위한 좋은 이유로 볼 수 있기 때문이다. 그렇기에 종교적 믿음과 종교 행위를 그저 비용 편익 계산의 결과로 볼 수 있다. 그렇게 보면 종교성은 정확히 인간의 다른 행동 양식만큼 합리적인 것일 터다.[18] 따라서 실용적 합리성을 인정하면 다른 확신을 받아들이기가 더 쉬워진다고 할 수 있다. 누군가가 —아주 합리적으로— 어떤 확신이 어떤 이유로 자신에게 실용적 유익이 되는지 설명하면, 나는 이런 확신을 더 잘 이해할 수 있을 것이다. 내용적으로 내 개인적으로는 그런 확신을 지니고 있지 않아도 말이다. 그래서 상대에 대해 단박에 "미쳤네"라는 식으로 선언하지 않아도 된다.

　그러나 다른 한편으로 서로 합치될 수 없는 확신이 충돌할 때, 무조건 실용적 중요성만 환기하는 건 문제가 있다. 그럴 때 실용적 합리성은 매우 편한 —아마도 너무 편한— 입장일 수 있다. "내겐 그것이 맞아. 그것이 네게 의미 있게 다가오지 않는다면 그건 네 문제야" 하는 의미에서 말이다. 이런 태도는 확신이 대립할 때 의사소통과 의견 좁히기를 힘들게 만들어 평화로운 합의에 이르지 못하게 방해할 수 있다.

———— '정상적' 확신의 비합리성

합리성을 살펴봤으니 다시 한번 《DSM-5》의 정의에 눈을 돌려 보자. 거기서 말하는 것이 바로 인식적 합리성임을 확인할 수 있다. 즉 중요한 문제는 확신이 주어진 증거에 부합하는가, 상반된 증거가 있을 때 수정될 수 있는가 하는 것이기 때문이다. 《DSM-5》에 따르면 —인식적 합리성의 의미에서— 확신의 합리성이 떨어질수록 망상일 확률이 높다고 할 수 있다. 따라서 망상은 인식적으로 비합리적 확신인 것이다.

　망상이 인식적으로 비합리적인 확신이라면, 거꾸로 인식적으로 비합리적인 확신은 망상이라고 할 수 있을까? 이런 질문에는 '아니다'라고 대답할 수밖에 없다. 물론 그 대답은 망상을 어느 정도로 병리적인 것으로 보느냐 하는 질문에 상당히 좌우된다. 망상을 건강한 사람에게도 나타나는 아주 정상적인 특성으로 볼 수도 있을 것이다. 그러나 그런 입장을 취하면 일반적으로 통용되는 단어의 의미를 떠나 망상이라는 개념을 다시 정의해야 할 것이다. 망상이라는 단어는 보통 병리적 의미를, 즉 질병의 증상으로서 의미를 지니기 때문이다.

질병, 특히 심리 질환의 특징은 이 책에서는 자세히 살펴보기 힘든 광범위한 영역이다.[19] 최소한 우리는 질병을 건강의 반대 개념으로 이해한다. 건강은 정상적 상태로 이해하고, 질병은 표준에서 벗어나는 상태로 이해한다. 따라서 망상이 질병이라면 망상적 사고도 정상적 경우는 아닐 것이다.

그러나 당뇨나 고혈압이 만연한 것과 비슷하게 건강한 사람도 어느 정도 망상적 사고의 경향이 있다고 할 수 있다. 많은 사람은 선천적으로 혹은 후천적으로 라이프스타일 때문에 망상에 대한 경향성을 지니고 있다. 건강한 사람 중에도 혈압이 약간 높거나 낮은 사람이 있는데, 특정 수치부터는 질병으로 치는 것처럼, 망상 같은 심리 질환도 그와 약간 비슷하다. 망상은 물론 고혈압이나 당뇨처럼 금방 측정하거나 수치화할 수 없다. 그러나 많은 자료가 망상적 사고 경향이 어떤 사람은 더 심하고, 어떤 사람은 전혀 심하지 않지만, 그럼에도 전체 인구 집단에 망상적 사고 경향이 퍼져 있음을 뒷받침해준다. 이는 3장에서 다시 한번 자세히 살펴보도록 하겠다.

물론 망상이 상당히 많이 퍼져 있다고 하면서, 더 많은 사람을 환자로 만드는 우를 범해서는 안 될 것이다.[20] 그러나 망상의 핵심 특징인 비합리적 확신이 '정상적인' 것이 아닐까 질문할 수 있다. 건강한 사람들이 지니고 있는 많은 확신이 인식적으로 불합리한 것이라는 의미에서 말이다. 실제로 정신적으로 건강한 사람에게서도 조금만 살피면 금세 인식적으로 굉장히 불합리한 확신을 발견할 수 있다. 종교적 믿음, 미신, 음모론, 인종적 편견 등등. 이런 종류의 확신은 널리 만연해 있다는 의미에서 평범하고 정상적인 것이다. 하버드대학교 정신과 의사 브렌던 아널드 마허Brendan Arnold Maher는 1980년대에 비합리적 확신이 예외라기보다는 규칙에 가깝다고 주장했다. "말도 안 되는 이야기를 하는 경우가 드물다고 생각하는가? 나는 그렇지 않다고 본다. 망상과 같은 이야기는 사실 흔하다. (…) 일반적 사고는 합리적이고 연역적인 (즉 논리적으로 추론하는) 접근 방식을 취하지 않는다. 많은 사람, 아니 대부분의 사람이 속으로 이상한 확신을 품고 있다. 신경정신과 의사들이 망상이라고 진단할 수 있을 만한 생각을 말이다."[21]

처음에는 이런 주장이 조금 거슬렸다. 나는 '흠, 대부분의 사람이 비합리적 확신을 가지고 있을지 몰라도, 나는 그렇지 않아'라고 생각했다. 그러나 이런 자기평가에서 나는 그 유명한, 자신이 다른 사람보다 더 낫다고 여기는 '평균 이상 효과Better-than-Average Effect'에 사로잡혔을 확률이 높다.[22] 운전자의 대다수가 자신은 평균 이상으로 좋은 운전자라고 생각하는 것처럼 나는 내가 평균 이상으로 합리적이라고 생각하는 것이다.[23] 대다수 사람들은 자신이 평균보다 더 도덕적이고 유능하며, 호감이 가는

사람이라고 생각한다.[24]

정말로 대부분의 사람이 비합리적이고, 나만 평균 이상으로 합리적일까? 최소한 내가 확신하는 것 중 많은 것이 사실은 내 생각만큼 합리적이지 않다고 봐야 하지 않을까? 물론 계속 자기 성찰만 할 수는 없다. 이 책은 일반적으로 인식적으로 비합리적인 확신이 예외적이라고 보기엔 굉장히 흔하고 만연해 있지는 않은지, 정말로 그렇다면 우리가 그것을 어떻게 설명해야 할지 다루고자 한다.

많은 사람의 평범한 확신에서 인식적 합리성이 그리 중요한 기준이 아니라는 것은 혁명적 인식은 아니다. 이를 가장 잘 보여주는 예는 종교적 믿음이다. 앞에서도 언급했듯 종교적 믿음의 특징은 바로 합리성의 원칙을 벗어나는 것이다. 리처드 도킨스는 그 점을 이렇게 표현했다. "종교적 믿음에는 모든 증거가 결여되어 있을 뿐 아니라, 종교적 믿음은 증거와 무관하다는 걸 자랑스럽게 여기고, 널리 크게 전파한다. 기독교인들이 왜 그리 믿음 없는 도마를 비판적으로 바라보겠는가? 다른 사도들은 우리에게 덕스러움의 빛나는 예다. 그냥 단순히 믿기 때문이다. 반면 믿음 없는 도마는 증거를 요구했다(가령 부활에 대한 증거와 마리아 승천에 대한 증거). 도마를 모든 학자의 수호성인으로 선포해야 할 듯하다."[25]

따라서 종교적 믿음은 (적어도 인식론적 의미에서는) 본질적으로 비합리적일 뿐 아니라, 합리적 논지나 증거를 끌어들여 설명할 수도, 반박할 수도 없다. 종교적 믿음은 바로 이런 반증 불가능성을 무기로 한다. 이를 통해 의문과 의심을 초월해 논리적으로 공격받지 않기 때문이다.[26] 종교적 믿음은 선험적 확신을 요구한다. 확증이나 증거가 필요한 것이 아니라, 단지 선험적으로 —애초부터— 진실된 것으로 받아들여야 한다는 뜻이다. 신자에게는 이런 특성이 확신이라는 기분 좋은 감정을 동반한다. 불확실하고 예측할 수 없는 세상에서 매우 바람직한 효과가 아닐 수 없다.

앞서 말했듯 '내게 도움이 되니까 믿는다'라는 진술을 종교적 믿음의 적절한 근거로 받아들이면서, 많은 신자에게 실용적 합리성을 인정해줄 수 있다. 신자들에게 인식적 합리성은 믿음이 주는 실용적 유익에 비해 중요성이 떨어진다. 삶에서 의지가 되고, 방향을 제시하고, 의미를 주는 것에 대한 필요가 경험적으로 검증 가능한 진실에 대한 필요보다 크다. 이제 이런 데 비중을 두는 건 사적인 문제라고 생각할지도 모른다. 하지만 그런 선험적 확신으로 표방되는 신념은 위험과 부작용도 동반한다. 무엇보다 서로 다른 확신을 지닌 개개인이나 집단이 충돌할 때 그런 일이 일어난다. 종교를 빌미로 일어난 전쟁 목록은 길며, 여기에 희생됐고 여전히 희생되는 사람들의 수가 어마어마하다. 열정적으로 종교적 믿음에 반기를 드는, 확신에 찬 무신론자가 주로 지적하는 것이 바로 이런 점이다. 방금 전에 언급한 리처드 도킨스로 대표되는 '신新무신론자'가 바로 그런 논지를 편다.[27]

그러나 우리는 이런 논쟁에는 끼어들지 말고, 종교적 믿음이 인식적으로 비합리적 확신이며, 이는 종종 볼 수 있는 '정상적인' 형태의 비합리적 확신이라는 점만 확인하기로 하자. 종교적 믿음은 '어쩌다 보니' 비합리적이 된 것이 아니고, 기본적으로 인식적 합리성의 원칙을 그 자체로 명시적으로 인정하지 않는다. 종교적 믿음이 널리 퍼져 있음을 감안할 때 나아가 인식적으로 비합리적인 확신이 합리적인 확신보다 훨씬 더 '통상적'이라는 결론을 내릴 수도 있을 것이다. 어쨌든 인식적으로 비합리적 확신이 근본적으로 망상적인 것이며, 심리 질환의 특성이라고 말하는 건 상당히 위태로운 주장이 되는 것이다.[28]

신자들은 종종 종교적 믿음은 경험적으로 검증할 수 없는 영역이라고 주장한다. 영성spirituality은 주관적으로만 경험할 수 있어서 설명할 수도, 객관적으로 측정할 수도 없으며, 순수 합리적, 학문적 접근으로는 진술이 불가능하다고(그러기에 그렇게 해서는 안 된다고) 말한다. 미신도 마찬가지다. 이 역시 합리적으로 설명되지 않는 현상이다. 따라서 비합리적 확신이 실제로 인간의 아주 일반적인 확신의 레퍼토리에 속하는 것일까? 그것들이 주로 합리적 접근이 불가능한 영역에서 틈을 메워주기 때문에? 또는 만족스러운 이성적 설명이 존재하지 않거나, 이성적 설명을 상상할 수 없어 한계에 부딪히는 영역에서 틈을 메워줄 수 있기 때문에?

귀가 닳을 정도로 자주 들먹여지는 논지는 이것이다. 가령 모차르트 교향곡을 들을 때 인간이 느끼는 행복감을 어떻게 설명할 수 있을까? 그 어떤 신경전달물질의 활동을 통해 설명할 수 있을까? 이런 음악의 불가해한 아름다움에서 신적 원칙이 드러나는 것이 아닐까? 또는 우리 두 사람이 이런 있을 법하지 않은 상황에서 하필 지금, 여기서 만난 것이 어찌 우연일 수 있을까! 여기에 초자연적 힘이 개입한 게 틀림없지 않을까? 햄릿이 유명한 문장으로 표현했던 바로 이것이다. "호라티오, 하늘과 땅에는 그대의 철학이 꿈꾸는 것보다 더 많은 것이 있다네."[29]

물론 하늘과 땅 사이에는 합리적 철학으로 설명할 수 없는 듯 보이는 것이 있다. 그러나 이런 것을 바로 우리가 애호하는 이론—가령 전능한 신의 존재—으로 설명할 수 있다고 어떻게 확신할 수 있을까?

이외에 또 하나의 만연한 비합리적 확신은 바로 음모론이다. 대규모 설문에 따르면 미국인 중 절반가량이 최소한 하나의 음모론을 믿고 있다고 한다.[30] 그러나 신에 대한 믿음이나 미신과 달리 음모론은 기본적으로 합리성을 탈피하려는 것이 아니다. 반대로 많은 음모론은 오히려 자기편에서 합리성을 주장하고, 공식적 여론을 엉터리에 비합리적이라며 비난한다. 음모론은 "자세히 살펴보면 모든 것이 네 생각과 다르다는 걸 알게 될 거야"라고 말한다.

음모론을 믿는 사람들은 대부분 그저 우연이라 생각하는 부분과 '주류' 언론, 정치 내러티브가 별것 아닌 것으로 여기는 부분에서 음험하고 비밀스러운 음모를 발견한다. 음모론은 종종 자신의 발언이 검증될 수 없기에 반박될 수도 없는 상황을 활용한다. 슈투트가르트의 미국 연구자 미하엘 부터Michael Butter는 음모론에 대한 자신의 저서 《겉보기와 같은 것은 아무것도 없다》의[31] 책 제목으로 음모론이 어떤 가정에서 출발하는지 이야기한다. 즉 우리가 겉으로 보이는 모습에 속아 넘어가 원래의 진실은 보지 못한다는 것이 음모론의 대전제다.

많은 음모론의 공통점은 이른바 증거로 볼 수 있는 것을 들먹이면서 이성의 옷을 입은 척한다는 것이다. 음모론은 지배적이고 공식적인 이론에 위배되거나 최소한 그런 이론에 의문이 들게 만드는 관찰을 부각한다. 이에 대한 고전적 예는 바로 1969년 7월 20일 닐 암스트롱과 버즈 올드린이 달에 꽂은 성조기다. 달에는 바람이 없이 고요할 텐데도, 이 깃발은 바람에 펄럭이는 듯 보였던 것이다. 게다가 두 우주비행사가 달에서 찍은 여러 사진에서는 뭔가 들어맞지 않는 점이 눈에 띄었다. 그림자 방향이라든가 칠흑같이 깜깜한데 별이 하나도 안 보인다든가…. 이런 점을 두고 음모론자들이 달 착륙은 거짓이며, 이 사진은 위대한 미국 영화감독 스탠리 큐브릭이 세심하게 연출한 할리우드 시뮬레이션이라고 주장했다.

따라서 음모론은 인식적 합리성을 가장하고 통용되는 이론에 배치되는 증거를 환기하며, '공식적으로' 제시되는 증거가 타당한지 의심한다. 사실 엄밀히 따지면 합리적이지 않기에 더더욱 합리성을 강조한다. 학문적으로 옳은 이론과 달리 음모론의 특징은 증거에 굉장히 불균등한 비중을 둔다는 것이다. 자신의 시각에 맞는 사실은 부풀리고, 배치되는 사실은 의심하는 식이다. 학문 이론을 검증하는 기준인 합리적 접근 방식은 주어진 모든 사실을 동일하게 취급한다. 물론 학자도 인간인지라, 언제나 자신이 좋아하는 이론을 확인하고 싶은 마음을 내려놓고 사실만 지향하는 것이 쉽지 않을 것이다.[32] 이상적인 경우, 학문은 엄격하게 합리적으로 진행되고 이론을 뒷받침하는 증거와 이론에 배치되는 증거를 모두 동일한 비중으로 다룬다. 반면 증거를 불균등하고, 그로써 비합리적인 비중으로 대하는 것이 음모론의 지배적 원칙이다.[33]

음모론의 또 다른 특징은 그들의 진술이 꽤 그럴듯하게 들리지만, 사실은 매우 있을 법하지 않은 이야기라는 점이다. 앞에서 살펴봤듯 인식적으로 합리적인 확신은 개연성에 의거한다. 따라서 그 진술이 참일 확률이 높을 때, 그 확신은 인식적 합리성을 띠는 것이다. 이는 대부분의 음모론에는 해당되지 않는다. 음모론은 곧잘 광범위한 (내지 세계적인) 네트워크를 통해 수년 또는 수십 년간 대규모로 어두운 음모가 진행되어왔다고 말하곤 한다. 하지만 그토록 규모 큰 네트워크에서 모든 가담자가 한마음으로 뭉쳐 오랜 세월 음모가 드러나지 않고 이어져왔다는 건 극도로 개연성이 없는 일이다. 1970년대 리처드 닉슨 미국 대통령을 둘러싸고 일어난 워터게이트 사건 같은 실제 음모는 대부분 소수의 공모자들이 저질렀고, 금방 드러났다. 대부분의 음모론 신봉자가 가정하는, 오랜 세월 지속되는 대규모 음모 시나리오는 실제 음모와는 아무런 상관이 없는 것들이다.[34]

그럼에도 음모론이 많은 사람에게 그럴듯하게 여겨지는 것은 지각과 사고의 왜곡을 이용하기 때문이다. 음모론은 모든 사건에서 원인 혹은 의도를 찾고 싶어 하는 인간의 욕구를 이용한다. 우리는 순수한 우연이나 카오스를 참기 힘들어한다. 그래서 '일 더하기 일'을 하고, 이것과 저것을 연결하고, 현상을 설명하고자 한다. 단순한 설명을 좋아하고, 인과관계, 패턴을 찾아낸다. 심지어 아무것도 찾을 수 없는 부분에서도 다른 사람들의 권모술수나 어떤 힘을 찾아낸다. 우리는 이웃한 사건을 서로 연결한다. 그 사건들이 그냥 서로 우연히 가까이 있었을 뿐인데도 말이다. 우리의 사고는 이런 인지 왜곡에 취약해(이에 대해 더 자세히 살펴볼 예정이다) 종종 비합리적 판단에 이른다. 음모론이 꽃피는 아주 비옥한 토양을 형성하는 것이다.[35]

비합리적 확신의 모든 예는 인식적 비합리성이 결코 망상만의 특성이 아니라, 심리적으로 건강한 사람들에게서도 만연한 것임을 보여준다. 종교적 믿음이나 미신처럼 인식적 합리성에 크게 신경 쓰지 않는 확신이든, 이성의 옷을 입었지만 속으로는 굉장히 비이성적인 음모론이든, 인식적 비합리적 확신은 예외라기보다는 규칙에 가깝다. 대부분 병리적인 것이 아니라, 상당히 '평범한' 것들이다.

따라서 우리는 비합리적 확신에 취약한 듯하다. 그런데 여기서 취약하다는 것은 무슨 말일까? 이를 어떤 경향이 있다는 정도로 받아들이면 될 것이다. 합리적 사고는 계몽되고, 과학이 주도하는 서구 사회의 이상이다. 그러나 이것은 분명히 일반적 표준은 아니다. 비합리적 확신이 인기가 훨씬 더 많다. 이는 비합리성이 부분적으로는 차갑고 메마른 이성에 반해 매력적인 모델로 비치기 때문일 것이다. 무엇보다 종교적 믿음은 그 믿음이 이성적으로 설명되지 않는다는 점에서 특히 큰 설득력을 갖는 듯하다. 그러나 합리성에 대한 반대급부로서 매력을 발산하는 비합리성은 이야기의 일부일 따름이고, 앞에서 살펴본 음모론은 비합리성 이야기의 또 다른 부분을 이룬다.

음모론을 신봉하는 사람들은 비합리적이라는 비판을 단호히 거절한다. 반대로 그들은 ─음모론에 대한 그들이 보기에 굉장히 압도적인 증거 앞에서─ 공식적인 오피니언 리더들의 값싼 이론에 넘어가는 멍청한 무리를 순진하면서도 비합리적이라고 비난한다. 그러나 우리가 이미 살펴봤고, 여러 연구자가 설득력 있게 입증했듯 음모론적 생각은 본질상 인식적으로 비합리적이다.[36] 음모론은 자신의 불합리성을 위해 우리의 맹점을 이용하는데, 이런 맹점은 생각보다 더 크다.

우리는 맹점이 있다는 것과 그것이 얼마나 큰지 잘 의식하지 못한다. 그것이 맹점의 본질이다. 스스로 아무것도 보지 못한다는 것을 깨닫지 못하는 것이다. 그래서 자기를 관찰하고 성찰하는 것은 맹점을 드러내는 데 적합하지 않은 방법이다. 맹점을 확인하려면 안 보인다는 사실을 깨닫게 만드는 실험이 필요하다.

자신의 시야에서 맹점을 스스로의 눈으로 확인할 수 있는 실험을 알고 있는가? 자, 오른쪽 눈을 감고 정면 멀리에 있는 한 지점에 시선을 고정하라. 그런 다음 왼팔을 앞으로 곧게 뻗되 엄지손가락을 곧추세운 채 엄지손톱이 시야 한가운데 놓이게 하라. 그런 다음 뻗은 팔을 천천히 왼쪽으로 움직여라. 그러다 보면 15도 정도 각도에서 엄지손가락이 보이지 않게 된다. 맹점에 상이 맺혔기 때문이다.[37]

나는 수년 전부터 학자로서 시각적 지각을 연구하며, 수백 번 넘게 이런 실험을 해봤다. 한번은 이 현상을 연구하기 위해 (내가 생각하기에) 아주 기발한 실험 아이디어를 떠올렸는데, 알고 보니 1960년대에 다른 사람들이 이미 똑같이 기발했다는 사실을 확인했다. 마음이 조금 쓰렸지만, 나는 예나 지금이나 우리가 스스로의 맹점에 얼마나 맹한지에 늘 매료되곤 했다.

우리가 맹점을 잘 느끼지 못하는 이유는 필링-인filling-in이라는 현상 때문이다. 시각 시스템이 누락된 정보를 곧장 채워 넣는 것을 말한다. 단순히 다른 쪽 눈이 이렇게 정보를 채운다고 추측할 수 있을 것이다. 기본적으로 맞는 이야기다. 양 눈의 맹점이 서로 다른 부분에 있어 한 눈이 볼 수 없는 부분에서 다른 눈이 대신 일을 맡을 수 있다. 양 눈으로 볼 때는 실제로 그러하다.

앞에서 소개한 셀프 실험을 하면서, 엄지손가락이 사라진 뒤 오른쪽 눈을 뜨면 엄지손가락이 다시 보인다. 뭐, 진부한 이야기다. 그러나 우리 시력 연구자를 매료하는 것은 다음과 같은 현상이다. 오른쪽 눈을 감은 상태에서 맹점을 확인한 뒤, 왼쪽 눈으로 계속 멀리 있는 한 점을 응시하며, 엄지손가락을 시야에서 치우면 맹점이 사라질 것이다. 가령 나는 작업실 창문 맞은편의 벽돌 벽을 바라본다. 그런데 방금 내 엄지손가락이 블랙홀에 삼켜졌던 바로 그 지점에서 이젠 한쪽 눈으로 봐도 그냥 뚜렷이 벽돌 벽이 보인다. 시야에 구멍이 없다. 시각적 정보가 그 지점에서 더 흐려지는 것 같지도 않다. 그렇지 않다. 나의 시각 체계가 맹점 주변 정보로 부족한 정보를 채우는 듯하다. 그래서 벽돌 벽이 또렷이 보이는 것이다.

이런 맹점과 비슷한 '채우기 메커니즘'은 생각에도 적용된다. 간단한 트릭으로 이를 증명할 수 있다. 변기에서 물을 흘려보내는 메커니즘이 어떻게 작동하는지 아는가? 아니면 캔 따개가 작동하는 메커니즘을 아는가? 대부분의 독자는 이런 질문에 바로 "네, 알아요"라고 대답할 것이다. 하지만 차근차근 이런 장치가 작동하는 원리를 정확히 설명해보라. 자, 설명할라치면 제대로 할 수 없는 것이 당신뿐만은 아니다. 연구 결과, 대부분이 놀랍게도 그런 일상적 물건의 작동 방식을 잘 설명하지 못하는 것으로 드러났다.[38] 무엇보다 스스로 생각했던 것보다 잘 못한다. 그런 설명을 시도해보고서야 자신이 얼마나 잘 알지 못하는지 깨닫게 된다. 모든 종류의 지식에서 비슷하게 그런 자기 과대평가가 드러난다. 무엇보다 상황이나 작동 방식을 설명하고 논리적으로 근거를 대려 할 때 난처한 놀람을 경험하게 된다. 이런 면에서 우리는 생각에서도 자신의 무지를 깨닫지 못하는 맹점을 지니고 있는 것이다.

이를 확신의 합리성 문제에 적용해보자. 그것은 확신이 토대로 삼는 지식과 관련해 우리가 스스로를 속인다는 의미다. 당신이 지구온난화에 인간이 영향을 미친다고 어느 정도 확신한다고 해보자. 당신은 미스터 스포크의 정신적 동류라고 할 만한 헤르미네처럼 자료를 철저히 공부하지는 않았을 것이다. 그러나 이 분야는 당신이 관심을 가지는 분야이고, 이따금 관련 주제의 책을 읽기도 하며, 이에 대해 상당히 탄탄한 견해를 지니고 있다. 따라서 인식적으로 합리적 확신이며, 클라라의 경우에서처럼 비합리적 직관이 아니다. 그런데 이제 당신이 이런 인위적 기후변화에 대한 반대 입장을 표명하는 사람을 만났다고 하자. 그는 이 분야의 화신이라 할 만한 강적으로, 온갖 것을 꼼꼼히 살피고, 특히 환경 운동가 그레타 툰베리Greta Thunberg의 말을 귀담아듣는 당신과 같은 사람들을 공격할 만큼 단단히 무장하고 있다. 그리하여 당신이 한마디를 하면 열 마디 (소위) 사실에 입각한 반대 논지를 제기하고, 아주 유창한 언변으로 반박한다. 한마디로 상대방은 당신의 코를 아주 납작하게 만든다. 당신은 풍부한 일반교양을 갖춘 사람이라 쉽게 그런 일을 당하지 않는데도 말이다. 그러나 나 역시 비슷할 것이다. 이런 상상만 해도 배가 싸해지면서 불쾌감을 느끼지만, 나 역시 대부분의 합리적 확신에서 전문 분야가 아닌 다음에는 그와 비슷해질 거라는 걸 인정할 수밖에 없다.

그러므로 합리적 확신에서조차 우리는 자신의 생각보다 합리적이지 않은 것이다. 그러나 우리의 확신이 가능한 한 합리적이고 주어진 증거에 기반한다면 훨씬 더 좋지 않을까? 세상에 최대한 잘 적응하기 위해서는 인식적으로 가능한 합리적인 방향으로 나아가는 것이 가장 좋은 전략이 아닐까? 아마 아닐 것이다. 한편으로 우리는 비이성적 확신과 신념이 아주 널리 퍼져 있다는 것과 우리가 이성적이라고 생각하는 확신조차 사실은 우리 생각보다 그리 합리적이지 않다는 걸 확인했다. 아주 많은 사람이 적잖이 비합리적인 확신을 지니고 세상에서 잘 살아가고 있기에, 인식적 합리성이 모든 것의 잣대는 아닌 듯하다.

─────── **인지적 왜곡**

앞에서 확인했듯 어떤 경우 우리의 비합리성은 전혀 문젯거리가 되지 않는다. 종교적 믿음 같은 경우가 그러하다. 그러나 어떨 때, 무엇보다 어떤 내용이 진실인지 아닌지가 문제가 되는 경우 우리는 우리의 확신이 합리적이고 사실에 토대한다고 느낀다. 자신의 확신을 인식적으로 합리적인 것으로 여긴다. 그러나 이 부분에서 우리는 종종 스스로 속는 듯하다. 음모론만이 아니라, 아주 '평범한' 확신 중 다수에 해당하는 이야기다. 따라서 우리는 합리성의 환상, 즉 본인은 매우 합리적이라는 환상을 품고 있는 듯하다.

이런 착각은 심리학에서는 아주 잘 알려져 있다. 심리학은 사고와 판단에서 오류를 저지르는 경향을 '인지 왜곡'이라 한다. 인지 편향cognitive bias 또는 인지 착각cognitive illusion이라고도 부른다.[39] 이는 우리가 생각에서 체계적인 실수를 저지른다는 뜻이다. 즉 상황을 잘못 평가한다는 뜻이다. 체계적이라 함은 이런 실수가 무작위적으로 여러 방향으로 나아가는 것이 아니라, 늘 특정 방향으로 향한다는 뜻이다. 따라서 상황에 대한 우리 평가가 단순히 부정확한 것이 아니라, 한쪽으로 편향되는 것이다. 이 것은 마치 사격 연습에서 단순히 부정확하게 조준한 탓에 총알이 과녁의 중심을 빗나가 산발적으로 떨어지는 것이 아니고, 총신이 휘어 있다 보니 총알이 체계적으로 항상 과녁 오른쪽으로 빗나가는 상황과 비슷하다.

다시 한번 한 걸음 뒤로 물러나보자. 우리는 어떻게 해서 확신에 도달하는가? 기본적으로 최소한 두 가지 가능성이 있다. 우선 우리는 주어진 증거를 토대로 세계상을 만든다. 우리는 스스로의 경험을 통해 증거를 수집하거나, 다른 사람들에게서 증거를 제공받는다. 미디어 혹은 책 같은 데서 취할 수도 있다. 그런 이유로 나는 규칙적인 신체 운동이 좋다는 확신을 지니고 있다. 이런 확신은 내가 일주일에 세 번 달리기나 수영을 하면서, 심신의 컨디션이 훨씬 좋게 느껴지는 경험을 통해 도달한 것일 수도 있다. 또는 세계보건기구WHO 웹사이트에서 운동과 건강을 주제로 한 학술 기사를 읽음으로써 다다른 확신일 수도 있다. 아니면 스스로 증거를 검증하지 않고 다른 사람들에게서 확신을 넘겨받았을 수도 있다. 가령 부모나 교사, 친구, 목사, 혹은 인플루언서에게서 말이다. 신체를 움직여주는 것이 건강에 좋다는 확신은 엄마의 말을 그냥 믿은 데서 비롯할 수도 있다. 내가 엄마를 신뢰하기 때문이다.

확신에 도달하는 이 두 가능성은 인지 편향에 취약하다. 데이터에서 뭔가를 배우고자 할 때, 우리는 데이터에서 패턴을 인식하고자 한다. 그래서 뇌는 계속 우리에게 의미가 있는, 혹은 우리가 예측하도록 돕는 패턴을 찾는다. 그런 가운데 종종 과도하게 나아가 원래 있지도 않은 패턴을 인식하기도 한다. 이런 인지 편향을 '클러스터 착각clustering illusion'이라 부르기도 한다(클러스터cluster는 집단, 축적을 뜻한다). 우리는 데이터 포인트data point를 묶어 의미 있는 패턴으로 인식한다. 이에 관련된 유명한 예는 '핫 핸드hot hand 효과'다. 핫 핸드 효과는 농구 선수가 슛을 성공시키는 데서 행운이 연달아 찾아온다는 것이다. 그래서 지난번에 득점하면 이번에도 득점할 가능성이 더 높다는 것인데, 이것은 통계적 분석을 통해 그저 우연일 뿐인 것으로 밝혀졌다.[40] 섣부른 패턴 인식과 비슷한 현상을 우리는 매일 시각적 지각에서 관찰할 수 있다. 가령 구름이나 바위 형상, 나무껍질, 또는 달 표면에서 인간의 얼굴 등 친숙한 대상을 인식할 때처럼 말이다.[41]

이에 더해 우리는 인과적 설명을 하고 싶어 한다. 그래서 패턴을 발견하면 그 원인도 설명하고 싶어 한다. 사회적 존재로서 우리에게는 다른 사람들이 야기한 사건이 특히 중요한 의미를 지닌다. 그렇기에 우리는 다른 사람의 (또는 더 높은 힘의, 예를 들어 "하느님 제게 오늘 핫 핸드를 주셔서 감사합니다!" 같은) 의도적 행동을 추측하기를 즐긴다. 그냥 우연히 일어난 일도, 별 의도 없이 일어난 일도 누군가의 의도로 해석하기를 좋아하는 것이다.

이런 인지 편향을 과민한 행위 탐지 시스템Hyperactive Agent Detection Device, HADD라고 부르는데,[42] 클러스터 착각과 비슷하게 이런 편향이 생기는 것 역시 이유가 있기에, 빠르게 패턴 배후의 의도를 알아채면 유익이 되기 때문인 듯하다. 그로써 우리는 '먼저 쏘고 질문은 나중에'라는 카우보이 전략을 따르는 것이다.[43] 따라서 우선 확정하고, 이런 확정을 추후에야 비로소 의문시한다. 의문시라도 하면 다행이다. 의문을 제기하는 것은 다음에서 보겠지만 우리의 강점이 아니기 때문이다.

하지만 우선 '우리가 어떻게 스스로의 확신을 다른 사람들에게서 넘겨받는가' 살펴보기로 하자. 많은 일은 검증하기가 어렵고, 자신의 경험을 수집해서 견해를 지니기에는 검증이 너무 위험하다. 가령 어떤 동물이 위험하거나, 어떤 식물이 독성이 있는지 스스로의 경험으로 검증하지는 않을 것이다. 그렇게 하지 않는 것이 좋은 전략이고 말이다. 또 어떤 상황은 너무나 복잡하거나 방대해 그럴듯한 확신에 도달하려면 해당 부문을 몇 년씩 파고들어 공부해도 모자랄 지경이다. 그런 이유로 많은 경우 부모님이나 다른 권위자, 또는 또래 집단 구성원에게서 확신을 넘겨받는 편이 더 현명하고 실용적이다. 그러나 이런 접근 역시 인지 왜곡(인지 편향)에서 자유롭지 않다. 어떤 사람의 발언이 얼마나 믿을 만한지에 대한 평가에서 종종 후광 효과halo effect(어떤 사람이나 사물에 대해 평가할 때 일부 특성에 주목해 전체를 판단하는 인간의 심리적 특성―옮긴이)가 중요한 역할을 한다. 후광 효과는 한 사람의 특성이 다른 특성을 평가하는 데도 영향을 미치는 것을 의미한다.[44] 나의 경우 평소 아주 원만하고 관대한 삼촌이 한 말은 무조건 믿고 보는 경향이 있다. 사실 그의 말이 사실에 부합하는지는 그의 친절이나 관대함과는 별 관계가 없는데도 말이다. 편승 효과(밴드왜건 효과, 특정 재화에 대한 수요가 많아지면 다른 사람들도 그 경향에 따라 수요를 더욱 증가시키는 현상―옮긴이)도 비슷한 작용을 한다. 편승 효과는 성공한 사람들의 확신을 무조건 따르고 보는 것을 말한다.[45]

마지막으로 모든 확신이 생겨나는 데는 우리가 기후 활동가 클라라의 예에서 살펴보았던 인지 편향인 '감정적 추론'이 큰 역할을 한다. 이런 개념은 인지 행동 치료의 창시자 중 한 사람인 에런 T. 벡이 도입한 개념이다.[46] 벡은 우울한 사람이 객관적으로 검증 가능한 사실보다 자신의 부정적 직감을 더 따르는 경향이 있음을 이야기했다. 그러나 건강한 사람 역시 확신을 만드는 일에서 직감을 신뢰하는 경향이 있다. 이는 종종 올바른 직관일 수 있지만, 때로는 성급하거나 잘못된 추론으로 이어진다.[47] 이런 경향은 결코 부정적 감정에만 국한되지 않는다. 어떤 신념이 우리에게 좋은 느낌을 주기 때문에, 그것을 확신하고 고수하는 경우도 많다. 앞에서 언급했다시피 자존감에 보탬이 되는(자신이 남보다 더 괜찮은 사람이라고 생각하는) 인지 편향도 거기에 속한다. 우리가 대부분의 사람보다 더 좋은 운전자라는 확신은 자신의 자존감에 보탬이 된다. 그것은 내게 좋은 느낌을 주며, 이런 느낌이 확신을 굳어지게 하는 듯하다.

인지 편향은 확신을 형성하는 데 중요할 뿐 아니라, 일단 한번 생긴 확신을 검증하는 데도 중요하다. 우리는 우리의 확신을 되도록 고수하고자 하며, 거기서 또 한번 일련의 인지 편향이 중요한 역할을 한다. 자신의 확신에 위배되는 정보가 속속 드러나는데도 기존 확신을 고수하는 현상을 개념적 보수주의라고도 한다. 소위 확증 편향confirmation bias이 여기서 중요한 역할을 한다.[48] 확증 편향이란 기존 확신을 확인해주는 정보를 주로 찾거나, 이런 확신에 부합하는 정보를 지각하거나 그런 쪽으로 해석하는 경향을 말한다.[49] 근거가 있든 없든 자신의 아내가 바람을 피우고 있다고 믿는, 질투에 가득 찬 남편은 아내가 자신을 속이고 있다는 표시를 곳곳에서 발견한다. 어느 직원이 무능력하다고 생각하는 사장은 그 직원이 조금만 잘못해도 역시 자신의 판단을 확인한 것으로 느낀다. 자신의 이론을 굳게 확신하는 학자 역시 주어진 데이터가 자신의 이론을 뒷받침한다고 해석하는 경향이 있다. 영국의 저널리스트 론 존슨의 말마따나 "내가 확증 편향을 알게 된 이래, 곳곳에서 그것이 보인다".[50]

흔하게 언급되는 인터넷상의 필터 버블과 에코 체임버echo chamber(오디오 공학에서 유래한 용어이다―옮긴이)에서도 확증 편향을 볼 수 있다. 에코 체임버는 유사한 신념을 지닌 사람들이 다른 생각은 용인되지 않는 보호 공간에서 끼리끼리 소통한다는 가설이다.[51] 이런 공간은 인터넷의 특정 채널이나 채팅방일 수 있다. 가령 내가 코로나19 바이러스에 대한 주류 언론의 보도를 의심해 코로나19 바이러스에 대해 거짓 팩트를 퍼뜨리는 사이트만 방문한다면, 내 확신은 끊임없이 확인받을 것이고 (결코 반박되는 것을 보지 못할 것이다) 점점 굳어질 것이다. 이런 자기 확인 메커니즘은 필터 버블을 통해 더 강화될 수 있다. 필터 버블은 검색 기록과 이전의 클릭 행동을 근거로 웹사이트 유저들이 어떤 정보를 흥미로워할지 예측하는 알고리즘을 통해 만들어진다.[52] 그리하여 유저들이 원하는, 그들의 확신을 확인해주는 정보가 우선적으로 제공된다. 바로 컴퓨터에 기반한 확증 편향이다. 따라서 우리의 인간적인 확증 편향이 인터넷에서 에코 체임버가 생겨나게 할 뿐 아니라, 에코 체임버가 확증 편향을 부추기는 것이다.[53]

우리의 개념적 보수주의는 정치학에서 알려진 역화 효과backfire effect로 강화된다. 역화 효과는 신념에 위배되는 사실이 제시될 때 신념이 도리어 강화되는 현상을 말한다.[54] 그야말로 역효과가 나는 현상인데, 음모론을 신봉하는 사람들에게서 이를 많이 볼 수 있다. 백신 접종 반대론자는 백신 접종 권장이 이익에 눈먼 양심 없는 제약 산업이 부추긴 음모에 기인한 것으로 믿는다. 그들에게 백신의 효과를 증명하는 과학적 데이터를 들이대면, 이것은 종종 역효과를 낸다. 그도 그럴 것이 의학 연구 자체가 음모론의 일부라고 볼 테니 말이다.

따라서 학문적으로 입증된, 이런저런 인지 편향은 우리가 신념을 만들고 유지하는 면에서 종종 비합리적으로 행동하게끔 한다. 우리가 그렇게 한다는 걸 의식하지도 못한 채로 말이다. 우리가 인지 편향을 하고 있음을 의식하지 못하는 현상도 그 자체로 인지 편향으로서 맹점 편향blind spot bias이라 불린다. 우리는 인지 편향에 대한 맹점을 지니고 있다. 미국의 심리학자 에밀리 프로닌 팀의 연구에 따르면 연구 참가자 중 85퍼센트가 자신들이 '평균적인 미국인'보다 인지 편향의 영향을 덜 받는다고 대답했다.[55] 이런 연구 결과는 정말 아이러니하다. 응답자가 편향에 대한 맹점이 있어 자신을 더 낮게 평가하는 인지 편향에 희생되고 있음을 보여주면서, 응답자의 자기평가를 직접적으로 반증하기 때문이다.

따라서 자신의 인지 왜곡을 보지 못하는 맹점 편향은 우리가 합리적이라는 환상을 갖게끔 한다. 대부분은 스스로와 스스로의 신념을 인식적으로 굉장히 합리적인 것으로 여기며, 스스로를 대부분의 사람보다 훨씬 합리적인 사람으로 여긴다. 그러면서 자신의 비합리성을 증명하고 있는 꼴이다. 그렇다면 우리 모두가 '제정신이 아닌' 것일까, 모두가 자신이 합리적이라는 망상에 빠진 것일까? 아마도 아닐 것이다. 하지만 우리 확신이 얼마나 합리적인지에 대한 숙고가 보여주는 것은 인식적 비합리성이 결코 망상만의 특징은 아니라는 것이다.

이런 말은 망상과 '정상적' 확신을 구분해야 하는 신경정신과 의사에게는 나쁜 소식처럼 들린다. 하지만 그렇다고 망상과 '정상적' 확신을 구분하는 것이 불가능하다는 말은 아니다. 다만 《DSM-5》에서 제안하듯 합리성을 기준으로만 구분하는 것은 문제가 있다는 뜻이다. 그리하여 다른 저자들도 종종 추가적인 기준을 도입했다(물론 이런 기준이 모두 문제가 있는 것은 아니다). 기능적 제한, 망상적 확신으로 말미암은 주관적 고통, 또는 이런 확신을 비슷한 문화적 배경에서 대부분의 사람과 어느 정도로 공유하는가 하는 질문도 기준이 된다.[56] 그러나 여기서 나는 망상에 대한 신경정신과적 진단의 개선을 도모하려는 것이 아니다. 그 문제는 심지어 해결할 수 없을 것으로 보인다.

여기서 내가 보여주고 싶은 것은 망상적 사고와 '정상적' 사고가 우리 생각만큼 확연히 구별되지 않는다는 것이다. 그렇다. 망상은 인식적으로 비합리적이다. 그러나 우리의 '정상적' 사고 역시 우리 생각만큼 그리 합리적이지 않다.[57] 우리는 모두 '제정신이 아닌' 것은 아니다. 그러나 아마도 우리 생각보다는 '더 제정신이 아닌' 듯하다. 또는 최소한 소위 '정신 나간' 확신은 우리가 생각하는 것만큼 '정신이 헤까닥 해서' 생겨나는 것이 아니다.

3장

조현병은 왜
생겨날까?

——— 조현병, 진단의 역사

망상은 그 자체로 병명이 아니라 증상이다. 망상이 증상으로 나타나는, 나아가 망상을 주된 증상으로 하는 질환이 있다. 중증 우울증도 망상 증상을 동반할 수 있다. 우울증을 앓는 사람 중에는 자신이 자신의 질병과 다른 사람의 불행에 책임이 있다거나, 스스로와 가족을 재정적으로 파탄에 이르게 했다며 망상적 확신을 보이는 경우도 있다. 그런가 하면 양극성 장애(종종 '조울증'이라고 칭해진다)의 조증 에피소드에서도 종종 자신은 굉장히 대단한 사람이고, 자신을 제외한 모두가 아주 못난 사람이라고 확신하는 과대망상이 나타날 수 있다. 피해망상과 마찬가지로 이런 과대망상 역시 염증성 뇌 질환의 증상이거나 대마초, 코카인 또는 암페타민 같은 특정 약물을 복용한 결과로 나타날 수 있다. 중증 치매에서도 피해망상이 나타날 수 있으며, 치매와 다른 많은 질환에서 망상 증상이 나타날 수 있다. 그러나 망상이 나타나는 가장 대표적인 질환은 조현병이다.

일반적으로 사람들이 '미쳤다'라고 칭할 때, 가장 흔히 떠올리는 질환이 바로 조현병이다. '정신이상'이라 표현할 때의 전형적 질환인 것이다. 그리하여 나는 확신이 어떻게 생겨나며, 이런 확신이 왜 그리 비합리적인지에 대한 이해를 돕기 위해 이번 장에서 조현병에 대해 살펴보려고 한다. 우리 확신의 인식적 비합리성을 설명하기 위해, 인식적 비합리성을 눈금자에 빗댈 때 비합리성이 가장 심한 맨 끝, 즉 망상 증상과 망상 증상을 주된 특징으로 하는 질병에서 시작해보려는 것이다. 이 과정에서 우리는 병리적 확신에 대해(또는 우리가 병리적이라고 여기는 확신에 대해), 그리고 우리 뇌에서 확신이 어떻게 생겨나는지 배울 수 있을 것이다.

조현병은 종종 '고전적인' 신경정신과적 진단으로 보이지만,[1] 사실 이 개념이 생겨난 지는 100년도 채 되지 않았다. 이 개념은 1911년 스위스 신경정신과 의사 오이겐 블로일러Eugen Bleuler가 도입했다. 도입 당시에는 조현병schizophrenia이라 부르지 않고 조현병 그룹이라 명시했다.[2] 블로일러는 이로써 '연상의 이완'이 주된 특징인 심리 장애 그룹을 총칭한 것이다. 연상의 이완이란 연상에 비약이 생기고 생각이 제대로 조절되지 않는 증상을 말한다. 오늘날과 달리 오이겐 블로일러는 망상을 조현병의 주된 증상으로 보지 않고 추가 증상으로 보았다. 망상이 나타날 수 있지만, 꼭 나타나는 것은 아닌 것으로 말이다.

오늘날 우리가 알고 있는 조현병 개념은 1938년에야 비로소 독일의 신경정신의학자 쿠르트 슈나이더Kurt Schneider가《임상정신병리학》에서 정립했고, 이 책은 정신병리학에 커다란 영향을 미쳤다.[3] 슈나이더는 오늘날 조현병 진단에 중요한 지침으로 여겨지며, 모호하게 정신증이라 일컬어지는 증상을 전면에 부각했다. 여기에는 환청 같은 환각이 속한다. 낯선 목소리가 자신의 행동에 대해 평을 하거나, 말을 시키거나, 지시를 하는 현상이다. 환청 내용이 모욕하는 말이거나 욕인 경우도 종종 있어서, 그 목소리를 듣는 것이 괴롭고 위험하게 다가온다. 다른 한편 누군가 남이 자신에게 생각을 불어넣는 것처럼, 그 생각이 다른 사람들에게 보이거나 들릴 것처럼 느껴지기도 한다.

마지막으로 슈나이더는 망상 증상, 무엇보다 망상지각을 조현병의 특징적 증상으로 보았다. 망상지각은 외부 자극이나 사건에 망상적 의미를 부여하는 것을 말한다. 한 여성 환자는 내게 오늘 자신의 집 앞 횡단보도 신호등이 또다시 먹통이 됐다고 혼란스러워하며, 이를 자신에 대한 음모의 표시로 해석했다. 또 다른 환자는 대화 중 밖에 검은 자동차가 지나가는 걸 보고 화들짝 놀랐다. 추적자들이 이런 표시로 지금 자신이 어디 있는지 알고 있다는 메시지를 전달하려 한다면서 말이다.

이런 편집증적 사고는 조현병에서 전형적으로 나타나는 망상 증상이다. 조현병 진단을 받은 사람들의 절반 이상이 그런 망상에 시달리는 것을 관찰할 수 있다.[4] 이런 사람들은 대부분 다른 사람들이 자신을 위협하거나 추적하거나, 해를 끼친다고 느끼며, 목숨을 노린다고 두려워하기까지 한다. 이에 더해 타자의 말이나 행동을 자신과 관계된 것으로 잘못 해석한다. 이런 '타자'는 실제 사람일 수도 있고 —아는 사람 혹은 모르는 사람, 개인 혹은 집단— 또는 초자연적인 신이나 악마일 수도 있다.

오늘날 조현병 진단은 특정 기간에 조현병 특유의 증상을 얼마나 많이 보였는지 기준으로 내려진다. 각각의 증상 자체만 가지고 진단하지 않고, 다른 전형적 증상과 결합해서만 진단을 내린다. 이런 기준은 《DSM-5》 같은 진단 분류 시스템에 정리돼 있다. 《DSM-5》에 따르면, 조현병 진단 지침이 되는 증상에는 망상과 환각, 그리고 블로일러의 정의에서 '연상의 이완'에 해당하는 '와해된' 언어 등이 속한다. 이에 더해 감정 표현이나 의욕의 감소 등 기이해 보이는 행동과 부정적 증상이 이 진단을 뒷받침할 수 있다.[5]

─────── **조현병은 질병일까?**

잠시 조현병 진단의 역사에 대해 짧게 살펴봤는데, 여기서 눈에 띄는 것은 조현병의 개념이 돌에 새긴 듯 분명하지 않다는 것이다. 그 의미는 세월이 흐르면서 바뀌어왔고, 계속 바뀔 것이다.

어느 순간 조현병이라는 말은 없어지고, 더 정확한 개념으로 대치될지도 모른다. 조현병은 대부분의 신체 질환과 달리 특정 병리에서 비롯한 통일된 병상이 없다.[6]

가령 심근경색은 심장근육 조직이 괴사하고, 보통은 좁아진 관상동맥이 혈전으로 막히면서 발생하는 심장 순환 장애로서 명확히 정의된다. 여기서는 조현병의 진단 기준과 달리, 증상에 대한 언급이 없다. 물론 심근경색도 대부분 갑작스레 심하게 왼쪽 가슴이 아프다든가 하는 증상을 동반한다. 그러나 이 같은 증상이 나타난다고 단박에 심근경색을 의식하게 되는 것은 아니다. 다른 많은 질환에서도 이런 증상이 나타날 수 있기 때문이다. 심근경색의 진단은 혈액순환 장애, 혹은 심장근육 괴사와 같은 뚜렷한 증거에 기초해서 이루어진다.

조현병의 임상적 진단은 ─다른 대부분의 정신과적 진단과 마찬가지로─ '왼쪽 가슴 통증' 정도의 정확성만 지닌다. 몇 가지 증상이 주로 나타나고, 이를 근거로 특정 질환을 추론한다. 그러나 이런 '특정 질환'이 정말로 있는지는 불확실하다. 우리의 의학적 사고방식은 심근경색에서 나타나는 전형적인 증상이 앞에서 언급한 심장 순환 장애로 말미암는 것처럼 망상, 환각, 와해된 사고 같은 증상도 특정 병리pathology 때문에 나타나는 것이라고 본다. 그러나 이런 병리는 대체 어떤 것일 수 있단 말인가? 최소한 가능성 있는 병리를 짐작할 수 있게 하는 아이디어와 학문적 발견은 많다. 그러나 현재 임상적 진단에 이런 것들은 중요하지 않다. 충분히 신뢰할 수 있는 것들이 아니기 때문이다.

따라서 조현병 진단은 증상에 근거해 내려지며, 의학사적 시각에서 볼 때 관련 연구는 노아의 홍수 이전 단계에 머물러 있다고 해도 과언이 아니다. 아무튼 여기서는 모든 기관 중 가장 복잡한 뇌와 뇌 기능 장애에 관한 일이 아닌가. 우리 지식에 따르면 이런 기능장애는 하나의 병리에서 연유하는 것이 아니라 복잡하게 상호작용하는 다수의 요인에서 기인한다. 우리는 상황을 개선하려 노력한다. 그러나 당분간은 순수 증상에 의거한 진단으로 만족해야 한다. 이런 식의 진단이 동반하는 어려움은 그것이 모호하다는 것이다. 진단의 기준이 뚜렷이 충족되고, 의심할 바 없는 진단이 가능한 경우도 종종 있다. 그러나 기준이 충족되는지 불확실한 경우가 많다. 망상의 예로 자세히 살펴봤듯 증상에 모종의 불확실함이 있기 때문이다. 그러나 이런 문제가 진단 방법이 형편없기 때문이라고 탓할 수는 없다. 오히려 진단이 모호해지는 건 이 분야가 원래 그렇게 생겨 먹었기 때문이다. 망상과 '정상적' 확신이 칼로 무 자르듯 명확히 구분되지 않을 뿐 아니라, 다른 심리 증상 역시 단숨에 구분되지 않고 늘 경계가 유동적이다.

100명 중 한 명은 조현병(정신분열증) 진단을 받게 된다. 그러나 그렇다고 그 사람이 '정신분열증'이라는 질병에 걸렸다는 뜻은 아니다. 엄밀히 말해 절대적 의미에서 정신분열증이라는 병은 존재하지 않기 때문이다. 이것은 다만 100명 중 한 명이 살다 보면 정신분열증 진단 기준에 충족된다는 의미다. 그리고 이런 진단 기준은 변화될 수도 있다. 새로운 학문적 인식이 나와서 그렇게 만들 수도 있고, 심리 질환에 대한 사회적 입장이 바뀔 수도 있다. 언급했듯 우리가 이렇게 진단하는 걸 완전히 그만두게 될지도 모른다. 어느 순간 진단적 기준을 좁힐지도 모른다. 그러면 200~300명 중 한 명만이 그런 진단을 받을지도 모른다. 물론 이런 일이 일어날지 알 수는 없다. 그러나 장담할 수 있는 것은 우리가 아무리 노력하고 영리한 연구를 수행할지라도 정신분열증의 토대가 되는 병리학은 결코 발견하지 못하리라는 사실이다. 그도 그럴 것이 어엿한 병리학에 기초한 '정신분열증이라는 병'은 원래 존재하지 않기 때문이다. 그렇다고 정신분열증(조현병)의 메커니즘을 연구하는 것이 쓸데없다는 뜻은 아니다. 나는 이런 연구가 어떤 사람이 왜 어떤 확신으로 괴로워하는지, 이것을 어떻게 완화할 수 있는지 이해하는 데 도움이 되기를 바라고, (조심스럽게) 도움이 될 거라고 믿는다.

─── 조현병 연구

그동안 신경정신의학 연구에서 조현병이 실체가 확실한 것이 아니라는 점에 모두가 의견 일치를 보고 있기 때문에 그렇다면 조현병이라는 '진단 범주'를 굳이 설정할 필요가 있는가, 하는 질문이 제기된다.[7] 이런 질문은 정당하다. 그러나 이런 진단 범주는 우연히 생겨난 것이 아니라, 특정 증상이 종종 함께 나타난다는 관찰에서 비롯된 것임을 감안해야 한다. 이런 증상이 나타나는 데 공통된 토대가 있으리라고 보는 것은 터무니없지 않다. 이런 전형적 '증상군' — 의학에서는 '증후군'이라고 부른다 — 을 설명하기 위해서는 조현병 진단을 받은 사람이 다른 사람과 유전적, 신경생리학적, 혹은 그 밖의 기준에서 차이를 보이는지 연구하는 것이 의미 있을 것이다. 우리가 조현병 증상 중 망상에만 관심을 가질지라도 조현병을 살펴보는 것은 의미가 있다. 조현병을 진단받는 사람 중 절대다수가 결국 어느 순간 망상 증상을 보이기 때문이다. 따라서 통계적으로 볼 때 조현병을 진단받은 사람은 보통 사람보다 훨씬 높은 빈도로 망상적 확신을 지닌다. 이것이 그들이 범주적으로 다른 사람이라는 뜻은 아니다. 그러나 조현병이라는 진단이 망상적 확신을 동반하는 경향이 강하다는 것을 시사한다.

따라서 망상적 확신이 뇌 중 어떤 메커니즘을 근거로 생겨나는가에 관심이 있다면 조현병을 살펴보는 것은 의미가 있다. 또 다른 가능성은 진단 범주와 완전히 무관하게 망상을 연구하는 것이다. 즉 '증상 차원'으로서 망상만 살펴보는 것이다. 망상의 토대를 이해하려 할 때 이 두 가지 접근법은 각각 장단점이 있지만, 나는 두 가지 다 괜찮은 방법이라고 생각한다. 이 책에서는 때로는 이 방법, 때로는 저 방법으로 접근하는 연구를 언급할 것이다. 중요한 것은 조현병(정신분열증)을 '질병'으로 보는 것이 아니라 확신의 특정 형태로서 망상의 토대를 관심 있게 살펴본다는 점이다. 즉 뇌 속 어떤 메커니즘이 망상이 생겨나게 만드는가에 천착해보려 한다.

——— 악마는 어디에서 오는가: 유전학의 역할

조현병이 어떻게 생겨나는지 이론과 사실을 지루하게 열거하고 싶지 않다. 더 깊이 알고 싶은 사람은 관련 서적이나 인터넷을 참고하면 좋을 것이다. 그러나 우리 주제와 관련해 중요하게 느껴지는 것은 바로 유전학의 역할이다.

다른 많은 정신장애와 마찬가지로 조현병도 취약성 스트레스 모델에서 출발할 수 있다.[8] 즉 조현병 취약성은 유전적 소인으로 말미암은 것으로 이런 취약성이 있으면 뇌 발달 중 특정 시기에 해로운 환경적 영향(스트레스)에 더 민감해진다. 이런 환경적 영향은 가령 임신 중 어머니의 바이러스 감염, 혹은 유년 시절의 트라우마적 경험, 약물 사용, 청소년기의 이주 경험 같은 것이다. 환경적 영향은 하나하나는 미미하지만, 함께 모여서 중요한 역할을 한다는 것이 오늘날의 인식이다.

오랜 세월에 걸쳐 학계에서 '유전 혹은 환경nature or nurture' 논쟁이 벌어져왔다. 조현병이 유전적 요인 때문이냐, 교육을 포함한 환경적 요인 때문이냐 하는 것이다. 오늘날 이런 질문에서 이것 혹은 저것, 어느 한쪽의 문제가 아니라 유전과 환경 모두 중요한 역할을 하며 상호 영향을 미친다는 것이 정설로 여겨진다.[9]

조현병은 유전적인 것이 가장 크게 작용하는 심리 장애에 속한다. 조현병에 가족력이 있는 것으로 관찰되었기 때문이다. 그래서 유전적으로 동일한 일란성쌍둥이 한쪽이 조현병을 앓는 경우, 다른 한쪽도 조현병에 걸릴 확률이 최소 50퍼센트에 이른다. 물론 여기에서도 이것이 어느 정도 '유전 혹은 환경'의 영향일까, 하는 질문이 제기된다. 쌍둥이가 둘 다 조현병을 앓는다면 이것은 유전적 요인 때문일까, 아니면 둘이 비슷한 환경에서 자란 탓일까? 더 가까운 친척일수록 조현병을 앓는 사람이 증가한다는 연구 결과는 정말로 유전적 영향이 있음을 입증한다.[10]

최근 몇십 년간의 분자유전학 연구는 유전적 영향이 중요하다는 걸 증명했다. 그리 힘들이지 않고 인간의 게놈을 시퀀싱sequencing할 수 있게 된 이래, 특정 유전적 변이와 질병 발병의 연관을 확인하기 위해 대규모 연구가 이루어졌다. 전체유전체 상관분석연구Genome-wide Association Study, GWAS에서 유전적 위험 변이를 식별하는 작업이 이뤄졌다. 게놈의 특정 부분에 특정 진단에 의미 있는, 즉 해당 질병이 발병할 확률을 높이는 변이가 존재할까? 그런 연구를 하려면 참가자가 아주 많아야 하며, 연구자들이 국제적으로 협력해야만 가능하다.

현재까지 조현병과 관련해 진행된 최대 규모의 GWAS에서 국제 정신의학 유전체학 협력단International Psychiatric Genomics Consortium은 조현병 진단을 받은 7만 6,755명의 데이터와 건강한 대조군 24만 3,649명의 데이터를 분석했다.[11] 이 연구에서 조현병과 관련된 287개의 위험 변이가 발견됐다. 이런 전체유전체 분석을 기초로 조현병 발병에 유전이 얼마나 기여하는지를 비율로 따지면 약 24퍼센트인 것으로 평가된다. 하지만 쌍둥이 연구에서 유전적 기여가 훨씬 더 높다는 점을 감안할 때 연관연구를 지속적으로 진행하다 보면 위험 변이가 더 많이 발견되어, 조현병에서 유전적 변이의 기여도는 더 높아질 것으로 보인다. 하지만 지금도 유전적 연관연구를 통해 가족력이 입증하는 바, 유전적 영향의 비중이 뚜렷이 드러나고 있다.

조현병 발병에 유전적 요인이 얼마나 큰 영향을 미치는가 하는 것은 현대의 분자유전학적 방법을 동원한 연관성 연구가 제공하는 중요한 인식 중 '하나'일 따름이며, 이런 연구들은 이외에도 이 질환의 발병 메커니즘에 대해 다른 중요한 정보를 제공한다. 그런 점에서 무엇보다 유전적 위험 변이가 어떤 기능을 하는가, 하는 질문이 중요하다. 여기서 결정적인 것은 소위 유전자 발현gen expression이다. 유전자에 암호화된 유전 정보가 어떻게, 유기체의 어떤 세포에서 번역되어 기능이 발현될까? 조현병에 대한 GWAS에 따르면 (그리 놀랍지 않게도) 확인된 유전자 중 대부분은 뇌에서, 더 정확히는 글루타메이트glutamate나 도파민 같은 특정 뇌 메신저의 기능과 관련해 발현된다고 한다. 그러나 이에 더해 (약간 더 놀랍게도) 면역 체계의 세포에서 발현되는 몇몇 유전적 위험 변이가 발견됐다.[12] 이런 중요한 발견은 이후 조현병 연구자들로 하여금 면역 기능이 조현병에 어떤 역할을 하는지 관심을 갖도록 만들었다. 다수의 유전적 위험 변이가 있고, 해당 유전자가 여러 조직에서 발현된다는 것은 유전학의 역할이 굉장히 복잡하다는 것을 보여준다. 이런 경우를 '다인자적polygenic' 영향이라고 말한다.

이를 약간 자세히 살펴보자. 단일 유전자로 말미암은 유전병도 있다. 유전자 하나가 변화되어 유기체의 작동 방식에 특정한

변화를 일으키는 질환이다. 단인자 유전병의 대표적인 예가 낭포성 섬유증이다. 이 질환에서는 하나의 유전자 변이가 기도에서 지나치게 걸쭉한 점액을 만들어, 종종 폐렴 같은 중증 호흡기 감염을 일으킨다. 이런 단인자 유전병은 대물림된다. 즉 부모 모두 이 돌연변이 유전자를 보유하고 있고, 이를 자녀에게 물려주면 자녀는 불가피하게 이 질병에 걸리는 것이다.[13]

조현병 같은 다인자적 질환은 이런 방식으로 직접 유전되지는 않는다. 그러나 유전적 소인이 전달되어 질병 발현에 위험을 높인다. 질병의 위험은 유전된 유전자 변이 수에 비례해 증가하는데, 이들 각각은 그 자체로 질병을 유발하지 않지만, 합쳐져서 위험성을 높인다. 이를 유전적 '위험 프로파일risk profile'이라고 한다.

이런 위험 프로파일이 서로 다른 여러 유전자로 이루어져 있다 보니, 조현병을 유발하는 하나의 메커니즘은 존재하지 않는 것이다. 오히려 여러 메커니즘이 유전적 위험 프로파일을 통해, 그리고 유전적 요인과 환경적 요인의 상호작용을 통해 조현병 발병에 역할을 한다고 봐야 할 것이다. 유전적 다양성에 더해 당연히 개인적으로 매우 다른 환경 요인도 추가된다. 따라서 자라나는 아이의 개인적인 학습경험은 아주 다양한 방식으로 유전적 위험 프로파일과 상호작용을 한다. 그렇기에 조현병 양상이 개인적으로 굉장히 다양하게 나타날 수 있다. 그런 이유로 조현병의 가장 흔하고 특징적인 증상인 관계망상 혹은 피해망상은 조현병을 앓는 사람들에게 높은 빈도로 나타나지만 모두에게 나타나지는 않는다. 어떤 사람들에게서는 환각이나 와해된 사고가 주로 나타나며, 망상은 부차적이거나 전혀 나타나지 않는다. 병의 경과도 굉장히 다르다. 어떤 사람은 개별적인 정신증적 에피소드만 경험하는가 하면, 어떤 사람은 더 중증에 만성으로 진행된다.

신경정신의학 연구는 물론 특정 유전적 위험 프로파일이 특정 환경 요인과 상호작용해 뇌 기능에 특정 변화를 일으키는지에 커다란 관심을 둔다. 이런 신경 메커니즘이 다시금 특정 증상과 어떻게 연관되는지, 이를 통해 특정 경과나 치료법의 효용성을 예측할 수 있는지도 말이다. 물론 이런 일은 쉽지 않다.

무엇보다 이 모든 정보 중 망상에 대한 이해에 중요한 것이 무엇인지 살펴보기로 하자. 우리는 유전적 요인이 조현병 발병에 중요한 역할을 한다는 것을 확인할 수 있으며, 조현병의 특징적 증상인 망상의 발현에도 유전적 요인이 중요한 역할을 할 것이라고 볼 수 있다. 이런 유전적 요인의 비중이 얼마나 큰가는 개인에 따라 다르며, 위험 변이가 얼마나 많은지, 어떤 변이가 있는지에 따라 달라진다. 그러나 굉장히 다양하고 복잡하긴 하지만, 사람에 따라 조현병에 쉽게 걸리도록 하는 유전적 토대가 있기는 있는 듯하다. 그로써 아마도 사람에 따라 다른 사람보다 망상적 확신에 더 쉽게 빠지도록 하는 유전적 토대가 존재한다고 할 수 있다. 나는 여기서 의식적으로 '아마도'라는 단어를 썼다. 조현병 증상과 망상적 확신 경향을 단순히 동일시할 수는 없기 때문이다. 망상적 확신 경향이 있는 사람이라고 다 조현병 진단을 받는 건 아니며, 조현병 진단을 받은 사람이라고 해서 무조건 망상에 시달리는 것은 아니다. 하지만 망상이 주된 증상인 질병에 유전적 소인이 작용한다면, 망상적 확신 경향도 마찬가지로 유전적 소인이 영향을 미친다고 봐도 되지 않을까?

─────── 조현병의 존재 이유

유전학이 밝힌 바에 따르면 조현병이 발병하는 이유는 조현병을 촉진하는 유전적 변이가 있기 때문이라고 답해야 할 것이다. 이는 곧장 다음 질문으로 이어진다. 유전적 변이가 조현병 같은 심각한 질환이 발병할 위험을 높인다면, 이런 유전 변이는 대체 왜 존재할까? 단인자 유전병의 경우 이런 질문에 비교적 쉽게 대답할 수 있다. 개별적 유전자 결함이 있기 때문이라는 것이다. 세대에서 세대로 유전 정보가 전달되는 어마어마하게 복잡한 과정에서 심각한 실수가 일어나는 것이다. 그러나 다인자적 질병의 경우 설명하기가 굉장히 힘들다. 여기서는 실수가 일어나는 것이 아니라, 유전자의 여러 변이가 나타나고, 이런 변이는 그 자체로는 병리적이지 않기 때문이다. 그렇다면 조현병은 왜 존재하는 것일까?

　모든 현상이 —또는 더 일반적으로 모든 생명현상이— 나타나는 이유를 묻는 질문에는 늘 다양한 차원에서 대답할 수 있다. 나는 이 문단을 쓰기 시작하면서 책상 앞에서 일어나 물을 가지러 부엌 쪽으로 갔다. 내가 왜 그렇게 했을까? 단박에 떠오르는 대답은 '목이 말라서'라는 것이다. 생리학자는 물을 찾는 내 충동을 자신의 지식에 기초해 인간의 수분 및 전해질 대사의 조절로 설명할 것이다. 심리학자의 대답은 완전히 다를 것이다. 심리학자는 내가 방금 집중력이 떨어졌으며, 부엌으로 간 것은 잠시 쉬고 싶은, 혹은 더 나아가 —프로이트적 시각에서 볼 때— 구강 만족을 채우고자 하는 욕구의 표시였다고 말할지 모른다. 프로이트를 신봉하는 사람은 하필 지금 물을 마시려는 욕구가 내 유아기의 성 심리적 발달과 어떻게 연관되는지 그럴듯하게 설명할지도 모른다. '왜'라는 질문에서 내 인생사를 환기하는 것이다. 반면 진화생물학자는 내 개인사보다는 호모사피엔스의 발달사에 시선을 맞추어, 위험한 탈수에 처하지 않게 하는 반응으로 인간이 갈증이라는 주관적 느낌을 느끼도록 한 유전적 장비가 어떻게 자연선택에서 이점으로 작용했는지 설명할 것이다.

네덜란드의 동물학자이자 행동과학자 니콜라스 틴베르헌Nikolaas Tinbergen은 어떤 범주로 유기체의 행동을 설명할 수 있을까 하는 질문에 몰두해 각각의 생명 현상을 설명하기 위해서는 네 가지 '왜'라는 질문에 답해야 한다는 결론을 내렸다.[14]

첫 번째 질문은 메커니즘과 관계된다. 즉 행동의 기반이 되는 생리학적 과정이다. 두 번째 질문은 개인의 발달사, 곧 어떤 행동이 일생에 걸친 유기체의 발달과 어떤 관계에 있는가 하는 것이다. 그로써 이 두 질문에서 '왜'라는 물음은 직접적 원인(근접 원인이라고도 한다)과 관련된다. 이런 원인들은 직접적으로 개인에게서, 그리고 개인이 주변 환경과 상호작용하는 데서 찾을 수 있기 때문이다. 따라서 내가 막 물 한잔을 가져온 것에 관련된 직접적 원인을 묻는 질문에 대답하는 데는 생리학자들과 생리학이 약간 기여할 수 있을 것이다.

반면 틴베르헌의 세 번째, 네 번째 질문은 근본적인 원인과 관련된다(궁극적 원인이라고도 한다). 이런 원인은 개인적인 것이 아니라, 진화 과정의 결과로 전반적인 종족에게서 찾을 수 있는 것을 말한다. 근본적 원인은 말하자면 진화적인 원인이다. 그래서 세 번째 질문은 소위 어떤 현상의 적응적adaptive 가치와 관련된다. '특정 행동(내지 이런 행동에 기반이 되는 유전자)이 우리 종족에게 자연선택상 이점을 동반하는가?' 하는 것이다. 물잔의 경우 내 행동의 적응적 가치는 어렵지 않게 짐작할 수 있다. 탈수를 피하기 위해 규칙적으로 수분을 섭취하는 개인은 더 건강하고 오래 살며, 그로써 재생산 가능성을 더 높일 수 있는 것이다.

네 번째 질문은 진화 과정에서 행동 양식이나 다른 생명현상이 계통발생적으로 생겨난 것과 연관된다. 종이 발달하는 동안 특정 행동 양식 형성에 기여한 메커니즘이나 상황에 대한 것이다. 현재 우리 몸에서 이루어지는 복잡한 체액과 전해질 조절이 계통발생적으로 더 오래된, 옛날의 단순한 체액 조절 형태에서 어떻게 형성됐는가 하는 질문도 여기에 속한다. 따라서 내가 왜 물을 가져왔는가, 하는 근본적 원인에 대해서는 진화생물학자가 가장 잘 대답할 수 있을 것이다.

망상과 조현병의 연관에서 우리는 지금까지 주로 틴베르헌의 분류상 직접적 원인에만 관심을 가졌다. 취약성 스트레스 모델을 통해 유전적 소인이 특정 환경적 영향과 더불어 조현병 발병 위험을 어떻게 높이는지도 생각해봤다.[15] 그래서 이제부터는 근본적 원인을 살펴보려고 한다. 망상적 확신의 경향과 조현병을 앓을 위험을 진화적 선택 과정의 결과로 이해할 수 있을지, 어떻게 그렇게 될 수 있는지, 하는 질문을 중심으로 말이다.

진화론적 설명은 종종 조심스럽게 받아들여야 한다. 영어에 '그냥 고안한 이야기just so story'라는 개념이 있다. 그 이야기는 그럴듯하고 그 자체로 일관성이 있다. 그리하여 맞는 이야기일 수도 있다. 하지만 그렇지 않을 수도 있다. 증거가 없고, 학문적 증거도 없다. 최소한 충분한 증거가 없다. 이것이 바로 진화론적 설명에 종종 —때로는 정당하게— 제기되는 비난이다. 복잡한 현상을 설명하는 것이나 특히 우리 인간과 인간의 고유한 특성에 해당하는 현상인 경우는 무엇보다 그러하다. 그래서 한 가지는 분명히 해두고 넘어가고자 한다. 내가 여기서 하는 진화론적 설명은 부분적으로는 '그냥 고안한 이야기'다. 이는 이런 설명이 거짓이라는 뜻은 아니다. 다만 내가 주장하는 많은 것은 증명할 수 없다는 뜻이다. 나는 제시된 명제를 학문적 증거로 뒷받침하고자 할 것이다. 그러나 그것이 늘 가능하지는 않을 것이다. 여기에 제시하는 생각 중 다수는 아직 추측으로 남는다. 아마도 언젠가는 그것들이 학문적 연구로 이어지고, 제기된 명제가 맞거나 틀리다는 증거가 나올 것이다. 따라서 그것이 입증되거나 반증되거나 할 것이다. 어떤 것은 영원히 사유로 남을 것이다. 경험적 검증을 할 수 없는 것들이기 때문이다. 종교적 믿음처럼 근본적 이유에서 검증하기 힘든 것이 아니라, 여러 세대에 걸친 관찰이 필요하거나 검증에 필요한 실험이 윤리적 원칙과 합치되지 않는 등 실제적 이유 때문에 그러하다.

그러나 우리는 약간 마음을 편안히 가져야 할 것이다. 최소한 지금 여기서 모든 것을 증명하지 못하는 것은 나쁘지 않다. 그리고 그럼에도 어떻게 그렇게 될 수 있는지 숙고하고 의미 있고 그럴듯하며, 나아가 도움이 되는 설명을 찾는 것은 중요한 일이다. 우리 이론이 기존 지식에 근거하고, 앞으로의 경험적 검증에 열려 있는 것은 중요하다. 우리 이론은 언제나 가설이므로, 전부혹은 부분적으로 반박될 가능성에 늘 열려 있어야 한다. 한마디로 말해, 우리 이론은 인식론적 의미에서 합리적이어야 한다. 이는 여기서 제안되는 아이디어에도 해당되는 이야기다.

─────── **조현병의 진화적 패러독스**

조현병의 '근본적' 원인을 찾는 데 있어 우리는 우리 같은 생명체에게 적응적인 것이 무엇일까, 하는 질문에 바탕을 두어야 한다. 적응적이라는 것은 생물이 자신의 적합성을 최대화하기 위해, 즉 생존과 번식의 가능성을 최대화하기 위해 자신의 행동을 되도록 주변 세계의 조건에 맞추는 것을 말한다. 진화론의 의미에서 개인적 적합성은 이로써 유전자가 우세할 가능성을 높일 수 있기에 중요하다. 따라서 생존, 번식과 관련해 우리가 유리하도록 만들고, 그로써 자연선택적 이점을 제공하는 특징이 바로 적응적인 것이다.[16]

그러므로 진화론적으로 보면 세대가 거듭되면서 조현병 같은 심리 질환의 발병 위험과 연결되는 유전자 변이가 살아남는 것은 의미가 없는 듯하다. 모든 문화와 시대를 뛰어넘어 문화권 간에 별 차이도 없이 100명 중 한 사람이 조현병을 앓게 되는 것이 무슨 의미가 있을까. 조현병 진단을 받은 사람들이 — 진화론의 시각에서 볼 때 — 적합성이 상당히 제한된다는 점만 생각해도 왜 이런 질환이 아직도 존재하는지 묻지 않을 수 없다. 이런 질병을 앓는 사람들은 신체적으로 더 건강하지 않고, 평균적으로 수명도 더 짧아지는데 말이다.[17] 그 밖에 일반인보다 결혼하는 비율도 낮아 자녀와 손주도 더 적어지는데도 말이다.[18] 조현병을 앓는 이의 재생산율은 건강한 사람의 30~40퍼센트에 불과하다.[19] 따라서 조현병 위험과 연결되는 유전자에 대해서는 음성 선택negative selection이 일어나야 하지 않을까. 즉 세대가 거듭되면서 유전적 위험 변이가 서서히 사라져야 하지 않을까. 이런 논리에 따르면 조현병이 아직 존재하는 것은 모순이다. 이것이 바로 조현병의 진화적 모순이다.[20]

진화정신의학은 이와 비슷한 질문에 답하고자 하며, 그에 있어 마찬가지로 유전적 원인이 있는 다른 심리 질환에도 관심을 갖는다.[21] 우울증이 그리도 일상을 침해하고 자살률을 높이고 (재생산에 불리하게도) 성욕을 감소시키는데, 어째서 우울증 소인이 있는 유전자가 우세해졌을까? 자폐증, 섭식 장애, 불안 장애에 대해서도 비슷한 질문이 제기된다.

이에 대해 진화정신의학은 오늘날 우리를 정신적으로 병들게 만드는 유전적 소인이 지금과 달랐던 옛날에는 적응적이었을 수도 있다고 설명한다. 수천 년간에 걸쳐 이루어진 현대 호모 사피엔스로의 진화는 오늘날 우리의 문명과는 매우 다른 조건에서 일어났다. 인도계 미국인 의사이자 유전학자 싯다르타 무케르지Siddhartha Mukherjee는 그의 인상적인 책《유전자》에서 다음과 같이 표현했다. "유전자 변이가 특정 환경에서 유기체의 적합성을 감소시키는 경우 (…) 이를 유전적 질환이라 부른다. 이런 변이가 다른 환경에서 적합성을 높인다면, 이를 '유전적 향상genetic enhancement'이라 부른다. 그러나 진화생물학과 유전학을 종합하면 이런 판단은 의미가 없어진다는 사실을 알 수 있다. 향상이나 질병은 특정 환경에서 특정 유전자형의 적합성을 말해주는데, 환경이 변화하면 이런 단어의 의미도 달라질 수 있다." [22]

이런 논리는 신체적 질환을 포함하며 많은 다유전자적 질환에 적용할 수 있다. 오늘날 우리가 겪는 많은 질병은 과거 오랜 세월 생활환경에 유전적으로 적응한 결과일 수도 있다. 오늘날 발전된 사회에 사는 사람들은 대부분 식량이 남아돌고, 모든 면에서 풍족하게 산다. 자연의 위력에서 보호된 상태에서 여가 시간도 많이 누리고, 신체적으로 아플 때도 여러 수단으로 아픔을 경감시킬 수 있다. 미국의 정신과 의사이자 진화정신의학의 공동 창시자 랜돌프 네스Randolph Nesse는 바로 이러한 현대 문명의 놀라운 성취가 만성질환 대부분의 원인이 되고 있다고 본다.[23] 옛날 식량이 부족했던 시절에 먹지 못해도 축적된 에너지를 쓸 수 있게 하면서 우리 조상들에게 도움을 주었기에 자연선택받았던 유전자 변이가 오늘날에는 비만과 당뇨 같은 문명 질환을 유발한다는 것이다.[24]

조현병이나 망상 경향도 그와 비슷한 메커니즘으로 볼 수 있다. 작은 집단을 이루어 모여 살고, 빠듯한 자원을 두고 적과 경쟁해야 했던 선조들에게는 불신과 편집증적 경향이 생존에 유익을 주었을 것이다. 이를 통해 더욱 조심하고 위험을 더 빨리 알아볼 수 있었으니 말이다. 그리고 초자연적 힘과 직접적으로 연결되어 있으면 사회집단에서 명망을 얻었을 것이다. 우리가 오늘날 조현병의 특징으로 보는 정신병 증상은 원시사회에서는 저세상의 영이나 귀신과 접촉하는 것으로 해석됐을 것이고, 그런 증세를 보이는 사람에게 종종 사회적으로 특별한 샤먼이라는 지위를 부여했을 것이다.[25] 정신분열증을 경험하도록 하는 유전자 변이는 원시인류가 수천 세대에 걸쳐 발달하는 과정에서 —싯다르타 무케르지의 말을 빌리자면— 유전적 향상을 의미했을 수도 있다. 반면 현대사회에서는 그것이 유전적 질환으로 여겨지는 것이다.

이런 생각에 일리가 있다면 조현병 위험 유전자는 현대사회의 변화된 삶의 상황을 통해 차츰 줄어들고 있다고 추측할 수도 있을 것이다. 사라지지 않은 것은 분명하다. 사라졌다면 조현병이 더 이상 유전되지 않을 테니까 말이다. 그럼에도 이미 —지구상 생명의 전체 진화사를 고려하면 엄청나게 짧은 시간이 흘렀다 해도 어쨌든 시간이 흐르긴 했으니까— 여러 위험 유전자 빈도(한 집단 안에 그 유전자를 가진 개체가 얼마나 많은지를 나타내는 정도—옮긴이)가 변화하고 있을지도 모른다. 따라서 단순한 추측에 불과하기는 하지만, 우리 삶의 상황이 지난 몇천 년 사이에 계속 변화해 조현병의 유전적 소인이 더 이상 적응적이지 않다면, 음성 선택이 입증될 것이다. 유전학에서 최근 발표되는 연구는 바로 이런 것들을 주제로 한다.[26]

이런 연구에서 연구자들은 조현병 진단을 받은 수만 명과 건강한 대조군의 전체유전체 데이터를 도구로 소위 진화적 유전자 마커evolutionary genetic marker를 분석했다. 이 마커는 현생 인류 특유의 유전자와 우리가 호모사피엔스로부터 수십만 년 전 갈라져 나간 네안데르탈인 및 데니소바인과 공유하는 유전자다. 이런 진화적 유전자 마커를 분석한 결과, 현대인의 게놈에서 이미 조현병을 일으킬 수 있는 유전자 변이가 감소한 것으로 나타났다. 이런 발견은 실제로 조현병을 촉진하는 유전자 변이에 대한 —미미하더라도— 음성 선택이 있다는 걸 시사한다. 바꾸어 말하면 오늘날 조현병 발병 위험과 연관된 특정 유전자 변이가 먼 조상들에게는 실제로 자연선택의 이점을 제공했다는 의미다.

——— 천재와 광기는 통한다

조현병의 유전자 위험 변이가 한때 적응적이었다는 생각은 진화론적 관점에서 꽤 그럴듯하고 경험적으로 맞다는 것을 시사하지만, 이런 생각이 조현병의 진화론적 패러독스를 완전히 풀어주지 못한다. 그도 그럴 것이 기능 손상을 동반한 심각한 정신 질환이 옛날에는 적응적일 수 있었다는 걸 상상하기가 힘들기 때문이다.

어떤 사람이 정신병이 있다고 여겨지는가, 하는 질문은 의심할 여지없이 한 사회가 무엇을 정상으로 보는가 하는 것과 연결된다. 한 사회에서 한 인간이 어떻게 기능하는가는 사회가 구성원에게 무엇을 기대하는지, 그들이 '기능한다'는 것을 어떻게 정의하는지에 달려 있다. 특히 정신 질환의 경우에는 사회와 그 사회의 지배적 의학이 정상과 병리를 어떻게 경계 짓느냐에 따라 무엇이 건강한 것이고 무엇이 병든 것인지가 달라진다.[27] 심리적 고통의 규모 또한 사회가 심리 질환자를 어떻게 취급하는가에 크게 좌우된다. 우리가 그들을 사회의 일부분으로 받아들이는가, 아니면 '다르다'고 낙인찍고 소외시키는가. 우리가 그들을 어떤 호칭으로 부르는가. 정신병자로 부르는가, 아니면 다르게 호칭하는가. 호칭을 달리하는 것은 매우 큰 도움이 되고, 정신증이 있는 사람들의 탈낙인화에 중요한 기여를 할 수 있다.

탈낙인화에 대한 소망이 완전히 터무니없지 않은 것은 우리 사회에서 최근 몇십 년간 소위 규범에서 벗어나는 일에 대한 탈낙인화가 성공적으로 이루어져왔기 때문이다. 동성애는 20세기 후반까지 재교육 치료가 필요한 질병으로 간주됐으나[28] 1990년에 들어 세계보건기구가 동성애가 정신 질환이 아니라고 규정했고, 이는 동성애를 사회적으로 수용하는 데 중요한 이정표가 됐다. 물론 그렇다고 동성애 혐오가 아예 없어졌다는 말은 아니지만, 그래도 동성애자가, 그것도 보수정당 소속 동성애자가 고위 공직에 오르는 것이 구설수에 오르지 않는 것만 해도 성공이라 할 수 있다.[29]

정신과적 질병에 대한 낙인과 탈낙인을 위한 방법에 대해서는 마지막 장에서 다시 한번 이야기하려고 한다. 여기서 조현병의 진화적 패러독스와 관련해 염두에 두어야 할 것은 조현병이 심한 사람들은 대개 자신의 상태를 기능장애나 남들과 다르다는 것 정도만이 아니라, 굉장히 고통스러운 것으로 받아들인다는 사실이다. 경험하는 일들, 자기 내면과 주변에서 일어나는 일이 정리가 안 되고 혼란스러우며, 불안하기만 하다. 자신이 감시당한다든가, 추적당한다든가, 위험에 처했다고 느끼는 것, 심지어 목숨을 잃지 않을까 두려워하는 것은 사람을 절망하게 한다. 때로는 존 M.의 경우처럼 삶을 끝내는 것 외에 어찌할 바를 모를 정도까지 이른다. 더 나아가 조현병은 종종 심한 사고장애를 동반한다. 따라서 명확한 사고를 하지 못하고 생각을 정리하거나 이해할 수 있게 표현하지 못한다. 그러므로 이런 상태를 질병으로 분류하는 것이 그릇된 것은 아닌 듯하다. 사람을 배제하자는 의미에서가 아닌, ―상태가 동반하는 사회적 수용 문제와는 별개로— 조현병이 동반하는 중한 고통과 제한을 인정하자는 의미에서 말이다.

조현병의 진화적 패러독스 관점에서 그런 정신증이 규칙적 또는 만성적으로 나타나는 것이 원시사회 공동체에서 크게 유익했으리라는 것은 상상하기 힘들다. 정신증이 심하지 않거나 가벼운 환각 혹은 망상 증세가 샤먼 같은 특별한 사회적 역할을 할 수 있도록 만들었다는 건 상상이 간다. 유전적 위험 프로파일 역시 이것 아니면 저것의 문제가 아니라 정도 차이의 문제로, 정도가 심하지 않은 경우 종의 생존과 재생산에 유익해 적응적이었을 수도 있다.

이런 이유에서 자주 논의되는 특징은 창조성과 관련한 것으로[30] 자연선택의 한 가지 유형인 성적 선택에 대한 다윈의 해묵은 생각과 통한다. 성적 선택에 따르면 많은 종이 아름다운 외모에 들이는 어마어마한 노력은 짝짓기 파트너에게 구애하기 위함이라는 것이다. 수컷 공작의 화려한 깃털만 떠올려봐도 알 수 있다. 부채처럼 펼쳐지는 알록달록 빛나는 공작 깃털은 매우 인상적이지만, 실생활에서는 전혀 쓸모가 없고 방해가 되기까지 한다. 수컷 공작이 깃털로 보내는 메시지는 이러하다. "날 좀 봐줘. 내가 얼마나 아름답고 화려한지! 내가 이렇게 화려한 건 환상적인 유전자 때문 아니겠어? 네가 나랑 짝짓기를 한다면 네 자식들은 이런 환상적인 유전자를 가지게 될 거야!" 미국의 제프리 밀러Geoffrey Miller 같은 진화심리학자들은 예술적 착상의 풍부함, 상상력, 자신에게서 아름답고 새로운 것을 이끌어내는 재능, 한마디로 창조성이라 부르는 모든 것은 정확히 이런 기능을 한다고 본다. 즉 최고의 짝을 구하려는 경쟁에서 되도록 성공하는 것 말이다.[31]

명백히 수긍이 가는 생각이다. 그러나 이 모든 것이 조현병, 망상과 무슨 관계란 말인가? 그것은 조현병에 대한 유전적 위험 프로파일을 지닌 사람이 특히 창조적일 수 있으며, 이것이 선택의 이점으로 작용할 수 있다는 생각이다. 창의성은 정의하기 어려운 특성이지만, 대부분은 새로운 방식으로 사고하고 생각과 감정을 표현하는 능력을 창조적이라고 일컫는다. 대부분의 사람과 다르게 생각하고, 주류에서 벗어나고, 잘 닦아놓은 길에서 벗어날 수 있는 것이 창조성의 전제다. 남들과 다르게 특별한 것은 한편으로 파트너를 구하는 데 유리할 것이다.[32] 그러나 다른 한편으로 특이한 생각을 하는 경향은 생각과 경험에서 우왕좌왕 길을 잃고 헤매고, 현실에 발붙이지 못하고, 정신증을 앓을 위험을 동반하는 것도 사실이다.

따라서 창의성이 조현병의 진화적 모순을 푸는 하나의 열쇠가 될 수 있을까? 이런 근사한 명제를 검증하기 위해 우리는 재생산의 불이익이 영향을 미치지 않는 영역을 살펴야 한다. 따라서 중증 조현병을 앓다 보니 재생산율이 떨어지는 사람들이 아니라, 조현병은 없지만 정신증적 경험을 하는 사람들을 살펴야 하는 것이다. 별로 심하지 않은 수준의 조현병 증상에 대한 질문지를 통해 이런 사람들을 판별할 수 있다.[33] 연구자들은 이런 연구를 통해 가볍게 정신증을 경험하는 사람들은 —따라서 특별한 지각 경험, 심하지 않은 망상적 사고— 실제로 굉장히 창의적이라는 사실을 신뢰성 있게 입증할 수 있었다.[34] 그러므로 천재와 광기는 통한다는 옛말이 일리가 있다고 하겠다.

가벼운 정신증을 경험하는 사람들이 창의적일 뿐 아니라 재생산율도 더 높은가, 하는 질문이 남는다. 재생산율도 높아야 해당 유전자 변이에 대해 긍정적 선택이 일어난 것을 설명할 수 있을 텐데 말이다. 영국의 행동생물학자 대니얼 네틀Daniel Nettle은 이런 주제에 천착했다. 그는 몇 년 전 동료 헬렌 클레그Helen Clegg와 함께 성인 수백 명을 대상으로 한 설문 조사를 통해 정신증 경향, 창조성, 재생산 성공 간의 연관을 연구했다. 조사 대상자 중에는 작가, 예술가, 영화제작자를 비롯해 창조적 직종에 종사하는 사람이 다수 포함되어 있었다.[35] 설문 조사 결과, 신비한 생각이나 눈에 띄는 지각 같은 특별한 경험을 한다고 보고하는 사람 중 창조적 직업군에 속하는 경우가 많은 것으로 나타났다. 다른 연구에서도 드러났듯 여기서도 정신증 경향과 창조성의 연관성이 확인된 것이다. 그러나 이 연구의 결정적 발견은, 특이한 경험을 한다는 응답과 삶에서 한 사람이 맺는 파트너 관계의 수 사이에 상관관계가 있다는 것이다.

물론 이런 연구는 늘 한계가 있음을 의식해야 한다.[36] 네틀과 클레그의 이 연구에서는 이런 질문을 제기할 수 있다. 파트너를 구하는 데 성공한 정도 —여기서는 단순히 파트너 관계의 수—를 정말로 재생산의 성공으로, 그로써 성적 선택에 의미 있는 것으로 봐도 될까, 하는 것이다. 실제로 이런 연구에서 정신증 경향과 자녀 수의 상관관계는 확인되지 않았다. 하지만 공정하게 말해 피임 수단을 쉽게 확보할 수 있는 시대에 자녀 수를 따지는 건 별로 신빙성 있는 잣대는 아니라고 할 것이다.

연구의 한계를 염두에 두더라도 네틀과 클레그의 연구 결과는 최소한 —망상적 사고를 포함해— 가벼운 정신증 경향이 있는 사람들이 더 창조적이고, 더 쉽게 파트너를 구할 수 있음을 시사한다. 이런 결론은 최신 유전 연구를 통해서도 뒷받침된다. 즉 조현병에 대한 유전적 위험 프로파일[37]을 지닌 사람 중 예술 협회에 속하거나 창조성이 요구되는 직업에서 일하는 경우가 더 많은 것으로 나타난 것이다.[38] 그 밖에 조현병에 대한 위험 프로파일과 섹스 파트너의 수도 긍정적 상관관계를 보여주었다.[39] 여성의 경우에는 조현병에 대한 유전적 위험 프로파일이 첫 출산을 더 빨리 하는 것과도 연결되는 것으로 나타났다.[40] 그러나 자녀 수와는 지금까지 기껏해야 아주 미미한 상관관계만 입증됐을 따름이다.[41] 실제 성적 선택에 대한 증명이 분명히 이루어지지 않았다 해도, 확실한 것은 유전 연구가 보여주는 이런 결과가 조현병 진단을 받은 사람들이 파트너 관계를 맺거나 자녀를 두는 경우가 더 적다는 사실과 완전히 배치된다는 것이다. 조현병에 대한 유전적 위험이 약간 있지만, 건강한 사람들과 파트너 관계를 맺는 데 전혀 불이익을 당하지 않거나, 오히려 반대로 파트너 관계 혹은 자녀 수가 더 증가한다는 것은 주목할 만한 사실이다.

따라서 조현병에 대한 유전적 리스크 변이가 살아남은 것은 그 변이가 창조성을 촉진하기 때문이었던 걸까? 이런 질문에 아직은 한마디로 대답할 수 없다(결론을 내리는 데는 늘 신중해야 한다). 그러나 이런 발견으로 조현병의 진화론적 모순을 푸는 데 한 걸음 더 다가갔다고 할 수 있다. 심한 조현병의 경우는 다르지만, 유전적으로 가볍게 망상적 사고를 하는 경향은 10만 년 전뿐 아니라, 오늘날에도 자연선택에서 이점을 얻을 수 있을 것이다. 인과관계를 도출하는 것은 어렵지만, 창의성이 중요한 역할을 한다는 암시가 강해지고 있다.

그러나 정신증 경향을 유발하는 유전적 위험 변이와 자연선택의 이점을 연결할 수 있는 요소가 창의성뿐만은 아니다. 앞에서 언급했듯 혹시 있을 수 있는 위험, 특히 사회적 위협에 민감하도록 하는 것은 원시사회에서만 적응적 특질인 것은 아니다. 오늘날에도 그다지 심하지 않다면 이런 특질은 자신과 가까운 유전적 친척의 생존에 도움을 줄 수 있다.[42]

또 하나의 유력한 가설은 조현병은 호모사피엔스의 고도로 발달한 언어능력에 대해 치러야 하는 대가라고 말한다.[43] 이런 이론에 따르면 대뇌반구의 기능적 전문화, 즉 뇌 반구가 각각 다른 기능을 하는 것은 우리의 탁월한 언어 재능 발달에 결정적 전제였다. 그러나 동시에 대뇌반구의 전문화가 자신의 생각과 외부 언어를 구분하는 걸 더 어렵게 만들고, 그 때문에 망상과 환각에 더 취약하게 만들었을 수도 있다. 이런 이론적 숙고가 경험적 데이터로 검증될지는 앞으로 더 봐야 안다. 하지만 최소한 이런 숙고는 ―그리고 정신증 경향, 창조성, 재생산성 간의 연결에 대한 연구 결과는— 조현병의 진화적 패러독스를 풀 방법을 보여준다. 그리고 이를 통해 어떻게 하면 망상적 사고의 탄생과 그 기능을 더 잘 이해할 수 있을지 보여준다.

———— 연속성 가설

이 장을 읽으면서 독자들은 내가 망상 경향, 정신증 경향, 건강한 사람들에게서 나타나는 가벼운 조현병 증상에 대해 아주 당연한 것처럼 이야기하는 데 놀랐을지도 모른다. 또 '정상적인' 확신과 망상적 확신의 경계가 유동적이라는 사실을 깨달았을 것이다. 하지만 정신 건강과 조현병의 경계도 유동적이라는 것은 어떤 독자에게는 상당히 생소할 것이다.

그러나 이런 생각은 전혀 새로운 것이 아니며, 학술서에서는 이를 조현병의 연속성 가설이라고 부른다.[44] 조현병이 전구기라는 예비 단계를 거친다는 사실은 오래전에 밝혀졌다. 종종 청소년기나 성인기 초기에 나타나는 조현병의 전구기는 몇 주, 몇 달, 혹은 몇 년간 지속되며, 가벼운 조현병 증상을 동반한다. 이런 증상이 아주 짧게 나타날 수도 있다. 이 시기에는 성취 능력이 감소되고 능률이 떨어지며, 사람 만나는 것을 싫어하거나 혼자 움츠러들어 있는 등 사회적 행동이 변화한다. 그런 다음 때로는 갑작스럽게 편집증적 두려움, 망상, 환청 같은 정신증이 증가해 조현병 진단을 받을 수도 있다. 그러나 전구기에 반드시 조현병 진단에 이르는 것은 아니다. 전구증상을 경험하는 사람 중 약 4분의 1에서 3분의 1만이 전구기에 심한 증상이 나타나 조현병 진단을 받는다. 어떤 사람들은 이런 증상이 한동안 계속되다 사라지고, 어떤 사람들은 진단을 받거나 치료를 요하지는 않지만, 망상적 사고, 눈에 띄는 지각, 혹은 기타 특이한 경험을 하는 경향이 남아서 계속된다. 이는 사람에 따라 정신증에 더 가까운 사람들이 있음을 보여준다. 사람에 따라 유전적 위험이 다르고, 주관적 체험과 행동에도 개인차가 있다.

20세기 초에 조현병이라는 개념을 만든 오이겐 블로일러가 심리적 건강과 조현병의 경계가 유동적임을 지적했으며,[45] 세월이 흐르면서 다른 학자들도 이런 생각을 표명했다.[46] 그러나 경험적이고 체계적인 연구를 토대로 소위 정신증 연속체 개념을 제안한 사람은 미국의 신경정신과 의사 존 S. 스트라우스John S. Strauss 다. 그는 1960년대에 미국 국립보건원에서 조현병 진단을 받은 환자들을 대상으로 양질의 인터뷰를 시행하고, 이를 토대로 증상의 중증도를 정량화했다. 우리가 망상에 대해 확인한 것과 비슷하게, 그의 질문지는 다른 증상 역시 모 아니면 도 원칙을 따르지 않는다는 것을 보여주었다.

스트라우스는 자신이 관찰한 것을 다음과 같이 정리했다. "환자들은 다양한 지각과 사고 경험을 보고해 많은 경우 '있다', '없다'라는 단순한 분류로는 그 경험을 다 담아낼 수 없을 것처럼 보였다. 다양한 사고와 지각을 한편으로 환각과 망상의 카테고리로, 다른 한편 '정상' 카테고리로 구분하는 것은 매우 어렵기에, 이런 증상에 기초해 진단하는 조현병이라는 개념도 마찬가지로 의문스럽다."[47]

스트라우스는 정신증적 증상이 '모 아니면 도' 원칙을 따르지 않는다는 관찰에서 조현병 진단도 마찬가지로 그런 모 아니면 도 원칙을 따를 수 없다는 결론을 내렸다. 그리고 '조현병을 명백히 정의할 수 있으며, 조현병 진단을 받은 사람들은 다른 사람들과 질적으로 다르다'라는 견해에 의문을 가졌다.[48]

그 뒤 1990년대에 무엇보다 런던 정신의학연구소의 필리파 가레티와 에마뉘엘 피터스라는 두 학자가 연속성 가설을 검증하고자 팔을 걷어붙였다. 그들은 PDI Peters et al. Delusion Inventory라는 질문지를 만들었는데, 기존 질문지가 환자를 대상으로 증상을 입증하는 데 비중을 두었다면, 이들의 질문지는 건강한 사람들에게 나타나는 망상과 비슷한, 혹은 망상적인 확신을 살펴보고자 했다.[49] PDI는 스트라우스가 제기한 문제, 즉 증상이 있는지 없는지를 이분법적으로 구분하는 것이 많은 경우 어렵거나 불가능한 상황에 입각해 망상 경향을 증상이 아닌, 각각 서로 다른 정도로 나타날 수 있는 본질적 특성으로 고려하고, 이런 특성이 아주 심할 때만 증상으로 치부한다.

그러나 망상의 경향을 연구하는 것은 쉬운 일이 아니다. 그도 그럴 것이 고통에 대한 주관적 경험을 점수로 매길 수 없는 것처럼, 사람들에게 1에서 10까지 눈금자에서 자신이 얼마나 망상적이라고 생각하는지 물어보는 건 별 의미가 없기 때문이다. 망상은 확신이며, 자신의 확신을 잘못됐거나 병적이라고 분류하는 사람은 거의 없을 것이다. 망상을 망상으로 여기지 않는 것이 망상의 특성이다. 그리하여 PDI 같은 질문지는 망상의 경향을 직접적으로 묻지 않고 뒷문으로 다가간다. 즉 전형적인 망상적 사고 내용을 겨냥한 질문을 던진다. 가령 "다른 사람들이 당신에 대해 두 가지 의미로 해석될 수 있는 말을 한다고 느끼나요?" 혹은 "때때로 전자 기기나 컴퓨터가 당신의 생각에 영향을 미칠 수 있다고 생각하나요?"라는 식의 질문이다. 이런 각각의 질문에 대한 대답은 그 자체로는 별 비중이 없지만, 그런 질문이 모이면(PDI의 경우는 40개 질문이 나온다) 응답자가 얼마나 망상적 사고 경향이 있는지 평가할 수 있다. 그런 설문 조사에서 경미한 망상이나 다른 정신증 증상을 보였던 사람들이 나중에 꽤 높은 빈도로 조현병 진단을 받는 것만 봐도 PDI 같은 질문지가 신빙성이 있음을 뒷받침해준다.[50]

정신 건강과 조현병의 경계가 실제로 유동적인지에 대한 질문에 답하기 위해 중요한 것은 통용되는 기준상 건강한 사람들도 때때로 조현병 증상을 보이는가 하는 질문이다. 이와 관련해 선구적인 연구는 1990년대에 이루어진 네덜란드 정신 건강 조사 및 발병률 연구Netherlands Mental Health Survey and Incidence Study, 줄여서 NEMESIS다.[51] 이 연구에서 네덜란드 전체 인구를 대표하는 7,000명 이상 성인은 컴퓨터로 진행된 인터뷰에 참가해, 모든 신경정신과적 진단의 중요한 주제에 대한 질문에 답했다. 편집증, 외부 세력이 자신에게 영향을 미친다고 믿는 것, 환청 같은 정신병적 증상에 대한 질문도 있었으며, 증상이 있다고 대답하는 경우 심화 질문이 이어졌다.

그리고 응답을 기반으로 '임상적으로 중요한', '임상적으로 중요하지 않은' 혹은 '약물 복용 등 다른 요소가 미친 결과임이 분명한' 등 세 가지로 분류가 이루어졌다. 그 밖에 응답의 신뢰성에 대한 검증도 이루어졌다. 피해를 보고 있다는 생각을 현실적 토대에 입각한 것으로 볼 수 있을까? 목소리가 들려오는 것이 환청이 아니라, 방음이 잘 안 되는 건물에서 시끄러운 이웃이 내는 소리가 들리는 것일까?

무엇보다 정신적으로 건강한 것으로 분류된, 따라서 이 인터뷰를 토대로 했을 때 정신과적 진단 기준을 충족하지 못한 4,000명이 넘는 응답자에 대한 데이터 분석은 특히 흥미로웠다.[52] 어쨌든 그중 1퍼센트는 망상을 가지고 있는 것으로 확인됐고, 뒤이은 인터뷰에서 '임상적으로 중요한'이라는 등급에 분류됐다. 6퍼센트 남짓한 사람들은 임상적으로 중요한 것으로 분류되지 않았지만, 망상적 확신을 지니고 있었다. 환각에서도 비슷한 수치가 나왔다. 다른 연구들도 그동안 이와 비슷한 결과를 확인해주었다.[53] 그리하여 전체적으로 볼 때 인구의 약 5~10퍼센트는 망상이나 환각 같은 정신증을 경험하는 듯하며, 이들 대부분은 이런 경험을 하더라도 치료를 요하지 않는 '불현성subclinical(임상 발현 전)' 상태이고, 그중 소수는 조현병 증상으로 분류되며, 더 소수는 정신과적 진단에 이른다.

물론 여기서 임상적으로 중대해 보이지 않는 그런 경험이 사실은 정신과적 질병을 의미하는 증상이거나, 질적으로 아주 다르게 다루어야 하는 것은 아닐까 물을 수 있다. 즉 건강한 사람에게서 나타나는 망상적 사고와 간간이 경험하는 감각적 착각이 조현병 증상을 의미하는 것은 아닐까? 아니면 사레들려서 하는 기침과 폐렴으로 인한 기침이 비슷한 것처럼, 표면적으로만 비슷할 뿐 전혀 다른 원인으로 나타난 증상은 아닐까?

실제로 조현병 진단을 받은 사람의 피해망상은 통용되는 기준상 건강한 사람의 편집증적 사고와는 다른 메커니즘을 토대로 할 수도 있다. 조현병 진단을 받은 두 사람의 망상 증상도 각각서로 다른 메커니즘에서 연유한 것일 수도 있다. 조현병의 복잡한 다인성을 감안할 때, 서로 다른 메커니즘이 아주 비슷한 증상이나 특성을 야기할 수도 있기 때문이다. 하지만 개인적으로 서로 다른 메커니즘을 토대로 하더라도 사고와 감각, 다른 체험에서 건강한 상태와 병든 상태를 정확히 범주화할 수 없다는 근본적인 문제는 남는다. 최근에 이루어진 방대한 연구 역시 1960년대의 존 S. 스트라우스와 같은 결론을 냈다. 바로 경계는 유동적이고 건강한 상태와 병든 상태를 명확히 구분하는 건 어렵다는 것이다.[54]

그 밖에도 여러 대규모 연구가 서로 독립적으로 도달한 또 하나의 발견 역시 임상 발현 전 정신증 경험과 조현병 증상을 근본적이고 질적으로 구분하는 것이 어렵다는 사실을 여실히 보여준다. 그 발견은 바로 임상 발현 전 정신증 증상을 경험하는 사람들의 인구적, 개인적 특성이 조현병 진단 받는 사람들의 특성과 일치한다는 것이다. 즉 남성 중 독신이 많으며, 무직자 중 소수민족에 속하거나 이민자인 경우가 많으며, 도시에 거주하고, 아이큐가 낮고, 대마초를 피우며, 트라우마가 있는 경우가 많다.[55] 물론 이런 특성은 통계적 연관일 뿐, 이런 데이터에서 인과관계나 메커니즘을 도출할 수는 없다. 그럼에도 이런 데이터는 임상 발현 전 정신증 경험을 경증 정신증 증상으로 볼 수 있다는 생각을 뒷받침해준다. 전적으로 연속체 가설적 의미에서 말이다.

추가적인 새로운 유전 연구 결과도 연속체 가설을 뒷받침해준다. GWAS에서는 청소년기에 나타나는 임상 발현 전 정신증 경험과 조현병 유전적 위험 프로파일 사이에 연관이 있는 것으로 확인됐으며[56] 건강한 성인에게서도 임상 발현 전 정신증 경험과 조현병을 비롯한 정신증 진단 사이 유전적 교집합이 있음이 증명됐다.[57]

요약하자면 신경정신과 의학자들은 건강한 상태와 병든 상태를 명확히 구분할 수 없을 뿐 아니라, 모든 연구 결과는 정신적으로 건강한 상태와 병든 상태를 명확히 구분할 수 없음을 보여준다. 최소한 증상의 심각성만 가지고 결론을 내릴 수 없음을 말이다. 연구 결과들은 '정상적' 확신과 '정신 나간' 확신이 생겨나는 토대가 되는 메커니즘, 즉 뇌 속 가정과 관련해 범주적 구분은 존재하지 않고 연속체만 존재한다는 것을 보여준다. 이런 문제에 대해서는 앞으로 좀 더 살펴보기로 하자.

4장

비합리성의 진화

——— 비합리성과 생존의 상관관계

지난 장에서 망상 증상을 살펴보고 망상이 조현병과 같은 정신 질환의 주된 증상이지만, 망상적 확신은 건강한 사람들에게서도 드물지 않게 나타나며, 망상적 확신이 있다고 정신과적 질병이 있는 것은 아니라는 결론을 내렸다. 망상 경향에 대해서도 이야기했고, 틴베르헌의 기준에 따른 근본적 원인에 대해서도 살펴보았다. 망상 경향을 진화론적 의미에서 적응적 특성으로 볼 수 있을지도 논했다. 이 모든 숙고에서 우리는 망상을 정신 의학의 렌즈를 통해 병리적 측면에서 고찰했다. 정신 질환 증상으로서 망상, 아직 질병으로 볼 수는 없지만 약화된 형태로 나타나는 망상 경향을 말이다.

　그러나 2장에서 살펴봤듯 망상은 인식적으로 비합리적이지만(그리고 그렇게 정의되지만) 인식적 비합리성이 결코 망상적 확신만의 특징은 아니다. 오히려 많은 '정상적' 확신도 비합리적이며, 우리는 자신의 합리성을 과대평가하는 경향이 있다. 우리는 스스로를 합리적이라고 착각한다. 따라서 우리 자신의 합리성을 판단하는 면에서도 비합리적이다. 한 걸음 더 나아가 틴베르헌의 '왜'라는 질문의 의미에서 이런 '정상적인' 인식적 비합리성이 왜 이렇게 만연해 있는지 근본적 원인을 살펴보려고 한다. 즉 인식적으로 비합리적 경향이 얼마만큼 자연선택에 이점을 제공해 적응력을 높여주는 걸까?

　당신이 로봇을 개발하는 팀의 일원이라고 상상해보라. 이런 로봇은 스스로 가능한 한 자율적으로 지내고, 가능하면 오래 '생존'하게끔, 즉 망가지지 않게끔 하는 학습을 해야 한다. 당신은 주변 환경에 대해 가능한 한 정확한 인상을 중재해주는 소프트웨어를 로봇에 적용할 것이고, 로봇은 주변을 누비면서 만날 수 있는 장애물에 빠르고 정확하게 반응해야 할 것이다. 장애물과의 거리를 평가해 적절한 시점에 장애물을 피해야 할 것이다. 거리를 지나치게 과대평가하면 너무 늦게 피하다가 장애물과 충돌할 위험이 있고, 반면 거리를 너무 과소평가하면 갑작스럽게 피하다가 넘어질 우려가 있다. 다시 말하면 로봇이 주변 환경을 현실적으로 '지각'할수록 실수가 줄어들고, 손상되지 않고 주변을 더 오래 누비며, 더 오래 '생존'할 수 있다.

물론 우리는 로봇이 아니다. 그러나 인간도 로봇처럼 바깥 세계에 대한 최대한 현실적인 상을 만들 수 있을 때 가장 적응적일 것이다. 이 세상에서 잘 적응하고 살아가고자 한다면 최대의 인식적 합리성, 즉 현실 그대로 세계를 인식할 수 있는 능력이 요구되는 것이다.

그러나 적응성 면에서 로마로 가는 길은 여러 갈래가 있는 듯하다. 원생동물에서 인간에 이르기까지 나름 진화적으로 성공한 생물종이 무수히 많은 것처럼 호모사피엔스 종 내부에서도 각각 장단점은 있지만, 나름 적응적인 다양한 특질이 있다. 진화생물학은 다양한 특성이 다양한 정도로 발현되는 것이 진화적 적합성에 어떤 영향을 미치는지 생생하게 보여주기 위해 '적합도 지형fitness landscape'을 이야기한다. 유명한 예는 새의 날개 길이다.[1] 가령 폭풍우 속에서 살아남아야 할 때, 날개 길이가 아주 짧으면 살아남을 가능성이 적다. 강한 돌풍의 힘을 이길 수 없기 때문이다. 반대로 너무 긴 날개도 불리하다. 바람이 날개 안에서 뒤엉킬 수 있기 때문이다. 따라서 날개 길이에 대한 적합도 지형은 분포의 중간에 '언덕' 형태의 최댓값을 띠는 모양으로 묘사할 수 있다. 날개 길이가 중간 정도인 새들이 적응 적합성이 가장 높을 것이다. 그러나 모든 새의 날개 길이가 중간 정도가 아닌 것은 더 짧은 날개와 더 긴 날개도 특정 이점이 있기 때문으로 설명할 수 있다. 날개가 짧은 새는 더 민첩하고, 날개가 길면 활강하는 데 적합하다.

인간의 여러 특성도 적응적 가치와 관련해 이런 적합도 지형으로 설명할 수 있다. 어느 정도는 유전적으로 결정된다고 알려진 성격 특성 같은 복잡한 특성도 말이다.[2] 가령 활동적이고 사람 만나는 걸 좋아하고, 모험적인 성격의 외향적 인간은 재생산면에서 이점이 있을 것이다. 한편 외향적인 사람은 돌직구적 성향을 보일 수 있는데, 이런 특성은 위험하고 장기적으로 생존 가능성을 낮춤으로써 적합성에 마이너스가 될 것이다. 반면 신중하고 목표 지향적이며, 책임감 있는 꼼꼼한 성격이라면 외향적인 사람처럼 무모하지 않아 생존에 더 유리할 수 있지만, 파트너나 자원을 놓고 경쟁할 때는 단기적 기회를 쉽게 놓쳐 적응적 적합성에 불리하게 작용할 수 있다.[3] 따라서 아주 극단으로 치우치지 않는 한, 인격적 특성이 다양하게 존재하는 것이 사회 전반적으로 더 적응적일 수 있다.

그렇다면 우리가 확신을 형성하는 (그리고 유지하거나 변화시키는) 방식은 어느 정도로 적응적일까? (비)합리성에 대한 적합도 지형이 있을까? 확신이 현실과 일치할수록(그로써 인식적으로 합리적일수록) 더 적응적일까? 아니면 인식적으로 비합리적 확신도 적응적일 수 있을까? 비합리성은 언뜻 보기보다 더 나은 특성일까?

주의하라. 이런 숙고에서 분명히 해둘 것이 한 가지가 있다. 즉 여기서는 우리가 사고와 행동의 주도적 원칙으로서 비합리성을 좋게 생각하는지, 나쁘게 생각하는지 따지는 것이 아니라는 점이다. 오늘 아침 일찍 일어나 나가야 한다는 걸 알면서도 어젯밤에 친구 몇 명을 만나 와인 한 병을 딴 것은 비합리적 행동이었다. 하지만 정말 멋진 밤이었다. 그래서 나는 이런 비합리적 결정을 후회하지 않는다(또는 아주 조금만 후회한다). 대부분은 비합리적 행동을 때로는 정당하다고 생각할 뿐 아니라, 좋다고 생각하기까지 한다. 사람마다 다소 차이는 있지만 그렇게 생각한다. 그러나 여기서는 그런 평가를 다루려는 것이 아니라, 비합리성이 진화적 적합성의 의미에서 적응적일 수 있는지 살펴보려는 것이다.

물론 적응적이지 않더라도 인식적 비합리성이 존재할 가능성은 존재한다. 이를 다른 측면에서도 숙고할 수 있다. 우리 인간의 합리적 사고력이 발달한 것은 —이런 능력이 완전히 없다고는 할 수 없지 않는가— 합리성이 적응적임을 암시한다. 그렇다면 비합리성은 시스템의 오류에 불과한 것일까? 진화의 실수일 뿐일까? 맹장 꼬리에 붙어 있는 충수 돌기가 '이렇다 할 기능'은 없는데 간혹 문제를 일으키는 것처럼, 그러나 자연선택에 의해 제거될 만큼 피해를 야기하지 않는 것처럼?

여기서 잠깐, '이렇다 할 기능'은 중요한 단어다. 결정적 질문은 인식적 비합리성이 어떤 기능을 하느냐, 그것이 진화론적 의미에서 적응적일 수 있느냐 하는 것이다.

인식적 비합리성 경향은 새의 날개 길이처럼 명백히 정의할 수 있는 특질이 아니다. 비합리성은 통일된 심리적 구조물도 아니고, 명확히 규정되거나 경험적으로 검증된 인격 특성도 아니다. 비합리성은 합리성의 결여일 따름이다. 그러므로 여기서는 인식적 합리성이 언뜻 보기에 그런 것처럼 정말로 적응적이냐 하는 질문으로 시작하는 것이 가장 좋을 듯하다.

우선 가능한 한 진실에 가까운 세계상을 만들 때 우리의 적합성에 이로울 거라는 건 자명하다. 로봇이 주변 세계를 되도록 현실적으로 파악할 때 성공적으로 주변 세계를 누빌 수 있듯이 말이다. 하지만 다른 한편으로 생각하면 합리성은 그 자체로는 자연선택에 중요한 기준이 아니다. 비이성적 행동이 더 많은 섹스 파트너를 취하는 데 도움이 된다면 그런 행동도 진화적 적합성을 높일 수 있기 때문이다. 가령 우매함이 인간 같은 생물학적 존재로 하여금 여러 파트너와 더불어 많은 섹스를 할 가능성을 높인다면 자연선택은 이런 생물학적 존재가 우매하게끔 작용할 것이다.[4] 섹스만이 문제가 되는 것은 아니다. 자손을 낳으려면 최소한 성적으로 성숙할 때까지 생존해야 하고, 이상적인 경우 그보다 좀 더 오래 생존해야 하기 때문이다. 극도로 외향적인 사람은 섹스 파트너를 얻는 데는 성공적일지 몰라도, 너무 무모하게 굴다가 일찍 죽음을 맞이한다면 유전자를 전달하지 못하거나 아주 제한된 정도로만 전달하는 데 그칠 것이다.

——— 충수 돌기로서의 비합리성

자, 파트너를 찾는 면에서의 성공은 일단 제쳐두고, 생존에만 집중해보자(생존하지 못하면 당연히 번식에 성공할 수도 없으니 말이다). 그렇다면 생존 가능성을 최대화하는 면에서 인식적 합리성이 여전히 적응적일까? 확신의 진실성이 중요한 것은 우리가 현실을 평가할 때 가능하면 실수를 피해야 하기 때문이다. 그런 실수가 생존을 위협할 수 있기 때문이다. 그러나 모든 실수가 똑같은 무게를 갖는 것은 아니다. 취미로 테니스를 하면서 함께 게임을 하는 사람이 착하고 무해한 사람이라고 착각하는 것과 한밤중 외진 지하도에서 한 무리의 사춘기 남자아이들이 접근하는데 '아, 그냥 길을 물으려나 보다' 하고 착각하는 것은 무게가 다를 수 있다. 초기의 호모사피엔스가 아프리카 사바나에서 자신의 사냥 운이 더 높은 존재의 은혜에 달려 있다고 믿는 것과 자신이 살쾡이가 없는 지역에 있으니 덤불 속 바스락거림이 무해한 새가 내는 소리지, 위험한 야생동물이 아니라고 믿는 것은 전혀 다른 무게를 지닌다. 잘못된 확신으로 말미암은 실수의 결과가 완전히 다를 수 있는 것이다. 따라서 확신이 진실한가만이 중요할 뿐 아니라, 잘못된 확신으로 말미암은 실수의 결과가 얼마나 큰 것인가 하는 것이 우리의 적합성에 그에 못지않게 중요하다.

이렇게 볼 때 현실에 대해 진실된 상을 만드는 것이 어떨 때는 더 중요하고, 어떨 때는 덜 중요하다는 사실로 인식적 비합리성을 설명할 수 있다. 따라서 잘못된 확신을 지녀도 그것이 그리 큰 피해를 가져오지 않을 때도 비합리적 확신이 생겨날 수 있다. 높은 존재의 은총을 믿으면 안 될 게 뭐란 말인가? 또는 때로 미신적 의식에 참여하거나 작은 제물을 바쳐야 한다면 이런 잘못된 확신의 대가는 그리 크지 않다. 이렇듯 상대적으로 별로 손해가 나지 않는 오류는 이것들이 진화적 적합성 면에서 별로 중대하지 않기에 존속될 수도 있을 것이다. 이런 이론에 따르면 비이성적 경향은 맹장의 충수 돌기, 귓불, 혹은 남성의 젖꼭지와 비슷한 것이다. 진화사의 곁가지이자 자연선택 차원에서 사라지지 않더라도 생존이나 번식 면에서 별로 큰 대가를 지불하지 않아도 되는 쓸데없는 격세유전 정도인 것이다.

그러나 한 걸음 더 나아가 비합리성 경향이 긍정적 의미로 적응적일지는 않을지 질문을 던져보자. 즉 비합리성이 생존에 더 유리하게 작용하지 않을까? 유전적으로 심어진 비합리적 사고의 경향이 생존과 번식에 유익이 되지 않을까? 비합리적 확신이 합리적 확신보다 중대한 오류에서 우리를 더 효과적으로 지켜준다면, 비합리적 확신은 적응적 특성일 것이다. 사바나에 거주하던 원시인류가 덤불에서 바스락거리는 소리를 듣고, 그 소리가 위험을 의미한다고 생각하지 않는 것은 인식적으로 굉장히 합리적일 수 있다. 이 지역에서는 살쾡이가 나타나는 비율이 드물기 때문에, 새 때문에 바스락거리는 소리가 날 가능성이 몇 배나 높은 것이다. 그러나 초기 인류가 엄격하게 인식적-합리적 접근 방식을 따르다가 예외적으로 한번 그 판단이 빗나간다고 해보자. 그러면 이런 실수는 곧장 죽음을 의미하는 것이 될 터다. 그러나 그들이 비합리적 확신을 함으로써 무조건 도망치고 본 다음 "휴, 그냥 새였잖아"라고 할 때는 이런 행동으로 인한 피해가 그다지 크지 않다.

뇌가 감각기관에서 받는 정보는 늘 약간의 불확실함을 동반하기에, 이런 정보를 지각하고 해석하는 데서 당연히 실수가 빚어질 수 있다. 이런 불확실성 앞에서 신중하게, 오류가 빚어졌을 때 치를 비용을 최소화하는 선택을 하는 것은 중요한 일이다. 안전한 것은 안전한 것이기 때문이다. 따라서 십중팔구 틀린 지각이나 선택을 하는 것도 현명할 수 있다. 인식적으로는 합리적이지 않지만, 실제적으로는 어쨌든 도망가고 본 사바나 선조는 살아남을 수 있었다. 따라서 여기서 인식적 비합리성은 실제로 '이렇다 할 기능'을 한다. 즉 장기적으로 볼 때 유기체의 생존 가능성을 높이는 기능을 하는 것이다.

───── **오류 관리**

지각과 생각, 행동에서의 비합리성이 혹시 일어날 수 있는 실수失手의 비용을 계산하다 보니 나타난다는 생각을 오류 관리 이론Error Management Theory, EMT이라 부른다. 미국의 진화심리학자 데이비드 버스David Buss와 마티 헤이즐턴Martie Haselton이 창시한 이 이론에 따르면 인지 왜곡과 그에 기반한 잘못된 확신은 결코 진화의 과실이나 인지적 충수 돌기가 아니다. 오히려 그것이 전반적으로 적합성을 높이기 때문에 적응적인 특성이다.[5] 비합리적 확신은 실수율을 더 높일지 모르겠지만, 비용이 낮은 실수는 용인하고 높은 비용이 드는 실수를 피하는 데 도움이 된다. 실수율을 높이더라도 적응적인 행동인 것이다.

버스와 헤이즐턴의 오류 관리 이론은 원래 남성과 여성이 상대방의 이성적 관심을 평가하는 데 서로 차이를 보이는 현상을 설명하기 위해 탄생했다. 이에 따르면 남자는 이성의 호감을 과대평가하는 경향이 있다. 남성이 여성의 성적 의도를 과대평가하면, 과소평가할 때보다 번식의 성공이라는 면에서 중대한 오류를 범하지 않게 된다. 진화적 적합성에 관한 한 이성의 호의를 얻고자 하다 실패하는 것보다 번식 기회를 놓치는 것이 손해가 더 큰 일이기 때문이다.

여성의 경우는 이성의 호감, 정확히 말하면 남성이 가정을 이루고자 하는 마음이 있는가 하는 면에서 과소평가하는 경향을 보인다. 이 역시 오류 관리 이론으로 설명할 수 있다. 평가의 오류를 범했을 때 어떤 값을 치러야 하는가로 말이다. 여성이 남성이 가정을 이루고자 하는 마음이 있다고 과대평가해 그의 구애에 쉽게 응하면, 임신할 경우 적지 않은 대가를 치러야 할 수도 있다. 남성이 임신시켜놓고 나 몰라라 할 경우에 말이다. 반면 남성의 그런 관심을 과소평가하면, 가정을 이루는 것이 좀 늦어질지는 몰라도 번식의 성공 면에서 피해가 더 적을 수 있다. 따라서 오류 관리 이론에 따르면 남성의 호감 표현을 극도로 진지하게 받아들이지 않는 경향이 있는 여성의 진화적 적합성이 더 커진다.

오류 관리 이론은 이와 비슷하게 2장에서 살펴본 인지 편향에 대해서도 납득이 가는 설명을 해준다. 가령 '클러스터 착각', 즉 아무것도 없는 곳에서 의미 있는 패턴을 지각하는 경향도 오류 관리 이론으로 설명할 수 있다. 우리는 바위 모양에서 사람 얼굴을 보고, 우연한 사건 사이에서 연관을 지각한다. 오류 관리 이론에 따르면 중요할지도 모르는 패턴을 알아채는 것은 생존에 중요하다. 낯선 지역에서 어둠이 내렸을 때 사람 얼굴을 알아보거나 사건 사이의 연관을 알아채는 것은 생존에 중요할 수도 있다. 한 달 전에는 두 집 건너 위치한 이웃집이 벼락을 맞았고, 어제는 바로 옆집이 벼락을 맞았다면, 간단한 덧셈만 하면 그다음이 어느 집 차례인지 쉽게 알 수 있다. 그러므로 얼른 제대로 된 피뢰침을 마련할 것이다.

'과민한 행위 탐지 시스템'도 이와 비슷하다. 즉 우리 주변에서 일어나는 사건을 다른 사람의 의도, 혹은 높은 존재의 뜻으로 돌리는 경향 말이다. 이웃한 두 집이 연속으로 벼락을 맞는 것이 우연일 수 있을까? 혹은 신이 의도한 것은 아닐까? 사회적 존재인 우리에게는 다른 사람들이 야기한, 그들의 의도를 짐작할 수 있는 사건이 특별한 중요성을 지닌다. 내가 믿어도 되는 것일까? 아니면 숨거나 공격을 준비해야 할까? 상대는 친구일까, 적일까?

클러스터 착각뿐 아니라, 과민한 행위 탐지 시스템 역시 오류 관리 이론의 원칙이 적용된다. 잘못된 결정을 할 수 있음을 감안해야 한다면 —그리고 살면서 잘못된 선택을 하는 것이 불가피하다면— 적은 비용을 지불하는 편이 더 낫다. 깜깜한 밤 골목 어딘가에서 위험한 얼굴이 있다고 착각하고 잠시 놀라는 편이(적은 비용), 완전히 예기치 않게 습격을 받는 것보다(높은 비용) 낫다. 제대로 된 피뢰침을 설치하는 편이(적은 비용), 벼락 피해의 다음 희생자가 되는 것보다(높은 비용) 낫다. 또는 매일 하늘에 계신 아버지께 기도를 드리는 것이(낮은 비용), 벼락 형태를 한 신의 노여움에 희생되는 것보다(높은 비용) 백번 낫다.

이런 종류의 지각 및 인지 왜곡은 화재경보기 원리를 따른다. 화재경보기는 되도록 지나치게 예민하게끔 설정되어야 한다. 아주 미미하고 아직은 위험하지 않은 연기에도 곧장 반응하게끔 설정되어야 한다. 소방대가 한번 헛수고를 하는 것이 (물론 한번 출동하는 데 드는 비용도 만만하지는 않다) 집 전체가 불에 휩싸이고, 인명 피해가 생기는 것보다(이것은 의심할 바 없이 훨씬 높은 비용이다) 낫다. 연기 감지 장치를 만드는 사람들은 그 감지기가 연기를, 화재 위험을 얼마나 '현실적으로 평가'하는지에는 관심이 없다. 가능한 한 자립적으로 주변을 누비고 다녀야 하는 로봇과 관련해서도 비슷한 상상을 할 수 있다. 완전한 파손을 피하는 것이 중요하기에, 연기 감지 원칙은 그에게도 유용할 수 있다. 여기서도 세계를 가능하면 현실에 충실하게 측정하는 것이 중요한 게 아니라, 단순한 비용 – 편익 – 계산이 중요하다. 마찬가지로 우리 두뇌를 설계하는 진화에게는 우리가 세상에 대해 갖는 상이 얼마나 현실적인지는 '알 바 아니다'.

진화는 뇌를 굉장히 예민한 패턴 인식 기계이자 행위 감지 기계로 만들었다. 그렇게 해야 생존하고 번식할 가능성이 커지기 때문이다. 그 결과 우리는 비합리적 결론, 확신, 행동으로 이어지는 인식적 오류를 저지른다. 그러나 오류 관리 이론에 따르면 이렇게 현실을 오인하는 것은 적응적일 수 있다.

───── **빠르고 단순하게**

오류 관리 이론은 인식적 비합리성을 수긍이 가게 설명해준다. 그러나 수긍이 가는 설명을 제공하는 것이 오류 관리 이론만은 아니다. 심리학자이자 베를린 소재 막스플랑크 인간개발연구소 소장을 지낸 게르트 기게렌처Gerd Gigerenzer는 '빠르고 간소한 휴리스틱'이라는 용어를 만들어냈다.[6]

'빠르고 간소한 휴리스틱' 아이디어는 간단하다. 우리 뇌는 계속해서 지각과 행동의 결정을 내리느라 바쁘다는 것이다. 그중 대부분의 결정은 자동적이고 무의식적으로 일어나므로, 우리 눈에 띄지 않는다. 결정하느라 힘들거나 나중에 잘못된 결정으로 드러나는 경우라야, 우리는 결정 과정을 의식하게 된다. 시간과 뇌의 계산 능력이 제한되므로 인식적 합리성의 원칙으로 결정하는 것은 대부분 너무 힘들다. ─나는 상황에 대해 가능하면 완벽하고 현실적인 상을 만들고자 하고, 이런 토대 위에서 결정을 하긴 하지만 말이다.─ 그러므로 합리성이 제한된다고 할 수 있다.[7] 그리하여 빠르고 간소한 휴리스틱 이론은 뇌는 단순한 대강의 원칙을 사용한다고 이야기한다. 자주 등장하는 결정 상황에 대해 제한된 개수의 단순화된 결정 알고리즘을 가진다는 것이다. 대부분의 상황은 휴리스틱 도구 상자로 아주 잘, 무엇보다 빠르게 처리할 수 있다. 하지만 이런 휴리스틱은 대략적인 규칙일 따름이며 오류에, 즉 비합리적 결정에 이를 수 있다.

이런 대강의 법칙의 예로 '재인식 휴리스틱'이 있다. 이는 우리가 여러 대상 중 가장 가치 있는 것을 선택해야 하는 경우, 친숙하게 다가오는 대상을 고른다는 것이다. 이와 관련해 게르트 기게렌처가 그의 동료인 다니엘 골트스타인과 함께 실행한 실험은 그동안 유명해졌다.[8] 그들은 미국 대학생 한 그룹과 독일 대학생 한 그룹을 대상으로 미국 샌디에이고와 샌안토니오 중 어느 도시가 인구가 더 많은지 고르도록 했다. 자, 어느 그룹의 정답률이 높았을까? 출신 배경과 미국 도시에 대한 지식으로 미루어 미국 대학생들이 이 질문의 답을 맞힐 확률이 더 높다고 생각될 것이다. 그러나 결과는 반대였다. 미국 대학생들은 약 3분의 2만이 샌디에이고라고 정답을 맞힌 반면, 독일 대학생들은 거의 모두가 정답을 맞혔다. 독일 대학생들은 많은 수가 샌안토니오라는 도시를 아예 알지 못했는데도 말이다. 골트슈타인과 기게렌처는 독일 대학생들이 샌안토니오를 잘 모른다는 점이 오히려 정답률을 높였다고 보았다. 독일 대학생들은 샌안토니오를 몰랐기에 단숨에 많이 들어본 샌디에이고를 골랐고, 미국 대학생들은 이런 단순한 휴리스틱을 쓸 수 없었다. 그러기에는 그들이 아는 게 너무 많았던 것이다.

이런 식의 휴리스틱은 경제학자이자 노벨상 수상자 대니얼 카너먼Daniel Kahneman이 가용성 휴리스틱 또는 WYSIATI라고 부르는 의사결정 원칙과 가깝다. WYSIATI는 '네게 보이는 것이 세상의 전부다What You See Is All There Is'의 약자로, 결정을 할 때 힘들게 다른 정보를 찾기보다 지금 주어진 정보를 신뢰하는 경향을 말한다.[9] 주어진 정보가 꽤 설득력 있는 상을 제공하면, 우리는 진실의 일관성 원칙에 따라 행동한다. 따라서 길게 캐묻지 않고 아는 것을 기초로 판단을 내린다. 일단 그럴듯한 스토리가 마련되어 있으면 공연히 복잡한 정보로 그것을 망가뜨리고 싶어 하지 않는 것이다.

우리는 여러 결정에서 어떤 선택이 옳은지 직감적으로 안다고 생각한다. 그러나 왜 그런 선택을 하는지는 설명하기 힘들어한다. 종종 자동적으로 실행되고 보통은 우리가 의식하지 못하는 빠르고 간소한 휴리스틱을 직감적으로 따르기 때문이다.[10] 그러나 이런 결정으로 우리는 대체로 아주 잘 살아간다. 이것들이 대부분의 상황에서 유용한 기준으로 작용한다. 이런 행동 방식은 오류 관리 이론과 비슷하게 진화 과정에서 이유가 있어 우리의 인지능력에 자리매김했을 것이다.

이런 휴리스틱과 직감적 결정은 대부분의 상황에서 잘 기능한다. 빠르고 단순하게, 그리 많은 에너지가 소비되지 않은 채로 말이다. 여기서도 다시금 진화의 우선적 관심은 진실에 있지 않다는 걸 알 수 있다. 휴리스틱을 도구로 빠르고 효과적인 결정을 내리는 것이 현실에 대한 정확한 평가를 기초로 결정하는 것보다 자연선택에는 더 중요한 것이다. 직감에 따른 결정은 때로 인식적으로 비합리적일 수 있지만, 대부분의 경우 효과적으로 작동한다. 그래서 적응적일 수 있다.

이제 독자들은 직감에 따라 결정하는 것이 확신 내지 신념과 무슨 관계가 있냐고 물을지도 모른다. 그런 직관적 결정이 도리어 확신과는 별 상관이 없는 게 아니냐고 주장할지도 모른다. 우리가 결정할 때 그것이 어떤 고차원적인 신념과 일치하는지 생각하지 않고 단순히 직감에 따라 결정한다면, 그 결정과 확신이 무슨 상관이냐고 말이다. 그렇다. 직감적 결정은 의식적 확신을 토대로 하지 않는 것 아닌가? 이는 한편으로 맞는 이야기다. 그러나 다른 한편으로 직관적 결정이 거꾸로 우리의 확신에 강한 영향을 미친다는 점도 생각해야 한다.

이런 관점에서 스웨덴 룬드대학교의 안드레아스 올손Andreas Ohlsson 팀이 처음 이야기한 선택맹選擇盲, choice blindness 현상은 흥미롭다.[11] 올손 팀은 실험 대상자들에게 각각 두 명의 여성 사진으로 이루어진 여러 쌍의 사진을 보여주며, 두 사진 중 더 매력적인 쪽을 고르라고 했다. 그러고는 그 뒤에 그 여성이 더 매력적이라고 생각하는 이유를 물었다. 그중 몇 개는 바꿔놓고 피험자가 선택하지 않은 사진을 보여주며, 왜 그 사진을 골랐는지 물었다.

피험자들은 바꿔치기한 사진을 보며 어리둥절해했을까? 피험자는 대부분 사진이 바뀐 줄 전혀 눈치채지 못했다. 도리어 사진 속 여성이 매력적이라고 생각하는 이유를, 자신이 고른 사진과 전혀 비슷하지 않은 모습인데도 눈 하나 깜빡하지 않고 말했다. "웃는 모습이 너무 상냥해 보여요. 바에 가면 분명히 이 여자에게 말을 걸 것 같아요. 귀걸이도 참 예쁘네요." 앞에 놓인 여성 사진이 바꿔치기된 줄도 모르고 확신에 차서 이런저런 이유를 댔다. 자신들이 그런 결정을 할 이유가 충분하다고 여기는 듯, 수긍할 수 있는 이유를 대고자 열중했다.

이런 현상은 분명히 매력적인 용모를 평가하는 데 국한되지 않을 것이다.[12] 여기서 흥미로운 결론을 이끌어낼 수 있다. 우리가 어떤 결정을 내렸다는 사실 자체가 이런 결정을 뒷받침하는 좋은 논지를 찾게 만든다는 결론이다. 우리가 해당 결정을 정말로 스스로 내렸는지, 아닌지와도 무관하게 말이다. 우리가 어떤 결정을 했다고 '믿는' 것만으로도 이런 결정이 옳다는 논지로 스스로를 (그리고 다른 사람을) 설득하기에 충분하다. 그러므로 어떤 확신이 타당한 이유를 적극적으로 찾아 논증하는 것이 원래 정보나 결정 과정보다 확신의 형성에 훨씬 중요한 것이다.

우리가 자신의 견해에 타당한 이유가 있다고 받아들이는 경향을 인지 편향 중 하나로 '확증 편향'이라고 한다. 확증 편향에 대해서는 2장에서 인식적 비합리성의 예로 살펴본 바 있다. 이번 장에서는 자신의 확신에 부합하는 정보와 논지를 의도적으로 찾음으로써 기존 확신을 확인하고자 하는 보편적 경향을 좀 더 자세히 살펴보려고 한다.

따라서 휴리스틱에 따라 직감적으로 결정을 내리고 의견을 형성한 뒤 확증 편향을 통해 이런 의견이 빠르게 확신으로 굳는 것이다. 시간과 계산 능력이 제한됨을 감안할 때 이런 식의 행동은 굉장히 실용적이고 상대적으로 최상의 결과로 이어지기에 적응적일 수 있을 것이다. 인식적-합리적으로 정확한 결과에 도달하지는 못해도 비용-편익의 비율을 고려할 때 상당히 잘 기능하는 결과에 이르는 것이다. 이런 비용-편익 계산은 한계효용 체감의 법칙으로 설명할 수 있다. 즉 현실을 규명하는 데 더 많은 시간을 투자하는 것이 도움이 되지 않는 시점이 오는 것이다.[13] 그러므로 (실용적인 의미에서) 직감적으로 결정을 내리고, 이런 직감적 결정을 확신으로 만드는 토대로 삼는 것이 전적으로 합리적일 수 있다.[14]

구매 결정을 내릴 때마다 나는 한계효용 체감의 법칙을 늘 다시금 의식하게 된다(내 개인적인 효용 곡선은 굉장히 가파르게 떨어진다). 몇 주 전 청바지를 하나 새로 사야 했다. 입던 청바지는 완전히 낡아서 너덜너덜해져 이제 제 할 일을 다했다고 볼 수 있었으므로, 퇴근길에 베를린 시내의 어느 옷 가게에 들렀다. 전에도 간혹 괜찮은 아이템을 발견한 매장이었다(나는 다리가 남들보다 2~3센티미터 정도 더 긴 편이라 옷을 구매하는 것이 녹록지 않다). 그곳에는 내 몸에 딱 맞는 청바지가 있었다. 그런데 디자인이 특이했다. 하지만 판매원은 너무나 자연스럽게 요즘 유행하는 디자인이라고 했다. 흡족한 마음으로 가격표를 본 순간 약간 회의가 일었다. 가격이 예상보다 훨씬 비쌌다. 나는 일단 청바지를 구매하지 않고 다른 매장을 돌아보며 조금 더 저렴한 것을 찾기로 했다. 다음 매장에서 입은 청바지는 내가 바라던 디자인이었고, 첫 매장보다 40유로가 더 쌌다. 하지만 —아니나 다를까— 너무 짧았다. 약간 실망한 기분으로 가게를 나서며 '에이 모르겠다, 그냥 첫 매장에서 본 비싼 청바지를 사자'고 결심했다. 직관적으로 비용(40유로)-편익(더 이상 새 청바지를 찾아 시내를 헤매지 않고 내가 하고 싶은 활동을 할 수 있는 시간) 계산을 시행한 것이다. 그러고는 내 구매 결정을 지지하는 완벽한 스토리를 마련했다. '이건 이탈리아 고급 브랜드 제품이야. 일반 청바지보다 비싸긴 하지. 하지만 최신 유행하는 디자인이잖아.'

나는 냉큼 첫 매장으로 돌아가 놀라는 판매원에게 그 청바지를 사겠다고 말했다. 그리고 며칠 후 두 딸(스타일 조언자) 앞에서 새 청바지를 입고는 어떠냐고 물었다. 아이들은 "괜찮네"라고만 답했다. 괜찮군. 그뿐이었다. 나는 더 열광적인 반응을 기대했건만. 딸들은 이런 특이한 디자인이 유행한다는 말은 들어보지 못했다고 했다. 그럼에도 나는 이런 디자인이 실제로 유행하는 것이며, 내 구매 결정이 아주 탁월하게 옳았다고 여전히 확신한다.

이 일화에 빠르고 간소한 휴리스틱을 동원한 직감적 의사결정의 모든 요소가 작용했다. 그리고 이어 비합리적 확신의 형성과 유지도 작용했다. 나는 내게 주어진 빈약한 정보를 토대로 그 청바지를 구매하겠다고 결정했다(내게 보이는 것이 모든 것이다. 내게 주어진 정보는 청바지 디자인에 대한 판매원의 말이 전부다). 그리고 한계효용 체감의 법칙에 따라 비용-편익 계산을 했다(다른 청바지를 입어보거나 청바지 디자인에 대한 다른 의견을 구하지 않고 쇼핑을 얼른 끝낼 수 있다는 점이 내게 40유로 이상의 가치였다). 마지막으로 나는 스타일에 대해 나보다 한 수 위인 딸들의 반응에도 아랑곳없이 값비싼 새 청바지가 힙하다는 확신을 가지고 있다(확증 편향). 아, 지금 이 문장을 쓰다 보니 의문이 들지만, 청바지가 꽤 마음에 든다.

한계효용 체감의 법칙에 따르면 우리의 세계상이 부모나 교사, 다른 권위자(가령 의류 매장 판매원)가 진실이라고 전달해준 데 기초하는 것은 당연한 일이다. 미국의 철학자 대니얼 데닛Daniel Dennett의 말마따나 우리에게는 엄청나게 복잡한 세상에서 살아가기 위해 굉장히 방대한 지식이 필요한데, 모든 지식을 세부적으로 검증할 시간이 없다. 가령 당신이 한 부족의 구성원이고 그 부족에서는 건강한 아이를 얻기 위해 신에게 염소를 제물로 바치는 관습이 있다면, 당신이 아이를 가졌을 때 제물을 바치는 걸 그만두겠는가? 그렇지 않을 것이다, 안전한 건 안전한 거니까![15]

우리가 믿는 것과 관련해서는(그리고 실질적 이유에서 세부적으로는 검증할 수 없는 것에서) 그 내용이 진실이냐 아니냐보다 누가 우리에게 그 이야기를 했느냐 하는 것이 훨씬 중요하다. 따라서 사람들이 진화론을 믿지 않고 지적 설계를 믿는다면, 그건 그들이 과학자보다 자신에게 이런 '진실'을 가르쳐준 사람을 더 신뢰하기 때문일 것이다. 나아가 그들이 신뢰하는 사람들이 과학은 믿을 것이 못 된다고 말했다면 더더욱 그러하다. 리처드 도킨스에 따르면 진화적으로 볼 때 이런 식으로 확신을 형성하는 행동은 굉장히 적응적이다. "자연선택은 어린아이의 뇌가 부모와 부족의 어른들이 하는 말은 뭐든 믿고 보게끔 한다."[16]

———— 긍정적 환상의 긍정적 효과

우리는 비합리성이 확률은 낮지만 혹시 있을지도 모르는 치명적 오류를 피하는 데 도움을 주므로 적응적이라는 것과, 때로는 진실을 탐구하는 데 시간이 너무 많이 걸리다 보니 비용-편익을 위해 비합리적 결정을 내리는 것이 적응적이라는 걸 살펴봤다. 또 빠른 결정을 내려야 하기 때문에도 비합리적 경향이 생겨난다(그런 다음 확증 편향의 도움으로 비합리적 확신이 굳어진다). 아울러 우리가 실용적인 이유에서 지식과 확신과 신념을 다른 사람에게서 그냥 넘겨받기 때문에도 비합리적 경향이 생겨난다. 확실한 진실을 추구하느라 섹스할 시간을 내지 못한다면, 진화적 적합성에 마이너스가 될 테니 말이다. 그러나 비합리적 확신이 이렇듯 단지 부정적 결과를 피하게 하는 데 그치지 않고 생존과 번식에 직접적으로 긍정적 효과를 낼 수도 있을까?

우리 스스로와 세상을 더 좋게 바라보게끔 하는 인지 편향이라 할 수 있는 긍정적 환상이 그런 적응적 이점을 줄 수 있다. 무엇보다 '평균 이상 효과(대부분의 운전자는 자신이 평균 이상으로 운전을 잘한다고 확신한다는 말을 기억하고 있는가)'나 '낙관적 편향(대부분의 사람은 현재보다 미래를 실제보다 더 낙관하는 경향이 있으며, 자신을 실제보다 더 건강하게 여기는 경향도 있다. 그리고 직업적 실패의 위험을 과소평가하는 경향도 있다)'이 이에 속한다.[17] 이런 긍정적 환상은 다른 많은 왜곡과 마찬가지로 오류 관리 측면에서 해석할 수 있다.[18] 장기간 직장에 지원했다가 떨어지곤 할 때 드는 비용이 한

번의 성공으로 만회되고도 남는다면, 취직에 대한 낙관적 편향이 장기적으로는 좋게 작용한다고 하겠다. 실제로 자신의 능력을 지나치게 긍정적으로 평가하는 사람이 더 성공적이라는 경험적 증거도 존재한다.[19]

오류 관리 측면에 더해 긍정적 환상은 진화적 적합성에 직접적으로 긍정적 효과를 미치기도 한다. 이런 효과 중 하나는 평균 이상 효과 중 한 가지 버전으로, 가까운 사람들과 관련한 평균 이상 효과다. 경험적 연구에서 응답자의 95퍼센트가 지능, 매력, 유머 감각 같은 특성과 관련해 자신의 배우자가 평균적인 배우자보다 더 낫다고 답했다.[20] 자녀와 관련해서도 이런 효과를 증명할 수 있다.[21] 자기 자녀의 자질을 지나치게 높이 평가하고 열렬히 칭찬하는 부모를 보면서 속으로 눈을 흘겨본 경험이 없는 사람들이 누가 있겠는가? 캐나다 심리학자 데니스 크레브스와 캐시 덴턴의 말처럼, 자녀의 약점을 간과하는 부모의 능력은 때로는 어느 정도 망상과 비슷한 데가 있다.[22] 이런 과대평가는 배우자 관계를 안정시키고, 후손을 더 잘 돌볼 수 있게끔 만들어 번식의 성공에 기여할 수 있으며, 그럼으로써 진화적 적합성을 직접적으로 향상시킬 수 있다.

스트레스를 줄여 신체 건강에 유익한 작용을 한다는 면에서도 긍정적 환상은 적응적일 수 있다.[23] 스트레스를 받아 코르티솔 같은 스트레스 호르몬이 분비되는 것은 단기적으로는 비축된 에너지를 동원해 위급한 일에 대처할 수 있도록 하는 역할을 하지만, 장기적으로는 신체를 약화시키고 질병에 취약하게 만든다.[24] 주관적으로 건강하다고 느끼는 것이 장수를 촉진할 수 있다는 것은 경험적으로 입증된다. 주관적으로 얼마나 건강하다고 느끼는가가 의사들이 진단한 건강 상태에 대한 객관적 평가보다 얼마나 장수할지를 더 잘 예측하는 것으로 나타났다.[25] 스위스에서 이루어진 대규모 연구에서 8,000명 이상의 실험 대상자에게 그들의 일반적인 건강 상태를 '아주 나쁜'에서 '아주 탁월한'까지 잣대로 평가해보라고 했다. 그러고는 이런 실험 대상자들의 답변을 30년 이상 추적 관찰했다.[26] 그랬더니 예상대로 생존 기간과 설문 조사 당시의 연령, 흡연 여부, 사전 병력(기존 질환) 같은 관련 변수 사이에서 뚜렷한 연관이 관찰됐다. 그러나 나아가 이런 변수들과 무관하게 주관적으로 지각하는 건강 상태가 강력한 영향을 미친다는 사실도 관찰됐다. 이는 자신의 건강 상태에 대한 긍정적 환상이 정말로 적응적임을 보여준다.

이로써 인지 편향적 의미의 긍정적 환상이 진화 적합성에 긍정적 효과를 미치는 것이 입증됐으며, 비합리적 믿음 체계에 대해서도 그런 긍정적 효과를 이야기할 수 있다. 초자연적인 것에 대한 믿음은 안도감을 주고 스트레스를 줄여주기 때문이다.[27] 무엇보다 인간이 —가령 사랑하는 사람을 잃거나, 집을 잃거나, 일자리를 잃거나 해서— 삶을 통제할 수 없다는 사실을 받아들여야 할 때 초자연적 힘이 섭리하는 세계에 대한 믿음은 버팀목이 되어줄 수 있다.[28] 그러나 원칙적으로 이것이 비합리적 믿음 체계가 그 자체로 늘 적응적이라는 의미는 아니다. 물론 자비롭고 은혜로운 신에 대한 믿음을 통해 스트레스를 줄일 수 있는 것처럼, 확신에서 그런 적응적 가치를 이끌어낼 수 있고, 나아가 입증할 수 있다. 그러나 보통은 비합리적 확신보다 그 확신의 바탕이 되는 인지 편향이 오류 관리 및 건강에 유익한 효과를 발휘함으로써 진화적으로 적응적인 것으로 보인다.

───── **사회적 소속감을 형성하는 비합리성**

앞에서 말한 로봇과 달리, 인간에게는 단순히 주변 환경을 무사히 누비고 다니는 것만이 중요한 것은 아니다. 대대로 우리에게 중요한 일은 바로 같은 종족과 잘 지내는 것이었다. 이것은 공동체를 이루어 함께 사는 것뿐 아니라 타인의 공격에서 스스로를 지켜내는 일도 포함된다. 이런 선택적 압력하에서 협동, 도덕, 이타주의, 집단 형성 같은 복잡한 사회현상이 어떻게 발전해왔는지는 참으로 매력적인 주제다. 그러나 이 자리에서 그런 주제를 세부적으로 논할 수는 없고[29] 이 부분에서 우리에게 중요한 것은 "확신과 신념이 형성되는 데 사회적 요인이 어떤 역할을 하는가"라는 질문이다. 사회적 존재로 진화하는 과정에서 우리에게 비합리적 확신을 따르는 경향이 생긴 이유를 납득할 만하게 설명할 수 있을까?

확신이 우리가 더불어 사는 데 굉장히 중요하다는 것은 매우 당연하다. 사회를 분열시키고 양편으로 가르는 질문에서 이것이 너무나 명백하게 드러나기 때문이다. 기후변화, 코로나19 팬데믹, 2020년 미국 대통령 선거를 부정선거로 볼 것이냐 하는 문제 같은 주제는 진실에 관한 것이지만, 진실은 ―우리가 이미 확인했듯― 확신과 신념의 다른 중요한 기능의 뒷전으로 밀려날 때가 많다. 그 기능은 바로 사회적 소속감이다.

복잡한 사회에서 살아가는 삶에서 집단으로 한데 뭉치고 연대하는 능력은 유익을 제공한다. 그런 이유로 진화 과정에서 그런 능력을 장려하는 특징이 살아남았다. 앞서 보았듯 세상에 대한 지식을 획득하고 신념을 형성할 때 우리는 다른 사람들이 전해준 정보에 의존한다. 우리에게 정보를 전달해주는 사람들은 우선은 부모와 교사지만, 삶을 살아가면서 우리가 속한 사회집단이 점점 중요한 역할을 차지한다. 사회집단은 관심사와 세계관을 공유하므로 신념과 확신은 집단 소속감을 느끼는 데 중요할 수 있다. 집단 내에서 공동의 신념으로 꽁꽁 뭉치는 힘―그와 더불어 많은 경우에 노선 이탈자나 다른 집단과 분리하는 힘―은 종교, 정치, 스포츠 등 거의 모든 삶의 영역에서 관찰된다.

축구 재능은 중간 정도지만 (대신 축구에 엄청 열광하는) 소년이 1980년대에 뮌헨 근교 오버바이에른의 소도시에서 살았다고 해보자. 이 시기에 TSV 1860 뮌헨은 아직 어느 정도는 FC 바이에른 뮌헨과 경쟁할 만한 팀이었다. 이 소년은 오버바이에른현에 사는 대부분의 소년처럼 ―모든 동급생이 그렇듯― FC 바이에른 뮌헨의 팬이었다. 그러나 간혹 FC 바이에른 뮌헨의 팬 중 납득하기 어려운 이유로 TSV 1860 뮌헨의 팬이 되는 아이들이 있었다. 8학년 때 새로운 동급생이 이 소년과 같은 반이 됐다. 둘

은 종종 오후에 학교 운동장에서 함께 축구를 하며 놀던 사이였
다. 새로 같은 반이 된 아이는 축구를 잘하고 상냥한 친구였는
데, 종종 TSV 1860 뮌헨의 유니폼을 입고 나타났다. 이렇게 공
개적으로 약한 팀을 좋아한다는 것을 티 내는 동급생을 보면서
FC 바이에른 뮌헨 팀을 응원하는 소년은 약간 혼란스러워졌다.
한편으로는 존경스러웠다('와, 저 앤 용감하네!'). 그러나 다른 한편
으로는 약간 안됐다는 마음이 들었다('가련하게도 왜 저런 팀을 좋
아할까!'). 그리고 나아가 내심 무시하는 마음도 들었다('TSV 1860
뮌헨은 1966년에 정말 운 좋게 우승한 이래, 다시 우승할 일은 없을 텐데,
어떻게 또 우승할 수 있다고 믿을까?').

  이렇게 복잡한 감정이 교차했던 FC 바이에른 뮌헨의 소년 팬
이 바로 나였다. 어린 시절을 생각하면, 동급생이 다른 축구 팀
팬이었다는 사실 때문에 내 마음에 어떤 감정이 생겼는지 떠오
르며, 약간 가슴이 서늘하고 부끄러워진다. 좋은 소식은 나와 그
아이는 이런 간극을 극복하고 좋은 친구로 지냈다는 것이다. 축
구에서 다른 팀을 응원하는 팬끼리 서로를 적대시하면서 간혹
폭동이 벌어지고, 때로는 사망자도 나오는 현실을 생각하면 이
정도는 참으로 무해한 이야기다.[30]

  그러나 스포츠는 그래 봤자 전 세계적으로나 역사적으로 볼
때 단지 부수적인 무대에 지나지 않는다. 종교는 어떤가. 종교는
진정한 신을 숭배한다는 굳은 확신, 즉 믿음이 종교 공동체에 속
하는 중심적 기준이며, 의심이나 불신앙은 개인에게 난처한 결
과를 초래할 수도 있다. 정치에서도 정치 진영에 소속된 것과 확

신 사이에 놀라운 연관이 존재한다. 과학적 증거가 명백해 순수 믿음의 문제라고 볼 수 없을 듯한 주제와 관련해서도 그렇다. 기후변화에 대해 서로 다른 지지자들의 확신이 얼마나 다른지는 앞에서 언급한 바 있다. 이런 확신의 차이를 교육 수준이나 지식에 접근할 수 있는 차이로 설명할 수 있을까? 그러고 싶을 것이다. 그러나 이 문제는 그리 간단하지 않다.

법률가이자 사회과학자인 예일대학교 댄 카한Dan Kahan 교수는 확신은 자신이 무엇을 아는지 보여주기보다, 자신이 누구인지를 보여준다고 말했다.[31] 그는 자신의 연구를 토대로 기후변화나 진화 같은 주제에 대한 서로 다른 확신은 관련 정보가 얼마나 있는지, 혹은 그 지식이 얼마나 잘 이해할 수 있게 전달되는지와 별 관계가 없다는 결론을 내렸다. 오히려 그런 확신이 자신이 속한 집단이나 정치 진영이 표방하는 가치와 맞아떨어지느냐가 중요하다. 가령 단결이 중요하냐, 자기 결정이 중요하냐, 자신의 이익을 포기하느냐, 이익을 관철시키느냐, 자연과 조화를 이루어 사느냐, 자연을 지배하느냐.[32] 카한에 따르면 확신은 그 자체로 독립된 산물이 아니라 늘 배경에 좌우된다. 그는 서로 다른 집단이 기후변화에 대해 알고 있는 것은 그리 많이 다르지 않다는 결론을 내렸다. 서로 다른 견해 사이의 논쟁은 오히려 '문화적 지위 경쟁'이라는 것이다.[33]

미국 퓨리서치센터의 데이터 역시 비슷한 경향을 보여준다.[34] 민주당 지지자 중 교육 수준이 높은 사람 중 89퍼센트는 기후변화가 인간의 활동으로 초래되었다고 보았고, 교육 수준이 낮은 지지자는 41퍼센트만 그렇게 보았다. 반면 공화당 지지자에게서는 교육 수준이 별다른 역할을 하지 않았다. 그들 중에서는 교육 수준과 무관하게 기후변화가 인간이 초래한 것이라고 믿는 비율이 25퍼센트 이하였다. 이런 데이터 역시 지식에 접근할 수 있는지 여부보다 정치적 성향이 기후변화에 대한 확신에 더 강한 영향을 미친다는 사실을 보여준다.

이렇듯 스포츠든, 종교든, 정치든, 기타 이데올로기적 질문이든, 우리가 표방하는 확신이 인식론적 의미에서 진실한가만이 중요한 것이 아니다. 오히려 확신은 많은 부분에서 어느 사회집단에 소속되는지 보여주는 역할을 한다. 진화론적 관점에서 이런 형태의 인식적 비합리성은 오류 관리 이론과도 맞아떨어진다. 특히 추상적 지식이나 세계관적 질문과 관련한 확신이 참인지 거짓인지는 개인에게 그다지 중요하지 않다. 내가 기후변화에 어떤 생각을 하든, 신의 존재를 믿든 안 믿든, 진화론을 옳은 것으로 여기든 그렇지 않든 그것이 내 번식의 성공에 어떤 역할을 하는가? 그런 추상적이고 실생활에 별로 중요하지 않은 확신이 인식론적 의미에서 설사 틀렸다 한들, 우리의 생존과 번식 가능성 자체에는 그다지 중요하지 않은 것이다. 자, 그렇다면 우리는 이런 질문을 해볼 수 있다. "가능한 한 진실에 충실한 세계관적 확신을 만들어내도록 하는 유전자는 대체 어떤 선택적 이점을 갖는 것일까?"

그러나 세상을 있는 그대로 인식하는 것에 대해 선택적 압력이 있다고 가정한다 해도, 중요한 선택적 압력은 확신의 사회적 기능 측면에 있을 것이다. 그리하여 우리는 다시금 오류 관리 이론으로 돌아가게 된다. 즉 어떤 확신이 (자신이 속한 사회가 옳게 여기는 것에서 벗어나서) 사회적 의미에서 그르다면 그것은 개인으로 하여금 굉장히 높은 비용을 지불하게 할 수 있다. 일탈자나 배신자가 되어 공동체에서 배제될 수 있고, 나아가 생존에 중요한 자원이나 성적 파트너에게 접근하지 못할 수 있다. 이런 사회적 압력이 있기에 비합리적 확신을 가져도, 그 확신이 사회적으로 잘 기능하는 한 우리 뇌는 비합리적 확신을 하는 경향을 띨 것이다.[35]

따라서 오류 관리 이론의 시각에서 보면 인식적으로 그르더라도 우리가 집단에서 무리 없이 지내게끔 하는 확신을 갖는 것은 적응적인 일이다. 그러나 일부 비합리적 확신은 그 자체로 이미 —적응적으로 작용하는— 친사회적 효과를 지닐 수 있지 않을까? 무엇보다 종교적 확신에 대해 그런 친사회적 효과를 이야기할 수 있다. 신과 다른 초자연적 존재에 대한 믿음은 널리 퍼져 있고 대대로 이어져왔기에, 다음과 같이 물을 수도 있을 것이다. "신에 대한 믿음이 적응적이라면, 그 믿음이 생존과 번식 가능성을 높인다는 의미에서 우리의 진화적 적합성에 도움이 되는 것일까?"

많은 종교적 교리에서 중요한 역할을 하는 정절의 계명을 생각하면, 번식 가능성에 대한 질문은 언뜻 보기에 약간 아이러니하게 느껴진다. 그러나 종교적 교리의 구체적 내용에서 신앙의 적응적 가치를 직접 추론하는 것은 너무 근시안적인 일일 것이다. 게다가 이런 내용은 종교마다 크게 차이가 나기 때문이다.

구체적인 종교적 가르침은 그 내용이 탄생한 배경에도 상당히 영향을 받는다. 즉, 시대정신과 문화적 배경, 경제적 조건, 기타 사회적 요인이 중요한 역할을 한다.

높은 존재에 대한 믿음은 많은 부분에서 인지 편향을 통해 장려된다. 과민한 행위 탐지 시스템도[36] 운명을 좌지우지하는 신을 믿게끔 한다. 또는 긍정적 환상을 품는 경향도 은혜롭고 정의로운 신에 대한 믿음을 갖도록 해서 어려운 시기에 위로를 얻도록 해준다. 하지만 이런 인지 편향을 넘어, 더 높은 힘에 대한 믿음이 지니는 중요한 적응적 효과는 이런 믿음이 인간의 사회적 행동을 규제하는 역할을 한다는 것이다. 선한(친사회적) 행동에 상을 주고, 나쁜(반사회적) 행위에 벌을 내리는 공의로운 신에 대한 믿음은 협력적 행동을 장려하고, 이런 행동은 장기적으로 개인에게도 유익이 된다.[37]

────── **확신을 통한 소통**

이런 숙고는 사회를 이루고 살아가는 삶이 특정한 비합리적 경향을 촉진할 뿐 아니라 합리, 비합리를 막론하고 일반적으로 확신이 생겨나는 데도 중요한 역할을 하지 않을까 질문하게 한다. 우리의 뇌가 추상적이고 세계관적 확신을 만들어내는 것도, 이것이 사회적 맥락에서 적응적이기 때문이 아닐까?

확신이 사회적 맥락에서도 (사물을 판단하고 분별하는) 인식적 기능을 띤다는 건 부인할 수 없는 일이다. 다른 사람과 그들의 특성에 대한 확신은 친구와 적을 구분하는 데 중요한 역할을 한다. 이런 확신은 누군가를 믿어도 될까 안 될까, 가까이하는 게 좋을까 멀리하는 게 좋을까, 하는 질문에 대답해준다. 그런 확신은 주위 사람을 파악하는 데 도움을 준다.

그 밖에 확신은 의사소통 기능도 지닌다. 이는 앞서 집단 소속감에 대한 이야기에서 감지했을 것이다. 어느 미국인이 기후변화가 인간이 만든 것이고 진화론이 사실이라고 확신한다면, 그는 보수-공화당 쪽이 아닌 자유-민주당 지지자일 공산이 크다. 확신과 신념은 위치 표시와 같아서 우리가 어디에 있고 누구인지 유추할 수 있게 해준다. 나아가 확신과 우리가 그것을 표방하는 설득력 역시 사회적 역할을 한다. (자장가 〈달이 떴다Der Mond ist Aufgegangen〉를 지은) 마티아스 클라디우스Matthias Claudius의 말을 빌리자면 "당신도 잘 알고 있듯 말씨름에서 이기는 사람은 대부분의 사람에게 칭찬을 받고, 마치 그가 또한 옳은 것처럼 여겨지는 것이다".[38]

확신을 만들어내고 동료 앞에서 자신의 확신을 표방하고 주장하는 능력은 사회적 지위를 유지하는 데 도움이 됨으로써 높은 적응적 가치를 지닌다. 사회적 지위는 파트너 찾기의 성공에 영향을 미치기 때문이다. 그래서 합리적이든 비합리적이든, 확신은 의사소통 기능을 지닌다. 프랑스 인지과학자 위고 메르시에Hugo Mercier와 당 스페르베르Dan Sperber는 자신들의 저서 《이성의 진화》에서 합리성이 발전한 것은 무엇보다 이성적으로 논증하는 능력이 사회적 지위 다툼에서 비장의 카드로 작용하기 때문이라고 말한다.[39] 그러나 이성적 논증에서 결코 진실만 중요한 것은 아니다. 어떤 발언이 2장에서 살펴본 '진리 대응론'에 맞게, 주어진 증거와 일치하느냐의 문제만 중요한 것은 아니다. '진리 정합론'에 맞게 논증이 그 자체로 내부적으로 모순이 없느냐도 중요하다. 우리가 다른 사람—그리고 우리 자신—을 설득하고자 할 때, 자신의 확신을 관철시키고 다른 사람들의 신뢰를 얻고자 할 때, 확신이 진실에 부합하는가보다 확신을 논리 정연하게 논증할 수 있는가가 더 큰 역할을 할 수 있다.

사실에 근거하든 혹은 논리적으로 일목요연하든, 메르시에와 스페르베르의 이론에 따르면 좋은 논지를 갖는 것은 사회적으로 적응적이다. 그 이론에 따르면 우리가 합리적 확신을 만들어내는 것은 우리 뇌가 사회적 주변 환경이 가하는 선택의 압력하에서 논증 기계로 발전했기 때문이다. 메르시에와 스페르베르에 따르면 확신을 갖는 능력이 발전한 것은 그것이 세상을 있는 그대로 인식하도록 도와주기 때문만이 아니라, 사회에서 스스로를 관철시킬 수 있도록 도와주기 때문이기도 하다.

그러나 합리적 논증에 대한 능력뿐 아니라, 우리 사고의 비합리적 측면도 사회 환경의 선택적 압력으로 설명할 수 있다. 앞에서 여러 번 언급한 유명한 확증 편향, 즉 지각과 생각이 기존 확신 쪽으로 편향되는 현상에 대해서도 진화론적 설명이 가능하다. 언뜻 보기에 이런 종류의 인지 편향이 진화적으로 적응적이라는 것은 건강한 인간 이성에 배치되는 듯 보인다. 늘 기대하는 것만 보는 게 뭐 그리 도움이 될까? 기존 의견을 확인해주는 정보만 찾는 게 뭐 그리 도움이 될까? 그것은 우리를 유연하지 못하게 만들고, 자신의 오류를 바로잡거나 새로운 상황에 적응하지 못하게 한다. 확증 편향이 망상적 확신을 유지하고, 불안 장애나 우울증에서 나타나는 기타 병리적 사고 패턴도 고착화한다는 건 명백하다. 확증 편향은 우리가 점쟁이나 주술사, 또는 다른 협잡꾼의 말에 솔깃하게 만든다. 우리가 믿는 것, 혹은 믿고 싶은 것을 확인하게 해주는 것이 그들의 수법이기 때문이다. 마지막으로 확증 편향은 선입견을 유지시키고, 다른 사람들의 관점을 받아들이기를 어렵게 만들며, 갈등에 불을 지핌으로써 협력적 행동을 무마하지 않는가. 그리하여 두드러진 확증 편향 경향은 사회적 맥락에서 비생산적이라 할 수 있다.

하지만 확증 편향은 가장 많이 연구되고 경험적으로 확인된 인지 편향으로서[40] 매우 만연해 있다. 이것은 —이것이 단점임에도— 인간 뇌의 진화에서 어떤 식으로든 이에 대한 선택적 압력이 있었음을 말해준다. 즉 우리 뇌가 기존 세계상을 확인하게끔 하는 선택의 압력이 작용했던 것이다. 메르시에와 스페르베르는 확증 편향이 고립적으로 행동하는 인간에게는 단점이 될 것이라고 말한다. 확증 편향이 이런 개인이 현실을 최적으로 평가하는 것을 방해하기 때문이다. 따라서 메르시에와 스페르베르는 확증 편향에 대한 선택의 압력은 확증 편향이 발휘하는 사회적 기능, 무엇보다 확신의 의사소통적 기능에서 찾을 수 있다고 본다.

메르시에와 스페르베르에 따르면 확증 편향은 흔들림 없이 자신의 확신을 고수해 다른 사람도 자신처럼 생각하도록 설득하고, 자신의 행동을 변호하기에 진화적으로 적응적이다. 이런 생각은 실험으로 뒷받침된다. 실험 결과, 사람들은 기본적으로는 어떤 이론의 반대 증거나 논지를 받아들이는 걸 어려워하지 않았지만, 자신이 대변하는 이론에 관한 한 반대 논지를 받아들이는 걸 힘들어했다.[41] 우리의 확증 편향은 다른 사람들을 상대로 자신의 의견을 논증하고 대변하도록 해준다. 스스로가 자신의 의견을 정말로 확신해야 다른 사람도 설득할 수 있기 때문이다. 확신의 이런 의사소통적 기능이 진실된 내용을 검증하고 경우에 따라 수정하는 능력보다 사회적 존재로서 진화하는 데 더 중요했던 듯하다.

확증 편향은 지능과는 별 관계가 없어 보인다. '똑똑하거나 고학력인 사람은 확증 편향 경향이 덜하지 않을까'라는 생각이 드는가? 그들은 사고의 함정을 더 잘 간파할 테니까? 하지만 사실은 정반대다. 똑똑한 사람들은 확증 편향이 더 강한데,[42] 이는 그들이 자신의 명제를 더 그럴듯한 논지로 뒷받침할 수 있기 때문인 것으로 보인다. 그들은 다른 사람뿐만 아니라 자기 자신도 설득할 수 있다.

이런 논지로 보자면 합리성에 대한 환상, 즉 스스로가 인식적으로 불합리하다는 걸 보지 못하는 현상은 우리로 하여금 스스로의 확신을 더 흔들림 없이 고수함으로써 적응적으로 작용한다고 할 수 있다. 합리성에 대한 환상은 자신과 세상에 대한 일관적인 상을 갖도록 한다. 그도 그럴 것이 계속해서 자신의 비합리성과 사고나 세계상에서의 모순을 의식한다면, 확신이 중요한 의사소통적 기능을 발휘하지 못할 것이기 때문이다. 즉 자신이 확신하는 바를 다른 사람에게 관철시킬 수 없는 것이다.

그러나 나는 합리성에 대한 환상, 즉 스스로 합리적이라고 생각하는 현상의 적응적 가치를 의사소통 기능만으로 축소하고 싶지 않다. 이런 환상은 또 다른 중요한 기능을 수행한다. 즉 스스로가 합리적이라는 환상은 우리가 세상을 살아가면서 어느 정도 명쾌하고 깔끔한 기분을 갖게 해준다. 자신과 세상에 대해 이성적이고 일관적인 상을 지니고 있다는 느낌은 불확실성과 스트레스를 줄여준다. 그런 점에서 자신이 합리적이라는 환상은 —다른 긍정적 환상과 비슷하게— 우리의 생존 가능성과 재생산 가능성에 긍정적인 영향을 미친다.

─────── **자연선택은 진실에 관심이 없다**

진화론적 관점에서 보면 우리가 인식적으로 비합리적 방식으로 확신을 만들고 유지하는 데는 다양하고 합당한 이유가 있다. 그 이유는 한편으로는 인지 편향 때문이지만, 다른 한편으로는 비합리적 확신이 그 자체로 적응적이기 때문이기도 하다. 여기서 주된 메커니즘은 오류 관리 이론이지만, 신체적 건강과 번식의 성공에 미치는 직접적 영향도 중요하다. 그 외에 확신과 행동을 선택하는 데 에너지와 자원을 무제한으로 투입할 수 없다는 점도 중요한 역할을 한다. 우리의 확신은 또한 사회적으로 커다란 의미를 지닌다. 확신의 합리적 측면뿐 아니라 비합리적 측면도 무엇보다 사회적 존재로 살아가야 하는 선택적 압력하에서 만들어지는 의사소통 기능으로 설명할 수 있다. 미국의 철학자이자 인지과학자 스티븐 P. 스티치Stephen P. Stich의 말을 빌리자면 이러하다. "자연선택은 진실에 관심이 없다. 그는 재생산의 성공에만 관심이 있다."[43]

그럼에도 확신이 진실된 내용을 담고 있는가가 진화적 적합성 면에서 전혀 중요하지 않을 리 없어 보인다. 주변 세계에서 일어나는 일을 더 커다란 맥락에서 올바르게 정리하고 가능하면 합당한, 즉 진실된 설명을 찾는 능력은 적응적일 것이다. "사람들이 믿는 바와 상관없이 세상은 있는 그대로의 모습이므로 세상에 대한 진실된 설명을 만들어내는 능력에 대해 강한 선택적 압력이 존재할 수밖에 없다"[44]라고 한 스티븐 핑커Steven Pinker의 말마따나 인식적 합리성은 유용할 것이다.

따라서 자연선택이 진실에 관심이 없다는 건 인식적 합리성에 대한 선택적 압력이 존재하지 않는다는 뜻이 아니다. 그러나 그에 대한 선택적 압력은 인식적 합리성이 선택의 이점을 동반하는 만큼만 존재한다. 그리하여 선택적 압력은 아주 다양한 방향에서 작용하므로 우리는 지각, 사고, 믿음, 행동 등 여러 면에서 비합리적일 가능성이 있는 존재가 됐다. 다시 말해 인식적 비합리성은 아주 정상적이고 평범한 것이며, 결코 병리학적, 즉 망상적 확신이나 취약한 인간만의 특징이 아니다. 진화적 안경을 쓰고 관찰하면 인식적 비합리성은 '버그'가 아니라 '특징'이며, 오류가 아니라 기능이다.

인식적 비합리성을 모든 것의 기준으로 승격시키자는 이야기가 아니다. 그러나 인식적 비합리성을 악마화하거나 법적으로 금지해서도 안 될 것이다. 진화론적 설명은 비합리성을 좋은 것으로 여겨야 하는지, 나쁜 것으로 여겨야 하는지 판단하지 않는다. 이는 우리가 스스로의 비합리성을 인식하는 것에서 아무것도 배울 수 없다는 뜻도 아니다.

이런 인식이 자신의 인식적 비합리성과 다른 사람을 대하는 데 얼마나 도움이 되는지 묻기 전에, 우선 2부에서 우리 머릿속에서 확신과 다른 망상적 사고가 어떻게 생겨나는지 살펴보기로 하자.

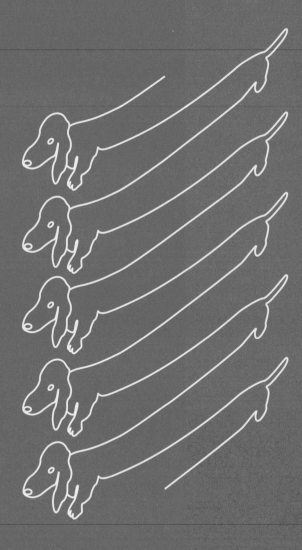

2부

예측 기계

DIE ILLUSION DER VERNUNFT

——— 5장

우리는 세계를
만든다

——— 불확실한 일

뭔가를 확신하는 사람은 그것이 확실하다고 스스로 확신한다.
주관적으로 확실하다고 생각하는 것이 바로 확신의 본질이다.
어떤 확신이 객관적으로 볼 때는 종종 불확실한 것이지만 말이
다. 확실히 믿었던 것이 잘못된 경우로 판명되는 일이 비일비재
하지 않은가. 때로 우리는 현실을 판단할 때 그것이 불확실하다
는 것을 의식하기도 한다. 그럴 때 우리는 예감, 의견, 믿음 같은
단어로 그런 현실을 칭한다. 내가 뭔가를 믿는다고 말할 때는
보통 그것이 틀릴지도 모른다는 가능성을 열어둔다(또는 경험적
검증이 불가능하거나, 종교적 믿음처럼 경험적 검증이 중요하지 않음을

전제로 한다).

나는 새로 입사한 동료가 나를 괜찮게 생각한다고 믿는다. 그녀가 친절히 대해주고, 말도 좋게 해주기 때문이다. 그러나 나는 그녀를 거의 알지 못한다. 그래서 그녀가 사실은 나를 완전히 구제 불능이거나, 멍청한 허풍쟁이라고 여길지도 모른다. 그저 예의상, 혹은 내게 잘못 보여서 득이 될 것은 전혀 없기에 친절하게 대해주는 것인지도 모른다. 시간이 흘러 그 동료를 더 잘 알아가면서, 이런 불확실성은 서서히 줄어들 것이다. 그 동료가 나를 칭찬하는 말을 할뿐더러, 존중하는 태도를 시종일관 유지하기 때문이다. 즉 나는 그 동료가 나를 정말로 괜찮게 생각하며, 늘 나를 지지해준다는 경험적 증거를 모았고, 내 믿음은 확신으로 굳는다.

그러나 내가 어떤 것을 완전히 확신할 때조차, 자신이 옳다고 100퍼센트 확신할 때조차, 그 확신이 틀린 것으로 드러날 수도 있다. 동료의 예를 계속 들자면, 때로 우리는 굳게 믿었던 사람에게서 배신당한 기분을 느낄 수도 있다. 이것은 정말 쓰디쓴 경험일 것이다(예전 동독 시민들은 이런 슬픈 일을 경험하곤 했다).

그러나 확신이 틀린 것으로 드러나는 것은 결코 인간관계에 국한되지 않는다. 학문의 역사에서는 확실히 믿었던 지식이 새로 등장한 인식 앞에서 폐기되는 일이 다반사였다. 유명한 예로 코페르니쿠스적 전환이 있다. 전통적 믿음대로 태양이 지구를 도는 게 아니라, 지구가 태양을 돈다는 인식 말이다. 오늘 우리가 굳게 확신하는 인식이 내일은 말도 안 되는 것으로 판명될 수도 있음을 생각하면, 학자로서는 모골이 송연해지지만, 그런 일은 늘 불가피하게 일어날 것이다.

그러면 우리는 왜 그리도 우리의 확신이 옳다고 확신할까? 이런 착각은 어디에서 비롯될까? 우리 뇌는 왜 그렇게 일할까? 최소한 현재의 지식수준에 따르면 확신은 뇌에서 생겨난다고 볼수 있지 않은가. 물론 어떤 것에 대한 우리의 견해는 오롯이 하나의 뇌에서만 따로 생겨나는 것이 아니고, 대부분은 많은 뇌의 협연을 통해 생겨난다. 지난 장에서 우리는 확신과 신념, 지식이 생겨나는 데 사회적 관계가 얼마나 중요한 역할을 하는지 조명해보았다. 앞에서 살펴봤듯 우리의 확신 중 많은 것은 묻지 않은 채 다른 사람들에게서 넘겨받은 것이다. 우리는 직접 경험해보지 않았어도 이런 확신을 굳게 믿는 데 문제가 없다. 가령 지구가 태양 주위를 돈다는 코페르니쿠스의 인식만 해도 그렇다. 나는 이런 발언이 옳다고 굳게 확신한다. 이런 진술은 또한 옳을 것이다. 우리는 그걸 안다. 그런데 누군가 내게 태양이 지구 주위를 돈다고 주장하려 한다고 해보자. 그러면 나는 아마 몇 가지 논지를 들어 그 말을 반박할 수는 있을 것이다(아마도 계절이 바뀌는 현상에 대해 이러쿵저러쿵하면서). 하지만 반대증거를 그렇게 설득력 있게 들이대지는 못할 것이다. 아무튼 즉석에서 그렇게 하지는 못할 것이다. 나는 학교에서 지동설을 배웠다. 물리학과 지구과학을 가르치던 W. 선생님이 수업 시간에 코페르니쿠스의 이론에 대한 증거를 죽 훑어준 듯하다. 물론 나는 스스로 그것을 검증해보지는 않았고, 그냥 믿었다. 아는 것이 많은 W. 선생님을 믿었고, 또한 (거의) 모두가 지동설을 믿고 있었다.

지구가 (거의) 둥글다는 지식의 경우, 나는 조금 더 잘 논증할 수 있다. 스스로 경험적으로 시험해볼 수도 있다. 그러나 이 조차 모두가 이런 사실을 확신하지 않는다. 그래서 '평평한 지구 학회'[1]라는 단체도 있다. 이 단체 회원들은 모든 자연과학적 증거를 한 귀로 듣고 한 귀로 흘려버린 채 지구가 평평하다고 굳게 확신한다. 우주에서 찍은 구형의 지구 이미지는 음모론의 산물이라 치부한다. 어째서 '지구 평평론자'가 이런 확신에 그렇게도 매달릴까? 흥미로운 질문이 아닐 수 없다. 아마 확신이 중요한 사회적 기능을 수행하기 때문일 것이다. 이런 확신은 내러티브를 만들어내고, 집단의 소속감(그리고 다른 집단과의 차별화)에 중요한 의미를 지닌다.

───── **외계인의 시선**

이제 시선을 사회적 차원에서 개인으로 돌리고 틴베르헌의 첫 번째 '왜'라는 질문과 관련해 확신의 직접적 원인을 살펴보자. 확신은 뇌에서 어떻게 생겨나고, 개인에게 어떤 기능을 하며, 확신을 바꾸게 하는 일은 왜 그렇게 어려울까?

이런 질문에 대답하기 위해 한 걸음 물러서, 약간 거리를 두고 뇌를 관찰해보자. 외계 과학자가 지구인들이 자꾸 이상한 짓을 하는데, 거기서 뇌는 무슨 역할을 하는지 알고 싶어 한다고 하자.

외계 과학자들은 두뇌가 인간의 행동을 조절하는 기관임을 곧바로 깨달을 것이다. 뇌는 인간이 우선 혼자서는 살아가지 못하는 아기에서 어느 정도 독립적으로 행동해나갈 수 있는 성인으로 발달시키고, 이어 몇십 년간 예측 불허에 위험을 동반하는 세상을 성공적으로 살아가게 한다는 것을 말이다. 여기서 성공적으로 살아간다는 것은 이 세상에서 생존하고, 거기에 더해 재생산한다는 뜻이다. 따라서 우리는 진화 과정에서 생존과 번식 측면에서 행동을 최적화하는 두뇌로 무장하게 됐다.

여기서는 생존이라는 주제(가끔은 좋은 아이디어다!)에 집중해보자. 생존은 확신이 어떤 기능을 하는지 잘 보여줄 수 있는 주제다. 이를 위해 다시금 인간을 궁금해하는 외계 과학자의 입장을 취해보자. 이 과학자는 이제 인간의 행동 조절을 담당하는 뇌가 대부분의 다른 지구상 생물의 뇌와 비교했을 때 상대적으로 크고 복잡하다는 것을 확인한다. 생존과 진화적 성공은 더 단순하게 이루어질 수 있는데 말이다. 단세포 상태에서 수억 년 동안 아주 성공적으로, 그다지 형태의 변화도 없이 생존해온 원시적인 단세포생물도 수없이 많지 않은가. 편모충류인 유글레나는 행동을 조절하는 아주 단순한 메커니즘으로 생존 가능성을 효과적으로 극대화하는 원생생물이다. 눈처럼 보이는 부분은 시각기관이 아니라, 안점이라는 기관으로 빛이 비치는 방향에 따라 그 아래에 있는 센서, 즉 광수용체에 그림자를 드리운다. 이 광수용체는 유글레나의 꼬리 모양 이동 기관인 편모와 직접 연결되어 있으며, 편모의 움직임은 다시금 빛이 들어오는 방향에 따라 달라져 유글레나가 계속 빛을 향해 헤엄쳐 가게끔 한다. 이런 식으로 유글레나는 생존에 필요한 광합성을 할 수 있다.

이렇게 상대적으로 단순한 상태로도 진화적으로 성공할 수 있는데, 어째서 인간은 이리도 복잡한 생물체가 된 것일까? 인간에게는 무엇 때문에 크고 복잡한 뇌가 필요할까? 외계인은 인간을 관찰하며 행동의 어마어마한 유연성을 발견할 것이다. 그렇다. 우리는 행동을 조절해 아주 불리한 상황에서도 생존할 수 있다. 추우면 따뜻하게 하기 위해 옷을 입거나 난방이 되는 집을 짓고, 더우면 에어컨을 틀어 온도를 낮춘다. 장기간 먹거리가 부족한 시기가 오면, 저장 식품을 마련해놨다가 먹거나, 운송 수단을 활용해 다른 지역에서 먹거리를 조달한다. 너무 가물면 관개 시설을 마련해 물을 조달한다. 동물이나 타인을 위험 요소로 느끼면 울타리와 벽을 만들거나 무기를 사용해 위험에 대처한다. 혼자 잘 대처할 수 없으면 다른 사람들과 소통해 서로 돕는다. 이런 식의 목록은 끝없이 이어지며, —각각의 행동을 도덕적으로 판단하지 않고— 뇌가 우리로 하여금 모든 상황에 아주 유연하게 적응할 수 있도록 돕는다고 결론지을 수 있다. 도구나 도움 수단을 사용하고, 대비하고, 소통하고, 협력하는 등 여러 방법을 통해 유연성을 발휘한다.

다시 한번 외계 과학자의 눈을 빌려 말해보자. 이제 이 외계인들이 인간으로 하여금 이런 놀라운 능력을 발휘하게 하는 기본 전제 조건을 규명하려 한다고 하자. 그러면 그들은 '아, 인간들이 유연성을 발휘할 수 있게 하는 기본 능력은 앞서서 행동할 줄

아는 능력이구나! 따라서 예측하고, 이런 예측에 맞게 행동하는 것이로구나!' 하는 사실을 깨달을 것이다. 도구를 만들어 사용하기 위해서는 그 도구가 원하는 효과를 낼 수 있는지 예측해야 한다. 미래를 위해 대책을 마련하기 위해서는 미래에 어떤 상황이 벌어질지 예상해야 한다. 효과적으로 의사소통하기 위해서는 상대방이 무슨 말을 했을 때 어떤 반응을 보일지 그의 마음 상태를 예측해야 한다. 다른 사람들과 협력하기 위해서는 상대방이 기꺼이 도우려 할지, 그리고 협력이 얼마나 유익할지 가늠해봐야 한다.

우리는 종종 예측하는 능력을 지능과 연결하지만, 사실 이런 예측 능력은 그보다 훨씬 더 근본적인 능력이다. 꼭 똑똑한 사람만 할 수 있는 것이 아니라, 인간 뇌(그리고 아마도 다른 동물들의 뇌)의 기본적인 기능 원칙이다. 우리의 뇌는 곧 예측 기계인 것이다.

───── **거꾸로 된 블랙박스 문제**

다시 원래 질문으로 돌아가자. 즉 확신이 어디에 좋은가 하는 질문 말이다. 확신은 우리의 경험과 학습된 지식으로 이루어진다. 확신은 우리가 세상(그리고 우리 자신)에 대해 만든 상의 일부이며, 세상에 대한 우리 '내적 모델'의 일부이기도 하다. 그래서 확신은 세상의 사건과 자기 행동의 결과를 예측하게끔 도울 수 있다. 확신(그리고 확신의 가까운 친척인 믿음, 견해, 예감 등)은 생존 가능성을 극대화하기에 적절한 도구인 것이다. 그렇다. 확신은 때로 틀리기도 하지만, 어쨌든 '최선의 추측best guess'이다. 이런 추측이 좋을수록, 즉 현실과 정확히 부합할수록 예측은 더 정확해진다.

비합리성이라는 주제를 상세히 다뤘다. 우리의 확신이 늘 현실을 최대한 '정확히' 예측하는 데 적절한 도구는 아님을 알았을 것이다. 따라서 우리 뇌에 무엇이 '최선의 추측'인지, 그리고 우리는 왜 그리 자신의 확신이 확실하다고 착각하는지 살펴봐야 할 것이다. 우선 뇌가 예측 기계라는 생각을 먼저 살펴본 뒤, 확신을 이런 예측 기계의 기본적 기능 원칙의 일부로서 이해해보자.

인간의 뇌를 '기계'라고 칭하는 것이 거북스러운가? 인간을 로봇처럼 영혼 없는 좀비로 격하하려는 의도는 아니다. 또 기계가 의식, 감정 혹은 도덕 감각을 지닐 수 있는지에 대해 어려운 토론을 하려는 것도 아니다. '기계'라고 표현한 것은 다만 뇌가 어느 정도 기계적 원칙에 복종해 기능하기 때문이다. 그럼에도 뇌가 예측 기계라는 말을 이해하고자 한다면 기존 생각을 뒤집어야 하고, 뇌와 정신이 어떻게 기능하는지에 대해 수백 년 전부터 익숙한 전통적 표상을 떠나야 한다. 생각을 급진적으로 전환하는 것은 힘들 수 있지만, 그만큼 가치가 있을 것이다. 뇌의 기능에 대한 새로운 시각이 생기면, 인간의 생각(가령 확신 같은)과 생각의 오류(가령 망상 같은)를 이해하는 데 도움이 될 것이기 때문이다. 그러니 시도해보자.

뇌와 관련한 근본적 문제를 블랙박스 문제라 부를 수 있다. 정확히 말해 '거꾸로 된 블랙박스 문제'라고 할 수 있다. 과학철학에서 블랙박스라고 하면 특정 인풋에 특정 아웃풋으로 반응하지만, 속에서 어떤 과정을 통해 그런 아웃풋이 나오는지 알 수 없는 대상을 말한다. 스마트폰은 내게 그런 블랙박스다. '이탈리아 음식'이라고 입력하면(인풋), 스마트폰은 금세 근처 이탈리아 식당 지도를 띄워준다(아웃풋). 그러나 나는 스마트폰 속에서 무슨 일이 일어나는지 조금도 알지 못한다.

심리학의 시각에서 보면 인간은 고전적인 블랙박스 문제다. 심리학은 인간이 특정 자극(인풋)에 어떻게 행동(아웃풋)으로 반응하는지 연구한다. 그러나 인간의 실제적 내면생활, 가령 뇌 속 과정 같은 것에 직접 접근할 수는 없다. 신경학은 관찰되는 자극-반응 패턴의 원인을 규명하기 위해 뇌 활동을 측정하거나 영향을 미침으로써 문제를 해결하려 한다. 이에 대해서는 나중에 더 살펴보기로 하자.

우선 관점을 바꾸어 뇌의 입장이 되어보기로 하자. 뇌의 입장에서 보면 문제는 거꾸로다. 뇌 스스로가 말 그대로 블랙박스에 들어앉아 있기 때문이다. 뇌는 머리뼈 안 깜깜한 공간에 갇혀 있다. 그래서 블랙박스 외부에서 무슨 일이 일어나는지, 즉 외부 세계가 어떤지 알지 못한다.

뇌는 신경임펄스(소위 활동전위action potential) 형태의 활성 패턴만 활용할 수 있을 따름이다. 이런 패턴들은 감각기관에서 보내오는 신호의 영향을 받는다. 그러나 이런 신호는 전혀 바깥세상에 대한 현실적인 상을 제공하지 못한다. 즉 데이터가 우리 감각기관의 해부학적, 생리적 특성으로 말미암아 제한되는 것이다. 그래서 뇌는 감각기관이 공급하는 제한된 정보만 얻는데, 이런 정보는 여러모로 단편적이고 신뢰할 수 없으며, 다의적이다.

호주 멜버른에서 활동하는 철학자이자 신경과학자 제이컵 호위Jakob Hohwy는 이 문제를 문도 창문도 없는 집 안에 갇힌 사람의 상황에 비유했다. 바깥세상에서 주어지는 유일한 신호는 벽을 두드리는 소리뿐인 상황에서 소리의 원인이 무엇인지 어떤 식으로든 알아내야 한다.[2] 깜깜한 집에 갇힌 사람처럼 두개골 블랙박스에 갇힌 뇌는 자신에게 주어진 감각 데이터가 밖에서 일어나는 어떤 일을 반영하는지 확실히 알지 못한다. 데이터가 곧 세상이 아니며, 세상을 보여주는 것도 아니기 때문이다. 다만 데이터는 감각기관이 무엇을 받아들이는지만 보여줄 따름이다.

가령 주변 공간을 보는 일을 예로 들어보자. 여기서 눈의 망막은 뇌에 2차원적 데이터만 공급한다. 세 번째 차원은 순수 해석의 문제다. 밖에서 정말로 어떤 일이 일어나는지, 세상에서 어떤 대상과 사건이 감각 데이터를 유발하는지, 뇌는 직접적으로 접근하지 못한다. 다만 자신의 활성 패턴을 통해 상황을 유추할 따름이다. 이는 쉬운 일이 아니다. 뇌는 신뢰할 수 없는 감각 데이터(인풋)에서 가능한 원인을 유추해 전 유기체의 생존 가능성을 최대화하는 행동(아웃풋)으로 반응해야 한다.

———— 신경과학적 관점

다시 심리학 혹은 신경과학의 익숙한 관점을 취해, 바깥에서 두 개골 블랙박스의 뇌를 살펴보기로 하자. 뇌 속에서 인풋과 아웃 풋 사이에 무슨 일이 일어날까? 우선 신경과학의 전통적 시각 을 취해보자. 이런 관점은 1990년대에 내가 의대에서 배운 시각 이다. 물론 그 시절 아주 속속들이 공부하지는 않았지만, 최소한 신경해부학과 신경생리학을 배우면서 뇌 기능에 대한 상을 정 립했다. 흠, 나는 결코 공부를 게을리한 편은 아니었다.[3]

신경과학의 전통적인 견해는, 뇌가 감각기관에서 신호를 받고 그 신호를 지각으로 처리하면 우리가 현재의 필요, 욕구, 목표를 고려하는 가운데 지각에 특정 행동으로 반응을 보인다고 본다. 테니스를 예로 들어보자. 나는 테니스를 잘 못 치지만(개인적으로 는 축구를 좋아한다. 테니스에 대한 나의 어쭙잖은 설명을 감안해달라) 테 니스는 이런 과정을 보여주는 적절한 예가 될 수 있다. 한번 테 니스공이 왔다 갔다 하는 것만 고려해도 뇌가 우리가 의식하지 못하는 아주 짧은 시간에 수행하는 복잡한 기능을 여실히 엿볼 수 있다. 자, 둘이 테니스를 치는데, 오른손잡이인 상대방이 포 핸드forehand로 자신의 오른쪽에서 내 오른쪽으로 대각선으로 볼 을 쳐서 보낸다고 하자. 엄청 세게 말이다. 그러면 순식간에 뇌 는 공의 궤적에 대한 정보를 받아들여 공이 어디에 떨어질지 계 산하고, 그로부터 공에 어떻게 반응할지 전략을 세우고, 움직임 을 계획하고 실행해야 한다. 뇌가 어떻게 이런 놀라운 능력을 발

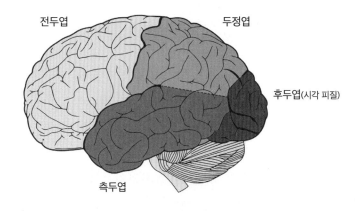

그림 2 대뇌피질. 시각 정보 처리를 담당하는 시각 피질은 대뇌 뒤쪽, 후두엽에 위치한다. © Henry Gray / Wikimedia

휘하는지 대략이라도 가늠하기 위해 이 과정을 한 단계, 한 단계 눈에 그려보기로 하자.

공이 반사하는 빛은 망막의 감각세포에서 신호를 유발한다. 이런 신호는 망막에서 신경세포 활동(활동 전이)으로 변환되고, 신경 경로를 통해 머리 뒤쪽에 위치한 대뇌 피질의 일부인 시각 피질로 전달된다(〈그림 2〉). 그곳에서 첫 단계로, 소위 위계질서의 가장 낮은 수준에서 우선 (밝은 노란색 공과 어두운 배경 사이의) 밝기 대비와 운동 방향(가령 시야 왼쪽 위쪽에서 오른쪽 아래로) 같은 간단한 이미지 정보가 처리된다. '처리된다'는 것은 그곳에 이런 특성에 대한 반응으로 활성화를 증가시키는 신경세포가 있음을 의미한다. 여기서 처리되는 신호는 여러 단계를 거쳐 시각 피질의 상부로 전달된다. 이곳은 점점 복잡해지는 정보에 특화된 영역이다. 측두엽의 뒤쪽 하부에는 색상, 형태, 물체 인식에 특화된 여러 영역이 있다. 이 영역들은 시야를 가로질러 움직이는 밝은 점이 테니스공임을 확인할 것이다.

하지만 테니스공이 주변을 날아갈 것이라는 사실은 이미 알려져 있었다. 훨씬 더 중요한 것은 공간에서 이루어지는 테니스공의 움직임에 대한 정보다. 이를 위해 시각 피질 위계질서의 가장 낮은 수준에서 제공되는 데이터는 다음과 같다. 밝은 점이 내 시야 왼쪽 상단에서 오른쪽 하단으로 움직이며(여기서는 단순화하기 위해 눈의 움직임 같은 건 고려하지 않았다), 점점 커진다. 그 밖에 두 눈에서 전달되는 데이터 차이에 대한 정보가 있다. 두 눈과 공 사이 각도가 약간 다르기 때문이다. 뇌는 눈이 감지하는 2차원적 데이터에서 3차원 공간에서 공의 정확한 운동 방향과 운동 속도를 계산한다. 여기서 두정엽이 중요한 역할을 한다. 두정엽은 뇌의 시각 피질 앞에 위치하며 머리 위쪽 정수리 바로 아래에 있다. 공간에 속한 대상과 대상의 움직임에 대한 특유의 정보는 측두엽과 두정엽에서 다시금 뇌의 더 앞쪽에 있는 전두엽으로 전달된다. 전두엽은 움직임을 계획하고 준비하는 일을 담당한다. 그 가운데 나의 현재 욕구와 목표도 고려된다. 나는 상대를 이기고 싶기에 공이 빠른 속도로 상대 오른편을 낮게 날아 테니스 코트의 오른쪽 뒤쪽 구석, 베이스라인 바로 앞에 떨어지게 하려고 한다. 전두엽의 가장 앞쪽 영역에서는 이런 움직임이 계획되고 운동 피질로 전달되어 결국 계획한 움직임이 실행되고 공이 바라던 장소에 떨어진다. 와, 정말 멋진 테니스였다!

엄청나게 단순화한 예지만, 대략 신경과학이 표상하는 뇌의
기능 방식을 꽤 그럴듯하게 묘사해봤다. 이런 묘사는 보텀업
bottom-up(상향식), 즉 아래에서 시작해 위로 올라가는 방식이다.
정보가 아래(가령 시각 피질)에서 시작해 위계질서적으로 더 높
이 있는 중추(가령 측두엽과 두정엽)까지 전달된다. 그런 다음 위
계질서적으로 가장 높은 영역에서 행동 계획이 평가된다(전두
엽). 이런 기능 방식을 기업에 적용하면 대략 다음과 같다. 어떤
회사 ─이 회사를 REACT라고 불러보자─의 실무자들이 바깥
시장에 대한 모든 데이터를 끌어모은다. 이런 데이터는 중간 관
리자를 거치며 여러 단계로 걸러지고, 압축된 핵심만 마지막에
회사 고위 경영진에게 전달된다. 그러면 고위 경영진은 이런 정
보를 바탕으로 어떻게 해나갈지 결정하고, 이런 결정이 실행에
잘 옮겨지도록 한다.

　자, 이제 ─이미 예고했듯─ REACT 회사의 보텀업 방식을
거꾸로 해서 톱다운top-down(하향식) 방식을 적용해보자. 위쪽에
서 아래로 내려오는 방식이다. 이런 회사를 PREDICT라고 불러
보자. 이 회사에서는 고위 경영진이 미래를 내다보는 전략을 추
구하고, 기존 경험과 분석을 토대로 바깥세상이 앞으로 어떻게
돌아갈지 가설을 세운다. 이어 이런 가설 혹은 예측을 중간 관리
자에게 전달하면, 중간 관리자는 이를 상세히 정리해 실무자에
게 시장에 대한 자료가 이런 회사 지도부의 예측과 맞아떨어지

는지 점검하라고 시킨다. 그러면 실무자는 예측에 부합하는 자료는 크게 주목하지 않고 곧장 폐기해버린다. 그것이 새로운 정보를 제공하지 않기 때문이다. 그러고는 예측에 위배되는 자료만 중간 관리자에게 전달하며, 중간 관리자는 이런 데이터가 어느 정도 규모로 나오는지 평가한 뒤, 이를 고위 경영진에게 보고할지 결정한다. 이에 고위 경영진은 장·단기적으로 기업 전략을 변화시킬지 결정하고, 필요한 경우 전략의 변화를 실행한다.

REACT와 PREDICT는 계층적으로 비슷한 조직 구조다. 그러나 일이 진행되는 과정에서는 본질적 차이가 있다. REACT는 수집된 데이터의 홍수에만 대응해나가는 반면, PREDICT는 미리 앞서 나가는 방식으로 일한다. 이로써 PREDICT는 목표 지향적으로 데이터를 수집하고, 뜻밖의 데이터가 나오는 경우에만 전략을 수정하면 된다. PREDICT가 무리 없이 해나간다면, REACT보다 늘 한발 앞설 것이다. PREDICT는 그 밖에도 더 효율적으로 일한다. 예측하지 못한 데이터만 관심 있게 살펴보면 되니까 말이다. 그러므로 둘 중 어느 회사가 시장에서 더 힘 있게 각인시킬지 불 보듯 뻔하다.

PREDICT 회사의 방법이 좋게 여겨지므로, 이 기업의 작업 방식을 테니스 시나리오의 도움으로 뇌에 적용해보도록 하자. 그러면 내 뇌의 작업은 상대방이 내 오른쪽으로 공을 치기 위해 팔을 들기 한참 전에 시작돼야 한다. 나는 애초에 명확한 가설을 가지고 있다. 즉 상대가 다시금 포핸드 스윙으로 대각선으로 공을 내리꽂을 거라는 것 말이다. 나는 종종 상대와 함께 테니스를 쳐

봤고, 그가 여러 가지 테크닉을 구사하지 않는다는 걸 알고 있다. 그는 늘 포핸드 스윙으로 대각선 방향으로 공을 보낸다. 비슷한 상황에서 적어도 80퍼센트는 그렇게 한다. 이런 지식이 내 뇌에 제시되는데, 거기엔 전두엽과 측두엽의 영역이 관여할 것이다. 이와 연결된 예측은 톱다운 방식으로 위계질서적으로 더 낮은 뇌 영역으로 전달돼 맨 아래 시각 피질에까지 이른다. 그리고 시각 피질은 일어날 확률이 높은 일에(높은 확률로 일어날 일에) 대비한다. 추가적으로 상대방의 움직임에서 유추할 수 있는 예측도 있다. 공과 관련한 위치와 신체 자세를 보고 그가 어떻게 공을 칠지 가늠할 수 있다. 상대방 라켓의 각도와 팔의 움직임이 어떤 방향, 어떤 스핀으로, 대략 어떤 속도로 공이 필드에 돌아올지 드러내준다. 그래서 공이 상대의 라켓에 닿기도 전에 내 뇌는 공의 궤적을 상당히 정확하게 예측할 수 있으며, 기량이 뛰어난 경기자라면 아마도 다음 샷을 계획하고 발놀림과 신체 자세를 대비할 것이다. 상대가 대각선으로 치는 샷이 제법 예리하다는 걸 알고 있기 때문이다.

이제 슬슬 공 이야기가 지겹겠지만, 잠시만 더 날아오는 공을 지각하는 문제에 머물러보자. 공이 빠르고 시력이 생리적으로 제한되기에 뇌는 공을 보고 뭔가 둥글고 누르스름한 물체라는 정도 외에는, 더 자세한 정보를 해독하지 못한다. 이런 대략의 정보는 레몬이나 사과 같은 대상에도 해당되지만, 나는 방금 전 그 대상을 손에 쥐어보았고 그것은 명백히 테니스공이었다. 따라서 측두엽의 기억 구조에서 시각 피질에 이르는 톱다운 신호를 통해 내 뇌는 신호가 부정확할지라도 날아오는 물체가 테니스공임을 단박에 식별한다. 그러나 그것이 테니스공이라는 별로 놀랍지 않은 인식보다 훨씬 더 중요한 것은 공간에서 공이 보여주는 움직임이다. (잘 늘지는 않았어도) 다년간 테니스를 연습했으므로 내 뇌 속에서는 테니스 코트의 크기가 꽤 믿을 만하게 재현된다. 게다가 망막에 맺히는 상대 모습의 크기를 통해 상대방과의 거리도 잘 가늠할 수 있다. 따라서 나의 뇌—여기서는 측두엽이 다시금 결정적인 역할을 할 것으로 보인다—는 3차원 공간과 그 안에 위치한 대상(나를 포함한 대상) 상호 간의 공간적 관계에 대한 일종의 모델을 가지고 있는 것이다. 따라서 단조로운 게임과 상대방의 움직임에서 나오는 정보를 기반으로 내 두정엽은 측두엽과 전두엽의 도움을 받아 공이 얼마나 빠르게, 어떤 방향으로 움직일지, 그것이 시각 피질의 활동에 어떻게 반영될지 매우 정확하게 예측할 수 있다. 뇌는 이 예측을 다시금 톱다운 방식으로 시각 피질에 전달한다. 그러면 눈에서 도착하는 신호가 이 예측과 일치하는 경우, 그 신호는 자연스레 무시된다. 지각이 예측과 일치하기 때문이다. 궤적의 첫 몇 미터에서 망막이 전달하는 데이터는 이런 예측을 분명하게 확인해주고, 나는 계획한 대로 반격을 준비하고 실행할 수 있다. 하지만 시각 피질에 도착하는 데이터가 예측에서 벗어나는 경우, 가령 상대방이 공을 제대로 치지 못해 공이 예상보다 느리게 다른 방향으로 날아간다면 시각 피질은 예측이 잘못됐다고 보고한다. 이런 오류 신호는 위계질서적으로 더 높은 수준으로 계속 전달되고, 내 예측과 그에 기반한 행동 계획을 업데이트할 수 있게끔 한다.

──── 예측 기계로서의 뇌

톱다운 방식이 실행되어 뇌가 실제로 PREDICT 회사 또는 예측 기계처럼 일한다면 뇌 속에서 이루어지는 과정은 대략 이러할 것이다. 물론 이것은 대략적 서술이기에 신경과학에 조예가 깊은 독자들은 나의 서술을 너무 디테일하게 따지고 들어가지 말기를 부탁드린다. 이런 이야기는 그저 약간의 이해를 도모하기 위함이었다(이런 이유에서 뇌 속 예측 기계는 오직 톱다운 방식에만 기초하지 않는다는 점을 언급하고 넘어가자 [4]). 동시에 이 부분에서 뇌의 무슨 무슨 엽 엽 하는 설명으로 공연히 부담을 느끼거나 헷갈리지 않았으면 좋겠다. 여기서 중요한 것은 그런 세부적인 것이 아니다. 정말로 중요한 것은 두 가지다. 첫째, 학습된 지식으로 뇌가 '내적 세계 모델'을 가지고 있다는 것이다. 뇌는 이런 모델을 도구로 가설을 만들어, 들어오는 감각 데이터를 예측한다. 둘째, 뇌는 예측에서 벗어나는 것, 소위 예측 오류를 활용해 '내적 세계 모델'을 지속적으로 최적화하고 업데이트, 즉 학습한다.

이런 시각에 따르면 우리 뇌는 세상에서 일어나는 일에 늘 한 발 앞서간다. 영국 철학자 앤디 클라크Andy Clark는 이를 다음과 같이 표현했다. "불확실한 세상에서 빠르고 무난하게 살아가기 위해 우리 뇌는 예측의 달인이 됐다. 뇌는 신뢰할 수 없고 모호한 감각 데이터의 물결 위에서 서핑한다. 최종 결과에서 데이터보다 늘 한발 앞서기 위해서다. 뛰어난 서퍼는 파도가 부서지기직전 '주머니 안에in the pocket' 머무르는 식으로 서핑한다. 이것은그에게 힘을 선사해 부서지는 파도에 휩쓸리지 않게 해준다."[5]

뇌는 자신의 예측과 종종 주어지는 불확실한 감각 데이터를종합해 세상에 대한 지각을 만들어낸다. 따라서 지각은 수동적인 과정이 아니라 능동적이고 생산적인 과정이다. 뇌를 능동적인 예측 기계로 보는 생각은 앞에서 제시한 거꾸로 된 블랙박스문제를 설명해줄 수 있다. 즉 뇌는 자신의 블랙박스 바깥세상에직접적으로 접근할 수 없기 때문에 가설적 모델을 사용해 세상에서 일어나는 사건을 예측하는 것이다. 이를 '생성 모델generative model'이라고도 부른다. 이 모델을 토대로 예측에 맞아 떨어지는데이터가 '생성'되기 때문이다.[6] 따라서 뇌는 자신의 세상을 만드는 것이다.

그러나 이 세상이 뇌가 스스로 만들어낸 세상이라 하더라도결코 바깥에서 실제로 일어나는 일과 무관하지 않다. 감각기관이 감지하는 신호가 가설적 세계 모델의 예측에서 벗어나면, 이모델은 오류 신호를 통해 수정된다. 이런 계속적인 학습 과정을통해 세상에 대한 내적 모델은 점점 최적화되고, 주변 조건에 유연하게 맞춰진다. 그래서 오류 신호가 나타나는 것이 장기적으로 최소화된다. 내적 세계 모델이 좋을수록 오류가 적어지고, 뇌는 우리가 외부 세계에서 안전하게 생활하도록 적절히 인도해준다.

영국의 신경과학자 애닐 세스Anil Seth를 비롯한 몇몇 학자는 지각을 '조절된 환각'[7]이라고 칭했다. 환각은 외적인 영향이 없이 생겨나는 지각이다. 따라서 순수하게 뇌가 만들어내는 산물이다. '조절된 환각'이라는 말은 정상적인 지각도 뇌가 만들어내는 산물이지만, 주어지는 감각 데이터와 비교해 조절되는 산물이라는 뜻이다. 영국의 뇌과학자 크리스 프리스Chris Frith에 따르면, 지각은 '현실과 조화를 이루는 환상'이다.[8] 신경과학과 철학에서는 이런 생각을 묘사하는 이론을 '예측 처리Predictive Processing' 이론이라고 한다.[9]

──────── **뇌과학 엿보기: 예측 처리**

방금 말했듯 '예측 처리'는 이론이다. 나는 이 이론이 꽤 마음에 든다. 독자들도 그럴지 모른다. 그러나 아무리 우리 마음에 들더라도 관찰되는 데이터나 사실에 맞지 않거나, 경험적으로 검증할 수 없다면 이론으로서 가치가 없을 것이다. 따라서 인지신경과학의 세계로 잠시 소풍을 떠나 예측 처리 이론이 경험적 검증에 위배되지 않는지 살펴보기로 하자. 예측 처리 이론을 지지하는 연구 결과가 있을까(이 이론이 다른 이론보다 더 나음을 입증하는 결과가 있을까)? 이 이론의 가설을 실험에서 확인할 수 있을까?

예측 처리 이론을 지지해주는 현상은 소위 착시 현상이다. 그런데 착시라는 말은 오해의 여지가 있다. 이 말은 마치 눈의 수

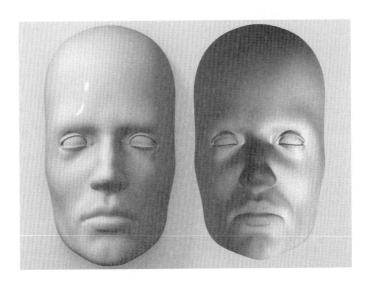

가면 착시. 왼쪽 사진은 가면을 앞쪽(또는 바깥쪽)에서 찍은 것이고, 오른쪽 사진은 뒤쪽(혹은 안쪽)에서 찍은 것이다. 대부분 두 사진 전부 바깥으로 볼록하게 생긴 가면으로 지각한다. © Science Photo Library / David Mack

정체가 굴절 기능을 제대로 하지 못해 우리가 눈의 광학에 속고 있는 것처럼 들리기 때문이다. 그러나 사실 착시 현상은 광학기관과는 전혀 상관이 없고, 신경계를 통한 시각적 자극의 처리와 관련이 있는 문제다. 인터넷이나 책에 매력적인 착시 현상에 관련된 자료가 많이 소개되었고, 그중 많은 것은 예측 처리 이론으로 훌륭하게 설명되는 것들이다.[10]

인상적인 예는 가면 착시다. 우리가 얼굴 가면을 안쪽에서, 즉 뒤에서 보면(〈그림 3〉 오른쪽 얼굴) 원래 안쪽으로 오목하게 굴곡진 얼굴로 봐야 할 것이다. 그러나 아무리 그렇게 보려고 해도 그렇게 되지 않는다. 우리는 그저 바깥쪽으로 볼록하게 굴곡진 얼굴을 지각하게 된다. 예측 처리 이론은 여기서 단순한 설명을 제공한다. 뇌는 얼굴이 바깥쪽으로 볼록하게 튀어나온 상태라는 것을 수많은 경험을 통해 학습했다. 따라서 이것이 우리의 내적 세계 모델이 됐고, 무수한 학습 경험을 통해 얼굴처럼 생긴 시각적 데이터는 바깥쪽으로 볼록하게 굴곡진 대상을 의미한다는 예측이 너무나 강해졌다. 그 때문에 아무리 '발가벗은' 데이터가 오목한 얼굴에 부합해도, 뇌는 그 데이터에서 보통처럼, 바깥쪽으로 볼록한 얼굴을 구성해낸다.

자, 공상과학소설처럼 들리지만 이제 이런 사고실험을 해보자. 만약 얼굴이 안쪽으로 구부러져 오목하게 생긴 생명체가 사는 행성에서 4주간 휴가를 보낸다면 어떻게 될까? 이 생명체는 얼굴이 인간과 흡사하지만, 얼굴이 바깥쪽으로 볼록한 것이 아니라, 안쪽으로 오목하게 굴곡져 있다. 예측 처리 이론에 따르면, 외계 행성으로 휴가를 간 지구인들은 처음에는 오목한 얼굴을 바깥으로 볼록한 얼굴처럼 착각할 것이다. 그러다가 어느 정도 시간이 흐르고, 추가적인 감각의 도움을 받아(얼굴이 오목한 사람들은 아마 돈을 조금만 지불하면 자신들의 얼굴을 기꺼이 만져보게 해줄 것이다) 지구인들의 뇌는 예측 오류를 통해 이 생명체의 얼굴은 안쪽으로 오목하게 굴곡이 져 있음을 배우게 될 것이다. 그래서 변화된 예측에 맞게, 시간이 흐르면서 그들의 얼굴을 오목하게 지각하게 될 것이다. 그런 다음 지구로 돌아와서는 더 이상 가면 착시에 걸려들지 않고 오목한 가면은 오목하게 지각할 것이다.

나아가 바깥으로 굴곡진 볼록한 얼굴을 지각할 때도 간혹 실수를 범해 이들이 안쪽으로 구부러져 있다고 착각할지도 모른다.

하지만 독일 울름의 인지심리학자 마르크 에른스트는 실험에서 우리가 이런 인식을 얻기 위해 굳이 먼 미래에 미지의 행성으로 여행할 필요가 없다는 것을 보여준다. 마르크 에른스트는 촉각의 영향 아래 물체에 대한 시각적 지각이 어떻게 변화하는지 연구했다. 이를 위해 그는 음영을 통해 깊이 지각depth perception을 유발하는 2차원 시각 자극을 활용했다(〈그림 4〉).

가령 한 원의 아래쪽 절반을 어둡게 하고, 위에서 빛이 들어오는 것처럼 해놓으면, 우리는 이 원을 볼록한 대상으로 지각한다(〈그림 4〉의 왼쪽 원). 반면 위쪽 절반이 어둡고 아래쪽에 빛이 들어오는 것처럼 해놓으면 원을 오목한 대상으로 지각한다(〈그림

4〉의 오른쪽 원).

이런 현상은 '위로부터의 빛light-from-above prior 휴리스틱'이라 부른다. 여기서 역시 휴리스틱이라는 말은 대부분의 상황에 적용되는 단순한 경험 법칙을 말한다.[11] 자연적 환경에서 빛은 보통 위로부터 주어지므로, 우리의 시각 체계는 이런 음영을 보고 볼록함과 오목함을 지각하게끔 훈련됐다. 뇌가 경험적으로 해당하는 깊이 지각을 만들어내는 것이다. 이런 휴리스틱은 테니스장에서 우리가 —테니스가 공을 가지고 경기하는 거라는 걸 설사 몰랐다고 해도— 공을 잘못해서 우묵하고 노란 사발이 날아온다고 보지 않게끔 해준다. 〈그림 3〉 오른쪽에 있는 오목한 가면에서는 빛이 오른쪽 아래쪽에서 비치니 '위로부터의 빛 휴리스틱'에 따라 원래는 오목한 얼굴을 지각해야 할 것 같지만, 이 경우 얼굴은 늘 밖으로 볼록하다는 우리 예측이 너무 강한 듯하다.

마르크 에른스트와 그의 동료들은 '위로부터의 빛 휴리스틱'이 촉각적 경험을 통해 변화될 수 있을 거라는 가설을 세우고, 이 가설이 맞는지 테스트했다.[12] 그들은 실험 대상자들에게 음영을 통해 '깊이 지각'을 유발하는 2차원의 시각적 자극을 보여줬다. 그러고는 이를 위해 특별히 고안한 장치를 도구로 삼아 동시에 실험 참가자들이 손가락으로 촉진할 수 있는 촉각적 자극을 제공했다. 이런 촉각적 자극은 위로 볼록하거나 아래로 오목하거나 해서 시각적 인상을 확인해주거나 그것과 어긋나거나 했다. 그러자 정말로 실험이 진행되면서 참가자들의 시각적 지각이 촉각적 지각에 의해 변화되는 것으로 드러났다. '위로부터의 빛 휴리스틱'은 약화됐고, 시각적 지각은 촉각적 학습 경험을 통해 규정됐다. 이런 매력적인 발견은 예측 처리 이론으로 익히 설명할 수 있다. 여기서는 내적 세계 모델의 예측이 새로운 촉각적 감각 데이터와 일치하지 않았기에, 이런 예측 오류를 통해 내적 모델이 수정돼 지각이 변화된 것이다. 따라서 '조절된 환각'으로서 지각을 보여주는 좋은 예라고 하겠다. 우리 뇌는 지각을 구성한다. 그러나 그것은 주어지는 감각 데이터로 조정된다.

착시 세계에서의 또 다른 예를 도구로 삼아 뇌의 블랙박스를 들여다보며, 예측 처리 이론의 예측을 (그리고 뇌의 예측을) 점검해보기로 하자. 이를 위해 유용한 착시 효과는 '가상운동'이다. 우리는 영화관이나 텔레비전, 스마트폰에서 동영상을 볼 때 이를 경험한다. 가상운동이란 움직이지 않는 이미지가 빠르게 연속적으로 제시됨으로써 움직이는 듯한 지각을 만들어내는 것을 말한다. 가령 한 모니터의 서로 다른 위치에 있는 두 점을 번갈아가면서 깜빡이게 하면 이런 현상을 보여줄 수 있다. 번갈아가면서 깜빡이는 두 점은 모니터 위에서 이리저리 움직이는 한 점처럼 지각된다. 인터넷에 이것을 실감할 수 있도록 올려놓은 사이트가 많으니 한번 체험해보라.[13]

예측 처리 이론에 따라 뇌는 경험을 통해, 짧은 간격을 두고 A점과 B점에서 시야에 나타나는 두 가지 동일한 자극은 보통 A에서 B로 왔다 갔다 하는 한 객체가 유발한다고 배웠을 것이다. 따라서 여기서 뇌는 실제로는 없는 움직임을 만들어낸다. 바로 착시인 것이다. 그렇다면 이런 객체를 중간에도 볼 수 있어야 한다는, 따라서 A에서 B로 가는 길에서도 볼 수 있어야 한다는 예측이 나온다. 실제로 그럴 수 있는 것으로 나타났다. 뇌의 예측에 맞게 우리는 굉장히 뚜렷하게 깜빡이는 두 점 사이에서 움직임의 흔적을 지각하는 것이다. 이것은 '조절된 환각'의 탁월한 예로, 여기서는 환각이라는 말에 방점이 있다. 뇌의 예측은 우리가 시야의 한 지점(A와 B 사이)에서 움직이는 자극을 '환각'하게 만든다. 사실 A와 B 사이에는 자극이 전혀 없는데도 말이다.

오늘날에는 전극이나 다른 장치를 뇌에 부착할 필요도 없이 비침습적 방식으로 뇌 활동을 측정할 수 있는 방법이 있다. 그중 하나가 기능적 자기공명 영상(과민한 행위 탐지 시스템)이다.[14] 이 방법을 이용해 특정 자극이 처리되거나 특정 과제가 실행될 때 뇌 활동의 증감을 밀리미터까지 정확한 해상도로 측정할 수 있다. 그럼으로써 시각적 자극을 처리하는 뇌의 시각 피질(〈그림 3〉을 보라)의 활동을 매핑mapping할 수 있다. 우리 시야의 어떤 장소가 시각 피질 중 어떤 영역에 부합하는지 보여주는 지도를 만들 수 있는 것이다. 이런 방법을 통해 우리는 시야에서 A 또는 B의 점이 깜빡일 때 정확히 뇌의 어떤 영역이 활성화되는지 확인할 수 있다. 그리고 —이것이 우리의 질문에 중요한 것인데— 뇌에서 A와 B의 시각적 표상 사이에 놓인 영역을 확인하는 것도 가능하다. 간단히 말해 지각되기는 하지만 실재하지 않는 운동의 궤적에 해당하는 뇌 활성을 측정할 수 있는 것이다. 따라서 뇌가 주어진 감각 데이터에서 지각을, 이 경우 '환각적' 지각을 만들어낼 때의 뇌 활동을 볼 수 있는 것이다.

나는 동료 저레인트 리즈Geraint Rees, 존-딜런 헤인즈John-Dylan Haynes와 함께 몇 년 전 바로 이런 연구를 했다.[15] 그에 있어 우리는 점 A와 B 사이 운동 궤적에 대한 '환각'이 정확히 점 A와 B의 표상representaion 중간에 해당하는 시각 피질에서도 뇌 활동의 증가를 동반한다는 것을 알아냈다. 추가로 우리는 뇌에서 위계질서적으로 상위에 있는 영역, 즉 운동 자극 처리에 특화된 영역의 중재로 이런 활성 증가가 일어났음을 확인했다. 위계질서적인 예측 처리 모델을 바탕으로 우리의 연구 결과는 이런 뇌 영역이 두 지점이 번갈아가면서 깜빡이는 걸 운동으로 '해석했다'는 것을 보여준다. A와 B 사이 운동 궤적을 예측해 톱다운으로 시각 피질 안 위계질서적으로 더 아래쪽 처리 영역으로 전달했고, 이곳에서 더 상위 영역의 예측을 근거로 운동 궤적을 지각하기 위한 뉴런 데이터가 생성되었다. 이런 발견은 예측 처리 이론의 가정을 확인해준다. 우리 뇌가 생성 모델로 일한다는 것, 가설적 세계 모델을 근거로 자신의 예측에 부합하는 데이터를 만들어낸다는 것 말이다.

글래스고에서 연구하는 내 동료이자 뇌과학자 라스 머클리Lars Muckli 팀은 우리 연구 팀과 독립적 연구에서 유사한 실험을 하여 동일한 결론에 이르렀다. 바로 '환각적' 운동지각은 시각 피질의 활성화로 설명할 수 있다는 것이다.[16] 머클리 연구 팀은 한걸음 더 나아가, 예측 처리 이론의 주된 아이디어를 검증할 수 있는 정교한 실험을 고안했다. 그 아이디어는 감각 데이터가 우리 내부 모델의 예측에서 벗어날 때 오류 신호(예측이 틀렸다는 신호)가 나타난다는 것이다.[17] PREDICT 회사를 기억할 것이다. 한번 더 언급하자면 그 회사에서는 예측과 맞아떨어지는 데이터는 실무자 수준에서 폐기해버리고, 예측과 위배되는 데이터만 오류 메시지로 중간 관리자에게 보고한다. 뇌가 정말로 이렇게 작동한다면 시각 피질(실무자 수준)에 들어오는 데이터는 예측과 부합하지 않는 것일 때, 강한 활성화(오류 메시지)를 유발할 것이다.

라스 머클리 팀은 이런 가설을 테스트하기 위해 가상운동 현상을 활용했다.[18] 실험의 논리에 따르면, 뇌가 예측을 통해 A와 B 사이 '환각적' 운동 궤적을 만들어낼 때, 뇌는 움직이는 객체가 A와 B 사이 어느 지점에 위치하는지 예측할 것이다. 그래서 아주 짧은 시간이지만 두 지점의 깜빡임 사이의 절반에 해당하는 시간이 흐른 다음에는 객체가 A–B 경로 사이 중간쯤에 올 것이다. 이에 근거해 연구자들은 실험에서 A와 B라는 깜빡이는 두 점 외에 추가적으로 세 번째 점을 '테스트 자극'으로 도입했다. 이런 테스트 자극은 A와 B 사이 경로에서 뇌가 자신의 예측상 정확히 그 자극을 예상하는 지점에서 제시되거나, 너무 늦게 등장하거나 했다. 즉 후자의 경우에는 뇌의 예측에 어긋나는 시점에 자극이 등장했던 것이다. 연구자들은 기능성 자기공명 영상을 활용해 테스트 자극이 시각 피질에서 유발하는 활동을 측정했는데, 그 결과 자극이 '잘못된'(즉 예상하지 않은) 시점에 제시될 때 시각 피질에서 더 강한 뇌 활성이 유발됨을 확인했다. 내적 모델의 예측을 벗어나는 자극은 예측 오류적 의미에서 뇌 영역을 더 강하게 활성화하는 것이다. 이 실험은 그렇게 예측 처리 이론을 우아하고 인상적으로 밝혀냈다.

——— 불확실성, 그리고 정확성 조절하기

독자들은 뇌에서 확신이 어떻게 생겨나는가 하는 질문에서 출발해 어떻게 하다가 시각 피질에서 나타나는 이런 오류 신호에까지 이른 것인지 약간 어리둥절할지도 모르겠다. 하지만 걱정하지 마라. 곧 해결될 것이다. 그 전에 예측 처리 이론의 본질적 측면을 잠시 살펴보고자 한다. 불쑥 한 번씩 언급되기는 했지만, 지금까지 거의 주목하지 않던 불확실성의 측면에 관한 것이다. 앤디 클라크는 서핑 이야기를 하며 '불확실한 세계'를 언급했고, 우리 역시 거꾸로 된 블랙박스 문제와 관련해 감각기관이 뇌에 제공하는 데이터의 불확실성을 언급한 바 있다. 바깥 세계의 어떤 사건이 이런 감각 데이터를 유발하는지 불확실하다는 것 외에도 우리 자신의 예측이 불확실하다는 점도 더해진다. 얼굴들이 언제나 밖으로 볼록하다고 얼마나 확신할 수 있을까? 즉 뇌는 주어진 감각 데이터를 얼마나 신뢰할 수 있을까, 그리고 자신의 예측을 얼마나 신뢰할 수 있을까?

자, 잠시 테니스 코트로 돌아가자. 경기를 너무 질질 끌다 보니 날이 어스름해지기 시작해, 환할 때보다 시야가 좁아졌다고 해보자. 거기다 초가을 안개가 자욱해 테니스공이 흐릿한 그림자처럼 코트 위를 가로지른다고 해보자. 평소에도 시각기관의

해부학적, 생리적 한계로 감각 데이터를 온전히 믿을 수 없었지만, 이제는 이런 상태가 더 심해진다. 이런 상황에서는 주어진 감각 데이터보다 예측에 더 의존하는 것이 바람직할 것이다. 상대가 평소 테니스공을 어떻게 치는지 알고 있으니 말이다.

반대로 시합이 아주 환한 낮에, 시각적으로 최적의 상황에서 벌어지지만, 상대방과 처음 겨룬다고 해보자. 나는 상대가 어떤 경기를 펼치는지, 다양한 테크닉을 구사하는지 등을 전혀 알지 못하고, 상대의 움직임도 잘 읽어내지 못한다. 따라서 그가 공을 어떻게 칠지, 정확히 예측할 수 없다. 한마디로 친숙했던 상대방과 달리 이 경우에는 공이 라켓에 맞는 시점에 공의 속도와 비행 궤적을 정확히 예측할 수 없다. 이럴 때는 예측에 별다른 비중을 두지 않고, 감각 데이터를 더 강하게 의지할 것이다.

우리는 (또는 더 낫게는 우리 뇌는) 예측 혹은 감각 데이터를 얼마나 믿을 수 있다고 여기느냐에 따라, 이 둘에 서로 다른 비중을 두게 된다고 말할 수 있다. 이를 정확성이라는 단어로 표현할 수 있다. 예측이 불확실하다는 생각이 드는 경우 예측은 정확성이 떨어지는 것이고, 반면 내가 예측이 맞다고 확신한다면 그것은 아주 정확한 것이다. 감각 데이터도 마찬가지다. 확신하지 못하면 정확성이 떨어지는 것이고, 확신하면 정확성이 높은 것이다. 단순히 그렇게 되는 것이 아니라, 뇌가 예측이나 감각 데이터를 각각 얼마나 신뢰할지 결정해야 한다. 즉 뇌가 예측과 감각 데이터의 정확성을 평가해야 하는 것이다.

자신의 예측과 현재 들어오는 감각 데이터의 정확성을 평가하고 그것에 크고 작은 비중을 두는 것이 예측 처리 이론의 일부다. 중요한 것은 여기서 정확성이란 진실성의 척도가 아니라는 사실이다. 완전히 빗나가는 예측인데도, 높은 정확성을 띨 수 있다. 이 말은 내가 (잘못된) 예측을 극도로 신뢰한다는 의미다. 예측에 더 많은 정확성이 부여되면, 지각은 감각 데이터보다 예측에 더 강한 영향을 받는다. 반면 감각 데이터에 더 많은 정확성이 부여되면, 그 반대가 된다. 확률론의 중요한 이론인 '베이즈 정리Bayes' Theorem'로 이런 연관을 수학적으로 묘사할 수 있다. 베이즈 정리를 기반으로 각각의 불확실성을 고려하는 가운데, 사전 지식과 사용 가능한 데이터를 조합해 결론을 도출하는 원칙을 베이지안 추론Bayesian Inference이라고 부른다.[19] 예측과 감각 데이터의 정확성을 다루는 일에서 뇌는 아주 섬세하게 작동해야 한다. 예측과 감각 데이터에 어느 정도 비중을 둘지 밸런스를 잘 맞춰야 지각과 학습, 뒤이어 나타나는 행동이 원활히 이루어지기 때문이다. 테니스를 칠 때 뇌가 상대적으로 감각적 지각보다 예측의 정확성을 더 높이 평가하면, 이런 평가가 지각을 강하게 왜곡해 우리가 적시에 공이 들어오는 자리에 가 있지 못할 우려가 있다. 그리고 학습도 힘들어질 수 있다. 예측이 너무 높은 정확성을 띠면, 감각 데이터가 예측에 어긋나는 예측의 오류가 주어져도 쉽게 수정되지 않기 때문이다.

거꾸로 뇌가 예측에 너무 낮은 정확성을 부여하고, 감각 데이터에 너무 높은 정확성을 부여하면, 이런 감각 데이터로 인해 계속 새롭게 '놀랄' 것이다. 그리고 내 행동을 이런 놀람에 맞춰야 할 것이고, 그러다 보면 예측을 사용했더라면 문제없이 받아쳤을 공도 놓치고 말 것이다. 예측에 지나치게 높은 정확성을 부여하지 않으면 무엇보다 예측이 특히 긴박하게 필요할 때, 즉 감각 데이터를 별로 신뢰할 수 없을 때(가령 해가 져서 어스름한 시간이라든지) 어려움에 빠질 것이다.

뇌는 긴 세월 얼굴에 대한 경험에 근거해 얼굴이 바깥쪽으로 볼록하다는 예측에 굉장히 높은 정확성을 부여한다. 뇌는 이런 예측을 너무나 강하게 '신뢰'하는 바람에 오목한 얼굴(가령 음영 때문에도 그렇게 보일 수 있을 때)에서 기인한 감각 데이터는 전혀 주목하지 못한다. 이는 볼록한 얼굴이 아니라 오목한 얼굴을 한 생명체가 사는 행성으로 여행한 뒤에야 달라질지도 모른다. 오목한 얼굴을 반복적으로 경험함으로써 우리는 얼굴이 밖으로 볼록하다는 예측에 정확성을 덜 부여하고, 감각 데이터에 더 높은 정확성을 부여할 것이다. 즉 감각 데이터에 더 큰 비중을 두게 될 것이다. 예측 처리 이론에 의하면 뇌는 엄밀히 말해 예측 기계일 뿐 아니라, 정확성 가중치 부여 기계이기도 한 것이다.[20]

─────── **예측의 위계질서상 정점**

그렇다면 이 모든 것이 확신과 무슨 관계가 있을까? 확신이 뇌에서 어떻게 만들어지고 어떤 기능을 하며, 왜 그리 확신을 굽히기 힘든지 등의 질문에 답하는 일에 예측 처리 이론의 인식이 어떻게 도움을 줄까? 나의 주된 명제는, 확신은 우리 뇌가 예측을 위해 활용하는 내적 세계 모델의 일부라는 것이다.

예측 처리 이론은 뇌 속 내적 세계 모델의 위계질서적 구조를 바탕으로 하는데, 이런 구조는 다시금 바깥세상의 위계질서적 구조를 반영한다고 본다. 그리하여 우리가 얼굴로 인식하는 대상은 선과 색깔이 있는 면으로 이루어진다. 이런 단순한 구성 요소가 특수하게 결합해 비로소 얼굴이 된다. 얼굴은 다시금 더 커다란 구조, 즉 인체의 일부이며, 인체는 더 커다란 맥락, 즉 어느 도시의 거리 풍경 같은 특정 환경에 포함된다. 이런 환경은 다시금 더 많은 사람이 살아가는 더 커다란 사회적 배경을 구성하고, 세계에 내재된 이런 위계질서적 구조에서 직접적으로 세상에 대한 예측의 위계질서가 나온다. 사람들이 세상에서 어떻게 살아가는가에 대한 지식에서 어떤 상황, 어떤 장소, 어떤 시간에 사람들을 만날 수 있는가 하는 예측이 나온다. 내가 평일 아침 8시에 베를린 에스반 프리드리히슈트라세역에 가면, 그곳에서 많은 사람을 볼 수 있다는 걸 예상할 수 있다. 따라서 뇌는 내 주변에 다른 사람들이 밀집해 있으리라고 예측할 수 있다. 나는 사람들이 어떤 모습인지, 그들의 신체가 보통 어떤 모습인지, 그들이 보통 어떻게 움직이고, 어떤 곳에 어떤 신체 부위가 있는지 풍부한 경험을 가지고 있기에, 뇌는 나를 둘러싼 사람들의 모습을 예측할 수 있다. 뇌는 머리가 위에 있을 것이고, 머리칼 아래로는 눈 두 개에 수직으로 코가 있고, 수평으로 입이 있는 (볼록한) 얼굴이 있을 거라고 예측한다. 그리고 더 나아가 인간의 얼굴 구조를 이루는 색깔, 점, 선에 대한 예측을 한다.

추상적인 것(사람들이 도시에 모여 살고, 그들 중 다수는 아침에 전철을 타고 출근한다)에서 구체적인 것(우리 시야의 색깔, 점, 선)으로 이어지는 이런 위계질서에 뇌 속 구조의 위계질서를 대응시킬 수 있다. 뇌 속 위계질서의 모든 수준에서 그다음 하위 수준의 뉴런 활동에 대한 예측이 만들어진다. 그리하여 예측의 톱다운 폭포가 생겨난다. 이것은 들어오는 감각 데이터와 끊임없이 조정되는 가운데 세계에 대한 지각을 만들어낸다. 이런 위계질서적 구조의 중요한 기능은 예측을 도구로 홍수처럼 물밀 듯 쏟아져 들어오는 데이터의 복잡성을 줄이는 것이다. 그리하여 얼굴 등 대상의 형태를 예측함으로써 복잡한 시각 정보가 어느 정도 질서 있는 단위로 묶인다.

대상의 형태에 대한 예측과 같은 지각적 예측(감각적 지각에 대한 예측)과 달리, 확신은 인지적 예측(사고와 관련된 예측)으로 볼 수 있다. 이런 인지적 예측은 위계질서의 가장 높은 단계에서 이루어지며[21] 관찰된 사건, 사건 사이의 연관, 그 원인을 어떻게 설명할 수 있는지에 대한 가설을 내용으로 한다. 인지적 예측은 '큰 그림', 즉 커다란 전체를 지향한다. 우리는 종종 자신의 확신에 의식적으로 접근할 수 있다(그러나 언제나 접근할 수 있는 것은 아니다). 확신을 대부분 말로 표현할 수 있고, 그에 대해 서로 대화를 나눌 수 있다.[22] 따라서 확신은 보통 높은 등급의 추상성을 지닌다. 그러나 이런 추상적 예측도 낮은 수준의 구체적이고 감각적인 예측과 비슷하게 복잡성을 감소시키는 역할을 한다. 얼굴의

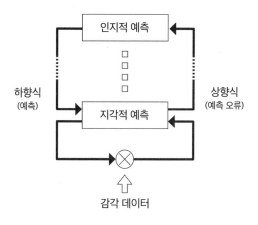

인지적 예측

하향식
(예측)

지각적 예측

상향식
(예측 오류)

감각 데이터

그림 5 예측 처리 이론에 따른 예측의 위계질서를 묘사한 도식.

형태에 대한 예측이 복잡한 시각적 데이터를 묶어서 일목요연한 대상으로 바꾸는 것처럼, 확신은 우리가 마주치는 많은 사건을 상위적 시각에서 전체적 연관으로 파악하는 데 도움을 준다.

그러므로 확신은 내적 세계 모델의 일부로서 세상이 돌아가는 법칙을, 일반적이고 시간이 흘러도 안정성을 갖는 법칙을 묘사하는 가설이라고 말할 수 있다.[23] 그로써 확신은 예측의 위계질서에서 가장 높은 등급이라 할 수 있다. 확신이라는 가장 높은 수준 가운데에서도 특수한 확신에서 일반적 확신까지 또 다른 등급이 존재한다. 그래서 나는 테니스 파트너가 늘 자신의 오른쪽 코트에서 내 오른쪽 코트로 기다란 대각선 샷을 넣는다는 굉장히 특수한 확신을 지니고 있을 수도 있다. 또는 지구가 (거의) 구형이고 특정 질량을 지니고 있어 뉴턴의 중력 법칙에 부합하게 지구도 만유인력을 행사한다는 일반적인 확신을 지니고 있을 수도 있다(그리고 그로부터 다시금 지구의 비행 궤도에 대해 구체적인 예측을 이끌어낼 수 있다). 특수한 확신이든 일반적 확신이든, 확신은 주변 세계에서 벌어지는 사건을 예측하게 하는 법칙이다. 확신의 기능상 대부분 어쩔 수 없이 우리는 확신을 굳게 확신하며, 고집스레 그것을 고수한다. 법칙의 특징은 시간이 흘러도 안정적으로 유효성을 띤다는 점이다. 그렇지 않다면 법칙이라 할 수 없다. 따라서 확신이 그런 법칙성을 내용으로 한다면, 확신은 어느 정도 안정적이어야 한다. 불안정하다면 확신이 아니고, 그저 의견이나 예감일 따름이다. 우리가 확신을 바람에 나부끼는 깃발처럼 뒤엎을 수 있다면, 확신은 별 도움이 되지 않을 것이다.

——— 정확성 높은 예측: 확신

이 자리에서 다시금 정확성이 작용한다. 확신을 예측으로 바꿔 말할 수 있기 때문이다. 확신은 위계질서 측면에서 가장 높이 위치한 예측일 뿐 아니라, 예측의 위계질서에서 발휘하는 자신의 기능에 맞게 높은 정확성을 지닌다. 앞에서 말했지만, 정확성이라는 개념은 어떤 예측이 진실에 부합하는가를 말하는 것이 아니다. 뇌가 그 예측을 얼마나 정확하다고 생각하느냐를 말한다. 즉 그 예측에 부여되는 비중을 말하는 것이다.

'평평한 지구 학회' 회원들에게는 지구가 평평하다는 확신이 높은 정확성을 지닌다. 그러나 그들이 그렇게 생각한다고 해서 그 확신이 진실로 탈바꿈하는 것은 아니다. 다만, 그들이 다른 데이터보다 그 확신에 더 높은 비중을 부여한다는 뜻이다. '지구 평평론자'는 모든 과학적 증거에 반해 지구가 평평한 원반이라는 자신들의 확신을 고수한다. 그리하여 이런 확신은 예측 오류에도 끄떡없이 유지되고, 쉽게 교정되지 않는다.

다시 한번 이번 장 시작 부분에서 다룬 새로 입사한 여자 동료의 이야기를 해보자. 나는 처음에 그 동료가 나를 제법 괜찮게 생각한다고 믿었다. 내게 친절하게 대해주고, 상냥한 말도 해줬기 때문이다. 그렇게 2~3년이 지났고, 그런 첫인상은 시간이 흐르면서 굳었다고 해보자. 그녀는 계속 친절했고, 내가 한 일을 높이 평가했으며, 내게 조언을 구했고, 필요할 때는 내게 조언했으며, 힘든 상황에서도 의리 있는 모습을 보였고, 개인적으로 말도 잘 통했다. 그래서 나는 그녀가 나를 정말 괜찮게 생각하고, 좋게 평가하고 있다고 확신했다. 그러나 어느 크리스마스 파티에서 한 동료가 지나가는 소리로 내게 하는 말이, 그 동료가 다른 사람들에게 나를 두고 "정말로 믿어서는 안 된다"고 말했다는 것이다. 오, 맙소사! 예측 오류의 고전적 경우가 아닌가. 동시에 정확성 가중치 부여의 고전적 경우이기도 하다. 즉 이런 예측 오류가 세계에 대한 나의 내적 세계 모델에 —내적 모델 중 그 동료에 관한 부분— 어떤 영향을 끼칠지 하는 질문에 결정적인 영향을 주는 것은 다음이다. 내가 나의 확신(그 동료가 나를 괜찮게 생각한다)에 얼마나 정확성을 부여하는가? 그와 비교해 새로운 정보(한 남자 동료가 그녀가 나를 믿을 수 없는 사람이라 여긴다고 주장한다)에 얼마나 정확성을 부여하는가?

위계질서의 가장 하위 수준인 청각 피질에서 그 데이터는 몇몇 불확실성으로 얼룩져 있다. 음악은 시끄럽지, 사람들은 떠들지, 상대 남자 동료는 취해서 발음이 꼬이지. 그가 사실 "정말로 믿어서는 안 된다Echt NICHT verlassen"라고 말한 것이 아니라 "정말 믿어도 된다Echt RICHTIG verlassen"고 말한 것은 아니었을까? 내용에 대한 신빙성도 확실하지 않다. 그냥 농담으로 한 말일까? 이간질을 하려는 것일까? 아님 그냥 취해서 한 헛소리일까? 이제 이런 불확실함을 어떻게 평가하느냐에 따라 나의 뇌가 막 발생한 예측 오류에 부여하는 정확성이 완전히 달라진다. 그러나 뇌의 내적 세계 모델이 예측 오류에 의거해 수정될 것인지는 동료가 나를 괜찮게 생각한다는 확신에 나의 뇌가 어느 정도의 정확성을 부여하는지에 따라서도 달라진다. 아슬아슬한 산 고갯길에서 균형을 잡는 듯한 상황이다! 내가 정말로 내 뇌의 예측이 높은 정확성을 지닌다고 확신한다면, 예측의 오류가 별로 끼어들 틈이 없을 것이고, 내적 모델은 안정적으로 유지될 것이다("문제없어. 그녀는 나를 괜찮게 생각한대도!"). 반면 동료가 입사하고 얼마 되지 않은 때처럼 그저 나를 괜찮게 생각하는 듯한 정도라면 그런 예측은 비교적 정확성이 떨어진다. 그래서 술 취한 남자 동료의 발언은 (그로써 예측의 오류는) 더 큰 비중을 차지하게 되고, 내적 세계 모델도 수정될 것이다("흠, 그녀는 나를 괜찮게 생각하지 않아. 그냥 내 앞에서는 아부를 떨었을 뿐이야").

우리가 자신의 확신을 강하게 확신하면 좋은 이유가 있다. 예측 기계인 뇌가 위계질서의 가장 수준 높은 예측에 높은 정확성을 부여한다는 점이다. 다른 동료가 술 취한 상태에서 이해할 수 없는 말을 지껄였다고 해서, 좋게 생각했던 동료에 대한 확신을 변화시키는 것이 의미가 있을까? 확신이 쓸모 있으려면 안정적이어야 한다. 확신은 '큰 그림', 즉 커다란 연관에 관한 것이기 때문이다.

중요한 것은 블랙박스 속 예측 기계가 바깥 세계에 부여하는 법칙성이다. 많은 것이 변할지라도, 전반적으로 세상은 상당히 안정적이다. 법칙은 하루아침에 변화하지 않는다. 따라서 대부분의 것이 매우 안정되어 있다는 가정하에 자신의 확신에 굳게 달라붙어 있는 것은 진화적으로 적응적이다. 굳은 확신이 사회적 존재인 우리가 의사소통을 잘할 수 있도록 함으로써 자연선택상의 이점을 제공한다는 점을 차치하고도 말이다. 확신(내지 확신의 토대가 되는 예측)은 뇌가 사용하는 트릭으로, 뇌는 이 트릭을 활용해 감각기관이 공급하는 신뢰할 수 없는 데이터에 안정된 질서와 구조를 부여한다.

그 밖에 우리는 이렇게 예측하는 일이 원래 어디에 좋은지도 잊어서는 안 된다. 결국 우리 뇌에 중요한 것은 예측할 수 없는 일투성이인 세상에서 가능하면 안전하게 지내는 것이다. 생존 가능성과 재생산 가능성을 최대화하기 위해서 말이다. 그런데 세상에서 잘 지내려면 행동을 분명히 선택해야 할 필요가 있다. 그렇다. 테니스는 죽고 사는 문제와는 상관이 없지만(그리고 상대방의 경기 방식에 대해 내가 확신하는 바는 '큰 그림' 중 극히 일부분일 따름이지만) 테니스를 하는 사람들은 시합에서 이기려 하고, 그런 면에서 테니스는 생존에 대한 치열한 싸움의 비유가 될 수 있겠다. 테니스를 칠 때 나의 확신은 내가 빠르고 명확하고 실용적인 결정을 내리도록 도와준다. 상대가 거의 언제나 오른쪽으로 길게 대각선 샷을 날린다는 것을(그리고 그 샷이 상당히 날카로울 수 있다는 것을) 안다면, 그것에 더 잘 대비할 수 있고 해당 방향으로 몸을 이동시킬 것이다. 그렇게 행동하면 공을 잘 받아칠 확률이 높아진다. 공이 정말로 그렇게 날아오는 경우 최소한 80퍼센트는 막아낼 수 있다. 그러나 예측의 불확실성을 감안하기 시작하면, 아마도 때는 이미 늦고 공을 막아낼 가능성이 희박할 것이다. 따라서 굳은 확신은 단호하고 결단력 있게 행동하는 데 도움이 된다.

──── 비합리적인 예측 처리

이번 장 처음에 우리는 확신이 '최선의 추측', 즉 바깥 세계에서 일어나는 일에 대한 최선의 추측임을 확인한 바 있다. 그러나 우리는 이런 '최선의 추측'을 가늠하는 기준이 무엇인지, 따라서 무엇이 좋은 추측과 덜 좋은 추측을 만드는지 분명히 말하지 않고 열어놓았다. 자, 우리가 지금까지 예측 처리에 대해 이야기한 바에 따르면 이제 최선의 추측에 관련된 기준이 분명해진다. 바로 최선의 추측이란 맞아떨어질 확률이 가장 높은 예측을 말한다. 높은 확률은 높은 정확성을 의미할 것이다. 나는 살아가면서 밖으로 볼록하게 생긴 얼굴을 너무나 많이 보았다. 그러므로 얼굴처럼 생긴 모든 대상은 밖으로 볼록할 가능성이 극도로 높다. 그리고 이런 예측에 부여하는 높은 정확성으로 말미암아 안으로 오목하게 굴곡진 얼굴을 봐도 밖으로 볼록한 것처럼 지각할 것이다. 이것이 우리 확신에 의미하는 바는 무엇일까? 그것은 어떤 진술이 사실일 확률이 높을수록, 이에 부합하는 뇌의 예측은 더 정확하고, 확신은 더 흔들리지 않는다는 것이다.

예측의 정확성을 헤아릴 때 기준이 되는 것이 늘 확률뿐이라면, 뇌의 작동 방식은 최대로 인식적-합리적으로 행동하는 학자의 연구 방식과 같을 것이다. 자, 이런 학자가 특정 상황에 대한 가설(예측)을 가지고 있다고 해보자. 그의 가설은 학술 연구 등 예전의 관찰에서 비롯된 이론이나 모델에 근거한다. 이 학자가 예전 연구들을 믿을 만한 양질의 연구라고 평가하는 경우, 그는 자신의 가설을 크게 신뢰할 것이다(높은 정확성을 띠는 예측에 해당). 그리고 그가 시행한 새로운 실험에서 가설에 위배되는 결과가 나와도(예측의 오류!) 경험에 근거한 신뢰로 단박에 가설을 폐기하지 않고, 우선은 새로운 실험 결과가 맞는지 의심할 것이다. 실험 방법을 점검하고, 정말로 이 가설을 폐기해야 할지 알아보기 위해 후속 실험을 할 것이다. 반면 자신의 가설이 예전의 연구 결과와 그다지 일치하지 않았던 경우(정확성이 낮은 예측에 해당) 그 가설에 그리 비중을 많이 두지 않았을 것이고, 새로운 실험에서 그 가설에 위배되는 결과가 나올 경우, 가설을 더 쉽게 폐기해버리고 이론을 수정할 것이다.

그러나 1부에서 살펴봤듯 뇌는 이런 학자처럼 일하지 않는다. 예측 처리 이론이 주장하듯 뇌가 정말로 예측 기계라고 할 때, 뇌의 예측은 확률만을 기준으로 이루어지지 않는다. 오로지 확률을 기준으로 예측한다면, 우리는 완벽하게 인식적-합리적 존재일 것이다. 그러나 우리 머릿속 예측 기계의 작업 방식은 오히려 학술 논문을 정확히 살피기보다는 직감에 이끌리는 학자와 비슷해 보인다. 이런 학자는 자신이 수행할 실험을 선택할 때도, 진실을 캐내는 면보다는 혹시 가설에 위배되는 실험 결과가 나와 커리어에 해가 되지 않을까 하는 것에 더 신경 쓴다. 그 때문에 본인의 가설을 확인해주는 데이터에만 주목하고, 가설에 모순되는 데이터는 애초에 유효하지 않은 것으로 보거나, 다른 학자들이 조작한 결과로 본다. 그리고 데이터에서 본인이 원하는 패턴만 임의로 읽어내고, 스스로를 대부분의 학자보다 훨씬 우월하다고 느낀다. 이런 학자는 진실된 것을 추구하지 않고, 자신의 커리어에 도움이 되는 것을 추구한다.

학문은 인간이 하는 것이고, 인간은 완벽히 인식적-합리적으로 일하는 예측 기계로 무장되지 않기에, 연구 활동에서는 '안전망'이 중요한 역할을 한다. 이런 안전망은 인간의 비합리성을 거슬러, 비합리성이 끼어들 여지를 최소화하는 작용을 한다. 그래서 실험을 디자인할 때도 특정 기준이 있다(가령 의학 연구에서의 무작위 이중 맹검盲檢 연구처럼 말이다[24]). 일반적으로 통용되는 실험 규칙에 대한 합의가 존재하는 것이다.[25] 또는 어떤 연구 결과가 나오면 그것을 무조건 전문 저널에 싣고, 다른 전문가들이 비판적으로 심사한 뒤에야 비로소 전문 저널에 게재하는 관행도 있다(소위 동료 심사peer review 제도가 그것이다). 과학계가 스스로를 위해 이 모든 전략을 개발한 것은 과학의 최고 원칙이 바로 인식적 합리성이기 때문이다. 과학에서 중요한 것은 진실을 찾는 것이고, 다른 것을 추구한다면 좋은 과학이 될 수 없다.

반면 뇌에는 진실을 찾는 것(만)이 중요하지 않다. 또는 스티븐 P. 스티치의 말마따나 자연선택은 진실에 관심이 없다.[26] 그래서 자연선택을 통해 배출된 예측 기계 역시 최대로 높은 예측률에 주력하지 않고, 자신의 예측이 생존과 재생산 가능성을 최대화할 수 있게끔 한다.

4장 마지막에 우리는 확신의 진실성에 대한 선택의 압력도 있을 것이라고 말했다. 그러나 동시에 가령 비용이 많이 들지도 모르는 실수를 피하기 위한, 다른 쪽의 선택적 압력도 있다. 이를 예측 처리 이론에 적용하면, 뇌의 예측도 마찬가지다. 진실된 예측이 생존과 번식에 도움이 된다면, 뭐 좋다. 그러면 우리의 뇌는 그런 진실된 예측을 하는 내적 세계 모델을 유지할 것이다. 그러나 생존과 번식에 장기적으로 유리하지 않으면 진실성이 무슨 상관이란 말인가. "우리는 세상을 (…) 있는 그대로 지각하지 않고, 우리에게 유익한 대로 지각한다. 그러다 보면 주변을 체계적으로 '오지각'할 수 있다. 적어도 진실성이라는 기준에서 보면 그렇게 말할 수 있다."[27]

이제 다시 한번 테니스 코트 시나리오로 돌아가려는데, 테니스 시합으로 독자들을 지루하게 하고 싶지는 않다. 그러므로 테니스를 다 마치고 집으로 돌아가는 것으로 설정해보자. 시합을 너무나 오래 끄는 바람에 사방에 땅거미가 졌다. 안개도 자욱하다. 당신은 집으로 터벅터벅 걸어간다. 집까지는 숲 사이로 난 길을 몇 킬로미터 걸어야 한다. 어서 집에 가서 시원한 맥주 한잔해야지! 며칠 전 가을 태풍이 지나가는 바람에 숲길에는 온통 나뭇잎과 나뭇가지가 흩어져 있다. 그 대각선 샷을 왜 받아치지 못했을까 생각하며 걷는데, 갑자기 깜짝 놀라 걸음이 절로 멈추어진다. 몇 미터 앞쪽 길에 거무스름한 빛이 도는 뱀이 보인다. 아뿔싸! 2~3주 전인가 꽤 위험할 수도 있는 희귀한 검은 살무사가 이 지역에서 목격됐다는 신문 보도를 보았다. 헉, 뱀에 물리면 어쩐다? 당신은 이제 조마조마한 마음에 얼어붙은 듯 그 자리에 서서 뱀을 주시한다. 몇 초쯤 지났을까, 좀 이상하다는 생각이 든다. '뱀이 움직이지 않네? 뭐, 그럴 수도 있지. 뱀도 놀라서 얼어붙었나? 아니면 죽었나?' 당신은 조심스럽게 발로 바닥을 굴러본다. 반응이 없다. 뱀과 몇 미터 떨어져 있기에 용감하게 작은 나뭇가지를 들어 뱀 쪽으로 던져본다. 그래도 반응이 없다. 천천히 의심이 굳어간다. '흠, 죽은 뱀이거나, 아니면 뱀이 아닌 것 같은데….' 조심스럽게 가까이 가보니 뱀이 아니고 뱀처럼 구부러진 상태에서 나무껍질이 물에 젖어 촉촉하게 빛나는 나뭇가지였다.[28]

이런 경우 머릿속 예측 기계는 분명히 오류를 범했다. 바깥 현실과는 일치하지 않는 현실을 만들어낸 것이다. 오류는 예측 기계가 확률을 무시하는 예측을 했다는 데 있었다. 신문에서 검은 살무사에 대해 보도했다고 해도, 당신이 이런 동네 숲에서 뱀과 마주치는 건 굉장히 가능성이 낮은 일이다. 기다란 물체가 나뭇가지일 확률이 훨씬 높았다. 가을 태풍이 지나간 뒤 길에 나뭇가지가 어지럽게 흩어져 있었으니 말이다. 예측 기계가 확률에 따라 일했다면, 그 물체가 뱀이라는 예측은 정확성을 별로 획득하지 못했어야 하고, 그것이 나뭇가지라는 예측이 높은 정확성을 획득해야 했다. 감각 데이터가 완전히 애매해서, 뱀인 듯도 하고 나뭇가지인 듯도 했다면, 확률에 따라 나뭇가지라는 지각이 도출돼야 했을 것이다.

그러나 이 경우 머릿속 예측 기계는 확률이나 진실 따위 그냥 무시해버린 것이 틀림없다. 이와 관련해 금방 수긍이 되는 설명은 —4장을 기억한다면 이미 짐작할 것인 바— 예측 기계가 오류 관리 이론을 따랐을 것이다. 예측의 정확성을 판단하는 데 그 예측이 어느 정도의 확률로 옳은지 하는 것뿐 아니라, 예측이 빗나갈 경우 손해가 얼마나 막심한지도 영향을 미치는 것으로 보인다. 당신은 나뭇가지를 뱀으로 잘못 지각했다. 그래서 화들짝 놀라긴 했지만, 잠시 검증해보고 새롭게 판단한 다음에는 안심하고 가던 길을 계속 갈 수 있었다. 반대로 뱀을 나뭇가지로 착각했다면, 목숨이 위험한 것까지는 아니더라도 상당히 고생했을지도 모른다. 검은 살무사에게 얼마나 많은 독이 있는지 알게 뭐란 말인가. 여하튼 그 편이 피해가 훨씬 더 막심했을 것이다. 당신의 예측 기계는 적은 비용을 발생시키는 실수를 높은 비용을 발생시키는 실수보다 더 선호했고, 그래서 예측이 빗나갈 가능성이 높은 상황을 감수했다. 인식적 관점에서 보면 명백히 불합리한 행동이다.

─────── **나는 내 마음에 드는 세계를 만든다**

예측 처리 이론은 예측과 감각 데이터를 비교할 때 특정 감각 데이터가 특정 자극에 의해 발생할 확률만 따지는 것이 아니다. 오히려 이런 자극이 개인에게 갖는 '중요성'에 더 가중치를 두는 듯하다. 이런 중요성은 우리의 (소위) 뱀 시나리오에서처럼 잠재적 위험에 있을 수도 있고, 유익에 있을 수도 있다. 어떤 자극의 의미는 개인과 상황에 따라 아주 다를 수도 있다. 유전적 요인, 혹은 이전 경험이나 외부 환경 조건, 개인적 필요, 소망, 두려움 같은 내적 요인에 따라 달라질 수 있다.

부정적 형태든 긍정적 형태든 이런 개인적 중요성은 예측의 정확성을 평가하는 데 영향을 미쳐 우리의 현실을 구성하는 데 중요한 역할을 한다.[29] 그리하여 당신의 뇌는 가을 숲길을 통과하는 길에 구불구불 기다랗고 거무스름하게 빛나는 대상이 독뱀일 거라는 예측에 높은 정확성을 부여할 것이다. 순수 확률적 가능성을 훨씬 웃도는 정확성을 말이다. 따라서 예측의 정확성 평가는 그것이 실제로 맞아떨어질 확률에 좌우될 뿐 아니라, 지각의 오류가 당신에게 빚을 결과에도 좌우된다.

따라서 뇌가 어떤 세계를 만드는가는 우선적으로 이런 세계가 우리에게 주는 유익에 의해 결정된다. 지각이나 확신 모두 마찬가지다. 그리고 뇌가 이런 유익을 어떻게 계산하는가는 생물종으로서 우리에게 무엇이 적응적인가에 달려 있다. 확신에 대해서는 다음과 같이 말할 수 있다. 확신이 우리에게 줄 수 있을 것으로 기대되는 유익은 그의 정확성을 통해 암호화된다는 것이다. 앞에서 살펴봤듯 확신은 더 커다란 연관, 블랙박스 속 예측 기계가 외부 세계에 적용하는 일반적인 법칙에 대한 것이다. 이런 예측은 자잘한 예측보다 더 안정적이어야 한다. 따라서 정확해야 한다. 그 내용이 사실성이 떨어질지라도 그래야 한다.

이런 이야기가 맞다면, 확신은 앤디 클라크의 말을 빌리자면 '주머니 안에서' 서핑하기에 아주 유용한 수단이다. 따라서 확신은 우리가 불확실한 세상에서 앞을 내다보며 행동할 수 있게 한다. 여기서 앞을 내다본다는 것은 무슨 일이 일어날지 최대한 정확히 예측한다는 의미일 뿐 아니라, 그것이 어떤 위험과 유익을 가져올지도 고려한다는 의미다.

그러나 여기서 다시금 성급하게 판단하지 않도록 조심해야 한다. 우리가 고집스럽게 확신을 부여잡고 있는 것이 표준적 의미에서 좋은 것이라고 섣부른 결론을 내리지 말아야 한다. 대신 일단은 다음과 같은 객관적 확인만 하고 넘어가자. 즉 우리 뇌가 진실성을 가장 중요한 기준으로 삼지 않고, 생존과 재생산 가능성을 최대화하는 의미에서의 유용성을 가장 중요한 기준으로 삼는 예측 기계가 된 데는 이유가 있다는 것이다. 아울러 위계질서적으로 가장 높은 단계의 예측에 높은 정확성을 부여하는 것, 즉 인식적 합리성의 잣대로 볼 때 지나치게 높은 정확성을 부여하는 것은 이유가 있다는 것이다.

주관적으로는 아무리 확실하게 여겨진다고 하더라도, 우리의 확신이 사실은 그리 확실한 것이 아님을 잊지 말아야 한다. 뇌가 부여하는 정확성과 무관하게, 확신은 언제든 거짓으로 드러날 수 있다. 뇌가 예측 기계로서 아주 유능하게 확신을 만들어내고, 우리가 이런 확신을 굳건히 고집한다 해도, 확신은 가설일 따름이다. 게다가 확률에 의거할 뿐 아니라, 미래에 우리에게 돌아올 유익에 의거해 만들어지는 가설인 것이다. 밖에서 정말로 무슨 일이 일어나는지 우리는 확실히 알 수 없다.

6장

균형을 잃은
사람들

── 오목한 얼굴을 볼 수 있는 사람들

우리가 밖에서 무슨 일이 일어나는지 100퍼센트 알지 못한다는
사실이 불안하지 않은가? 우리가 그리도 명확하게 지각하고,
굳게 확신하는 모든 것이 언제든 틀린 것으로 판명될 수 있는
가설일 뿐이라고?

　자, 다시 한번 상기해보자. 우리 뇌는 깜깜한 뼛속 동굴에 들
어 있고, 바깥세상에 대해 아무것도 알지 못하는 상태에서 신뢰
할 수 없는 데이터를 근거로 이 세상에 대한 상을 만들고 불확실
성에 대처해나가야 한다. 주어진 감각 데이터와 자신의 예측 모
두 불확실한 것이며, 뇌가 그 가운데 좁은 산등성이를 가는 것처

럼 아슬아슬하게 균형을 잡아야 한다는 이야기는 이미 했다. 이런 상태는 오류에 취약하며, 최악의 상황에서 균형이 맞지 않으면 추락할 위험이 있다. 그러므로 예측과 감각 데이터 사이에서 늘 밸런스를 잡아야 한다. 이런 균형이 확신의 형성과 어떤 관계가 있는지, 무엇보다 밸런스의 변화가 어떻게 비합리적인, 혹은 망상적인 확신을 만들어내는지 알기 위해 다시금 망상이 주된 증상인 조현병을 돌아보자.

우리 뇌는 자신의 내적 세계 모델을 감각기관이 공급하는 데이터와 비교하며 세상을 만들어내고, 세상의 일부로서 확신도 만들어낸다. 지난 장에서 살펴보았듯 이런 비교에서 예측과 감각 데이터가 각각 어떤 비중을 차지할 것인가 하는 문제에서 핵심어는 '정확성'이다. 감각 데이터와 예측과의 비교는 예측의 위계질서 가장 아래 단계에서 이루어지며, 우리가 세상을 어떻게 지각할지 결정한다. 오목한 가면 착시와 다른 착시 현상은 정확성 높은 예측이 우리 지각에 얼마나 커다란 영향을 미치는지 인상적으로 보여준다. 그러나 뇌의 예측이 그런 잘못된 지각을 유발한다는 건 문제가 아닐까? 비합리적 확신을 하는 경향도 예측이 상당히 믿지 못할 것임을 보여주지 않는가? 그렇다면 아예 예측하지 않는 편이 더 낫지 않을까? 공연히 예측을 믿다가 삼천포로 빠지지 말고, 그냥 있는 그대로를 지각하면 될 텐데 말이다!

언뜻 들으면 이런 말이 약간 솔깃하게 느껴진다. 그러나 예측 없이는 일이 원활하게 돌아가지 않는다. 예측 없이는 뇌가 거꾸로 된 블랙박스 문제를 해결하지 못할 것이기 때문이기도 하다.

이를 어떻게 설명하면 좋을까. 제이컵 호위를 떠올려보자. 그는 뇌의 상황을 문도 창문도 없는 집에 갇힌 사람의 상황에 비유했다. 오로지 벽을 두드리는 소리만 듣고, 바깥 세계에서 무슨 일이 벌어지는지 이해하려는 상황. 이런 문제에 대한 우리 뇌의 해법은 이것이다. 뇌는 내적 세계 모델을 가지고 일한다. 이 모델 덕분에 뇌는 감각 데이터의 원인에 대해 예측하고, 이런 예측을 끊임없이 감각 데이터와 비교한다. 우리의 지각은 이렇게 해서 만들어진다. 예측이 없이는 가능하지 않다! 예측은 옵션이 아니다!

그러므로 우리는 오목한 가면 착시에서와 다른 착시 현상에서 뇌가 실수를 저지른다고 해서, 뇌의 예측 기계가 제기능을 하지 못한다고 해석해서는 안 된다. 이런 착시 현상은 예외적인 경우다. 착시 현상을 일으키는 이미지는 우리 뇌를 속이기 위해 의도적으로 만든 것들이다. 우리 세계에는 바깥으로 볼록한 얼굴이 절대다수를 차지한다(아니면 길 가다가 현실 세계에서 정말 뒤쪽에서 본 가면처럼 움푹 들어간 얼굴을 한 사람을 본 적이 있는가?). 그리하여 우리 뇌의 정확성 높은 예언은 거의 언제나 맞아떨어진다. 그러나 반드시는 아니고 다만 '거의 언제나'이다. 앤디 클라크는 이에 대해 이렇게 말한다. "우리가 거주하는 세상의 구조와 통계적 조건을 고려할 때 세상의 상태에 대한 최적의 가정은 (…) 어떤 상황에서는 빗나가게 될 것이다."[1]

그렇다. 그러나 얼굴 형태에 대한 예측은 모든 사람에게서 동일한 정도로 정확성을 띠는 것 같지는 않다. 1996년 독일의 신경정신의학자 힌데르크 엠리히Hinderk Emrich 팀은 기묘한 관찰을 했다. 연구자들은 오목한 얼굴을 오목하게 인식하는 능력 면에서 조현병 진단을 받은 사람이 건강한 사람보다 더 뛰어나다는 걸 발견했다. 연구자들은 실험 대상자들에게 사람 얼굴과 다른 대상에 대한 3D 이미지를 제시하고, 3D 영화관에서처럼 편광필터 렌즈를 장착한 안경으로 약간 오프셋 방식으로 찍은 이미지를 보며 공간적 깊이를 느낄 수 있도록 했다. 인상을 반전해 볼록한 이미지를 오목하게 보이도록 하려면 사진을 단순히 뒤집으면 될 일이었다. 이런 소위 '깊이 반전 효과'는 평소 잘 알지 못했던 대상의 경우 상당히 믿을 만하게 나타난다. 우리가 대상의 형태에 대해 예측할 수 없는 경우에 말이다. 반면 사람 얼굴처럼 평소 아주 친숙했던 대상의 경우는 이런 효과가 잘 나타나지 않고, 오목 가면 착시 현상이 나타난다.[2]

그러나 조현병 진단을 받은 실험 대상자의 경우는 이런 오목 가면 착시 현상이 그다지 두드러지지 않았다. 그들은 건강한 참가자보다 훨씬 높은 빈도로 오목한 얼굴을 오목하다고 대답했다. 따라서 조현병 진단을 받은 사람들이 주어진 시각 정보를 지각에 더 잘 활용한다고 할 수 있다. 이 경우 그들의 지각은 건강한 참가자보다 더 현실에 가까우니 말이다. 그러나 거꾸로 말하면, 조현병을 앓는 사람은 지각을 위해 예측을 활용하는 면에서 뒤처진다고 할 수 있다.

흥미롭게도 조현병을 앓는 사람과 건강한 사람의 이런 차이는 얼굴이나 집 같은 친숙한 대상인 경우 더 크게 나타났다. 이는 예측의 정확성이 중요한 역할을 한다는 걸 보여준다. 예측 처리 이론에 따라 뇌가 자주 접하는 대상에 대해 그 형태를 더 정확히 예측한다고 본다면 말이다. 건강한 사람들은 친숙한 대상인 경우 더 강한 착시 현상을 보였다. 즉 친숙한 대상에 대해 더 정확한 예측을 지니고 있어, 대부분 예측에 부합하는 지각을 만들어냈다. 반면 조현병이 있는 사람은 친숙한 대상이건 낯선 대상이건 차이가 별로 없었다. 그들은 대상의 친숙한 정도와 무관하게 착시 효과에 잘 걸려들지 않았다. 그들의 지각은 자신의 예측보다는 주어진 감각 데이터에 더 크게 좌우됐던 것이다.

처음 이런 연구 결과를 접했을 때 나는 멈칫했다. 이런 결과들은 조현병이 있는 사람이 건강한 사람보다 더 현실과 일치하는 지각을 한다는 것을 보여주지 않는가! 전형적으로 망상과 환각을 동반하는 장애가 있는 사람들은 그 반대여야 하지 않을까? 그들이 현실에 위배되는 지각을 해야 하는 거 아닐까? 독자들도 그렇게 생각할 수 있을 것이다. 하지만 일은 그렇게 단순하지 않다.

예측 처리 이론이 맞는다면, 누군가가 오목 가면 착시 현상에 '걸려드는 일'은 —우리의 지각을 규정하는— 예측과 감각 데이터의 균형으로 설명할 수 있다. 예측과 감각 데이터의 비교에서 예측에 정확성이 부여되어 예측이 우세한 경우, 착시에 걸려들 가능성이 높아진다. 그래서 감각 데이터가 다르게 말하는데도 가면을 밖으로 볼록한 것으로 지각한다. 반면 감각 데이터에 상대적으로 높은 정확성이 부여되어 감각 데이터가 우세한 경우, 착시에 걸려들 가능성이 낮다. 그리하여 나는 감각 데이터에 부합하게 가면을 안으로 굽은 것으로 지각한다.

이런 논리에 따르면 조현병이 있는 사람은 예측과 감각 데이터의 균형이 감각 데이터 쪽으로 밀려나 있다고 볼 수 있다. 우리가 예측과 감각 데이터의 비중을 정확성과 연결하면, 다음과 같이 말할 수 있다. 조현병이 있는 사람은 예측의 정확성이 줄어들거나(그래서 예측에 별로 비중을 두지 않거나), 감각 데이터의 정확성이 너무 높거나(그래서 예측의 오류에 더 많은 비중을 두거나) 한 상태다. 또는 이 두 가지가 동시에 나타나는 상태다.[3]

자, 이어서 예측과 감각 데이터 사이의 균형이 한쪽으로 밀려난 상태가 현실에 부합하지 않는 확신으로 이어질 수 있음을 살펴보려고 한다. 그러나 그 전에 여기서 소개하는 이론이 정말로 학문적으로 일리가 있는 주장임을 짚고 넘어가려고 한다.

개별적 실험이나 발견에 의거해 이론을 세우고자 하는 것은 과학에서는 기본적으로 좋지 않은 생각이다. 이런 발견을 여러 번 확인했더라도 말이다. 특수한 경우에 나타나는 시답잖은 부수적 현상을 관찰한 걸지도 모르기 때문이다. 그러므로 조현병을 앓는 사람이 오목 가면 착시 현상이 건강한 사람보다 덜한 것이 예측과 감각 데이터의 균형과는 무관한, 제3의 이유에서 3D 지각에 변화가 있기 때문이 아닐까, 하는 의문을 제기할 수 있다. 그렇다면 이런 현상이 예측과 감각 데이터의 균형과 관계가 있음을 보여주는 다른 연구 결과가 있을까?

그렇다. 예측과 감각 데이터 사이의 불균형을 보여주는 다수의 실험 결과가 있다. 그중 많은 것이 시지각 분야의 연구 결과다. 그러나 관찰이 한 분야의 연구에만 국한되지 않음을 분명히 하기 위해, 다른 분야의 연구에 주목해보기로 하자. 상당히 의미심장한 연구 결과 두 가지를 소개하고 싶다. 둘 다 —오목 가면 착시 현상의 경우처럼— 탄탄한 연구에 바탕을 두고 있고, 여러 연구 팀이 반복적으로 확인한 것이다. 그중 하나는 뇌가 눈 운동을 어떻게 조절하는가 하는 것이고, 다른 하나는 뇌가 규칙에서 벗어나는 것을 어떻게 감지하는가 하는 것이다.

——— 공 높이의 눈 운동

5장 마지막에서 테니스 코트를 떠났으나 다시 그리로 가보기로 하자. 하지만 이번엔 코트가 아닌 관중석까지만 가보자. 앞서 테니스 시나리오에서는 눈 운동이 하는 역할에 대해서 일부러 언급하지 않았다. 그것까지 고려하면 너무 복잡한 설명이 될 것 같아서였다. 이제는 다른 것들은 다 젖혀놓고 눈 운동에만 집중해보자.

자, 당신이 측면 관중석 중앙쯤에서 네트와 거의 같은 높이의 자리에 앉아 있다고 해보자. 그런데 아뿔싸, 어젯밤에 잠을 이상한 자세로 잤는지 목이 뻣뻣해서 자유자재로 돌릴 수 없다. 하지만 경기를 잘 따라가기 위해 굳이 고개를 이리저리 돌릴 필요는 없다. 눈만 이리저리 돌리면 되기 때문이다. 따라서 당신은 코트에서 공을 주고받는 것을 눈의 움직임으로만 따라간다. 좌에서 우로, 우에서 좌로, 다시 좌우로…. 이런 운동을 전문용어로 '매끈한 안구 추적 운동'이라고 부른다. 눈이 움직이는 대상, 여기서는 테니스공을 따라가고, 안구의 움직임은 멈칫거리거나 버벅대지 않고 균일하다. 즉 '매끄럽다.'

이걸 강조하는 이유는 안구 운동이 평소에는 그렇게 진행되지 않기 때문이다. 안구는 대부분 진짜로 들쭉날쭉하게 움직인다. 안구는 1초에 세 번 정도가 크든 작든 단발적으로 움직여 주변을 스캔한다. 이를 '단속 운동saccades'이라 한다. 하지만 일정한 속도로 시야에서 움직이는 물체를 추적할 때는 이런 단속 운동이 억제된다. 그래서 눈은 매끄러운 운동으로 테니스공의 궤적을 따라가며, 계속해서 공에 시선을 둔다. 즉 공을 시야의 중심에 둘 수 있는 것이다. 때로는 속도로 인한 한계 때문에 공을 세게 내려치는 스매시에서는 눈이 뒤처져 따라가기도 한다. 그러나 편안한 베이스라인 게임(양 선수가 코트의 끝 선 쪽에서 공을 치는 경기 방식—옮긴이)에서는 문제가 없다. 눈이 어떻게 별 어려움 없이 테니스공을 따라가는 것처럼 보이는가 하는 질문에는 이제 독자들 스스로도 대답할 수 있을 것이다. "뇌가 예측을 하기 때문이지. 뇌가 기존 공의 일정한 움직임에서 기대되는 공의 궤적을 계산하고 '주머니 안에서' 파도를 타기 위해 이런 예측을 이용하는 것이라고."[4]

이것은 PREDICT 회사가 경쟁사 REACT에 비해 분명한 이점을 정할 수 있는 상황에 대한 완벽한 예다(5장 〈대안적 신경과학적 관점〉을 참조하라). 우리의 뇌가 REACT 회사처럼 기능한다면, 눈의 망막을 통해 수집된 데이터에만 반응할 것이다. 우리 시선을 현재 날아가는 공에 맞추면, 그 순간에 공은 조금 더 멀리 날아가고 말 것이다. 그렇게 해서 우리의 안구 운동은 많은 작은 단속 운동으로 뒤처진 채 공을 따라갈 것이다. 반면 예측 메커니즘은 우리가 사건이 일어나는 장소에 늘 시선을 맞출 수 있게 해준다. 이렇게 예측하고 있다는 것은 추적 대상의 비행 궤적이 잠시 다른 것에 가려서 보이지 않을 때 두드러지게 표시가 난다. 대상의 운동이 잠시 다른 것에 가려지는 일은 일상에서 늘 일어난다. 가령 관중석에서 앞에 앉은 남자가 갑자기 벌떡 일어나는 바람에 테니스공이 그 남자에게 가려서 잠시 보이지 않더라도, 당신의 매끄러운 안구 운동은 전혀 중단되지 않고 공을 따라갈 수 있다. 뇌가 기존 공의 비행 궤적으로부터 공이 전진할 길과 속도를 문제없이 규정할 수 있기 때문이다. 당신의 눈은 이런 계산에 따라 잠시 대상이 보이지 않는 상태에서도 계속 서핑해 공이 다시 나타나면 전혀 무리 없이 다시금 '파도를 탈 수' 있다.

예측 메커니즘의 기능을 연구하기 위해 테니스를 관람할 때와 같은 상황을 실험실에서 쉽게 구성할 수 있다. 자, 모니터에 한 점이 등장해 규칙적으로 이리저리 움직이고, 실험 대상자는 모니터 앞에 앉아 점을 눈으로 따라가야 한다. 테니스 관람객은 목이 뻣뻣한 상태였지만, 실험에서는 참가자가 턱 받침에 고개를 고정한 채로 있게 된다. 동시에 눈의 위치를 시간적, 공간적으로 정확히 감지하는 카메라인 시선 추적기로 눈 운동을 기록한다. 그러면 시선이 처음에는 모니터의 점 위치를 약간 뒤처져서 따라가지만 순식간에, 즉 몇백 밀리초(1,000분의 1초—옮긴이) 이내에 점을 따라잡은 다음, 매끄럽고 일정한 움직임으로 점을 주시하는 것을 볼 수 있다. 다른 물체에 가리기라도 한 것처럼 점이 잠시 사라져도 시선은 부단히 미끄러져 점이 다시 나타날 때 정확히 점과 만나 다시금 점을 따라갈 수 있다. 반면 예기치 않게 점의 이동 방향이 바뀌면 눈은 잠시 멈칫거린다. 그러고는 잠시 방향을 다시 가늠하는 단계를 거쳐 새로운 방향으로 운동한다.

이런 세 가지 측면—(1) 시선으로 매끈하게 점을 따라가는 것, (2) 점이 잠시 사라져도 변함없이 시선 추적을 이어가는 것, (3) 방향이 바뀌는 경우 방향을 새롭게 잡는 데 어느 정도 시간이 걸리는 것—을 안구 추적 운동에서의 예측 메커니즘 기능의 지표로 삼을 수 있다. 매끄럽게 시선이 움직이고 점이 사라져도 정확한 궤적으로 운동을 이어가며, 방향을 다시 잡는 데 시간이 더 오래 걸리면, 뇌는 안구 추적 운동을 계획하고 실행하는 일에서 예측을 더 많이 신뢰하는 것이다. 그리고 실험 결과, 조현병 진단을 받은 사람은 바로 이런 세 가지 지표에서 눈에 띄게 다른 면모를 보이는 것으로 나타났다.[5]

조현병을 앓는 사람이 움직이는 점을 눈으로 추적할 수 없는 것은 아니다. 게다가 그들은 그 일을 상당히 잘한다. 일상에서 그런 기능을 수행하는 데 전혀 무리가 없을 정도로 잘한다. 그러나 움직임은 약간 발작적이고 늘 약간씩 뒤처지다, 다시금 따라잡곤 한다. 이것이 집중력과 주의력의 문제가 아니냐고 이의를 제기할 수도 있다. 급성질환의 경우는 정말로 집중력과 주의력을 발휘하는 것이 힘들 수 있기 때문이다. 따라서 예측 기계와 아무 관련이 없을 수도 있다.

그러나 점을 잠시 사라지게 하는 실험은 시사하는 바가 많다. 이 실험은 점이 잠시 사라지는 경우에 조현병을 앓는 사람의 안구 운동 속도가 건강한 사람보다 더 빠르게 느려짐을 보여준다.[6] 즉 그들은 기존의 보이는 운동을 활용해 보이지 않는 움직임을 예측하는 데 그다지 능란하지 않다.

여기서도 다시금 집중력 때문이라고 설명하려는 사람들이 있을 것이다. 보이는 점의 운동에 잘 집중하지 못하면, 점이 안 보일 때 그 움직임을 예측하기도 힘들어지기 때문이다. 하지만 이 실험에서 주요한 트릭은 점이 예기치 않게 운동 방향을 바꾸는 것이다. 이런 경우 안구 운동이 운동의 예측에 강하게 좌우된다면, 갑작스러운 방향의 변화에 대처하는 데 시간이 더 오래 걸릴 것이다. 그런데 조현병이 있는 사람은 건강한 사람보다 안구 추적 운동에서 바뀐 운동 방향에 더 빠르게 대처하는 것으로 나타났다.[7] 안구 운동을 새로운 방향으로 바꾸는 데 더 능숙한 것이다. 그리고 이는 결코 집중력이 떨어져서라고 볼 수 없다. 집중력이 떨어지면 바뀐 방향을 인지하는 데 시간이 더 오래 걸릴 것이기 때문이다.

그러므로 이런 실험 결과에 대한 설득력 있는 설명은 조현병이 있는 사람의 경우, 예측과 감각 데이터 사이 균형이 바뀌었다는 것이다. 이런 사람들(내지 그들의 두뇌)은 안구 추적 운동을 계획하고 실행하는 일에서 예측에 별달리 비중을 두지 않고 오히려 감각 데이터를 더 강하게 신뢰한다. 그로써 운동 방향이 예기치 않게 바뀔 때 더 빨리 반응할 수 있는 것이다.[8]

─── 규칙성은 모든 예측의 어머니다

여기서는 규칙의 예외성이라는 주제와 관련해 중요한 연구 결과를 살펴보기로 하자. 이는 조현병이 있는 사람들에게 나타나는 예측과 감각 데이터의 밸런스 변화를 시사하는 연구 결과다. 뇌는 예측 기계로서 반복되는 패턴을 인지하는 데 특화됐다. 이런 패턴으로부터 미래를 예측하기 위함이다. 우리는 1부에서 클러스터 착각 같은 패턴 인식 현상을 살펴봤다. 가령 행운이 여러 번 겹칠 때 사실은 그것이 우연일 뿐인데도 '핫 핸드 효과'를 인지하는 식이다. 이런 패턴 인식은 감각적 자극에서도 중요한 역할을 한다. 매끄러운 안구 추적 운동에서 볼 수 있는 것과 같은 일정한 운동 패턴은 예측을 활용해 시선으로 공을 주시하기 위해 뇌가 활용하는 패턴이라 할 수 있다. 운동과 사건이 규칙적일수록 뇌는 예측하기가 더 쉽다.

생각할 수 있는 가장 단순한 패턴은 시계의 똑딱거림처럼 짧고 규칙적인 간격으로 되풀이되는 자극일 것이다. 어릴 적 내 방에는 초침 소리가 상당히 큰 벽시계가 걸려 있었다. 그런데 어느 날 멀리 사는 할머니가 오셨다. 할머니는 우리 집에 아주 가끔 한 번씩 오셨는데, 그날 내 방에 들어오더니 초침 소리가 이렇게 큰데 어떻게 지내냐고 물으셨다. 나는 할머니가 그렇게 말하고 나서야 내 방 시계가 꽤 큰 소리로 똑딱이고 있음을 알아차렸고, 어리둥절하던 기억이 난다. 어떻게 이런 똑딱거림이 전혀 거슬리지 않았을까? 단순히 그 소리에 익숙해졌기 때문이라고도 할 수 있을 것이다. 그러나 예측 처리 이론의 시각에서 말하자면, 내 뇌가 시계가 규칙적으로 늘 똑딱거리는 상황에서 예측을 도출해냈고, 예측이 이런 감각 데이터를 무시하게 했다고 할 수 있다. 반복적인 똑딱거림은 충분히 예측할 수 있는 것이라 전혀 새롭거나 중요하지 않은 정보이고, 그렇기에 위계질서의 하위 수준에 머물러 있던 것이다. 위쪽으로 올라와야 의식적으로 지각되는데 말이다.

이제 시계에 기술적 결함이 있어 불규칙한 간격으로 한 번씩 다른 초침 소리를, 즉 보통 소리보다 약간 밝은 소리를 낸다고 상상해보자. 그러면 레고 조각이 수북이 쌓인 방바닥에 앉아 레고로 헬리콥터 만들기에 흠뻑 빠진 7세 소년은 똑딱거림의 갑작스러운 변화를 알아차리고 잠시라도 귀를 기울였을 것이다. 이런 귀 기울임은 예측 오류 때문에 일어난다. 단조롭게 똑딱일 거라는 예측이 빗나갔다는 신호가 뇌 속으로 들어왔던 것이다.

이것은 단순히 내 개인적 사색이 아니고, 인지 연구의 유명한 효과에 기반한 것이다. 바로 불일치 음전위Mismatch Negativity, MMN라는 효과로, 전기생리학적 방법인 뇌파도Electroencephalogram, EEG로 측정할 수 있다.[9] 불일치 음전위는 어떤 자극이 예상과 달리 평소 상태에서 약간 이탈할 때 그로부터 150~200밀리초 뒤에 으레

나타나는 뇌파도 신호다. 따라서 예측 오류를 전기생리학적 측정으로 보여주는 산물이라 할 수 있다.[10]

불일치 음전위를 측정하기 위한 고전적 실험은 시계의 똑딱임과 비슷하게 이루어진다. 이 실험에서 참가자들은 일련의 같은 소리를 듣는다. 이것이 바로 규칙적인 간격으로 실행되는 표준 자극이다(가령 표준 주파수 A = 440Hz). 그런데 여기에 간간이 다른 소리가 끼어든다(가령 C = 523Hz). 그러면 뇌는 A라는 동일한 반복 패턴을 매우 신속하게 학습해 —예측 처리의 의미에서— A가 몇 번 반복되면 금방 다시 A가 등장할 거라고 예측한다. 하지만 그런 다음 C가 등장하면 예측 오류 신호가 발생하며, 우리는 이를 불일치 음전위로 측정할 수 있다.[11] 뇌파도에서 규칙에서 벗어나는 자극이 주어진 지 약 150밀리초 뒤의 전위가 표준 자극 후보다 더 크게 나타나는 것이다. 규칙에서 어떤 방식으로 벗어났는지는 그다지 중요하지 않다. 표준음보다 소리가 높아지거나 낮아질 수도 있고, 커지거나 줄어들 수도 있고, 길거나 짧아질 수도 있다. 중요한 것은 방금 학습한 예측에 위배된다는 사실이다.

불일치 음전위에서 중요한 것은 예측할 수 있는 자극과 예측할 수 없는 자극의 차이다. 자극이 예측과 부합하면 표준음이 반복될 때처럼 새로운 정보를 제공하지 않으므로 신경 반응이 억제된다. 그러나 자극이 예측에서 벗어나면 억제가 풀려 예측 오류가 감지된 만큼 신경 반응이 강해진다. '차이 신호'라 불리는 이런 신호는 뇌에서 자동으로 생겨난다. 레고로 헬리콥터를 만드는 등 다른 활동에 온전히 집중하고 있을 때도 마찬가지다.

조현병이 있는 사람에게서 예측 메커니즘의 변화가 나타난다는 결과에 의거해 어렵지 않게 불일치 음전위와 관련한 가설을 세울 수 있다. 즉 앞서 말한 연구 결과를 토대로 조현병이 있는 사람은 예측과 감각 데이터의 균형이 예측의 비중이 약화되는 쪽으로 밀린다고 가정할 수 있다. 예측의 비중이 약화된다는 것은 예측할 수 있는 표준 자극과 예측을 벗어나는 자극 사이에 별다른 차이가 없음을 의미한다. 그래서 신경의 차이 신호, 즉 불일치 음전위가 더 작아질 것이다. 연구 결과, 실제로 조현병 진단을 받은 사람에게서 이런 현상을 관찰할 수 있었다. 예측할 수 없는 자극에 대한 신경 반응의 강도가 감소됐던 것이다.

이것은 조현병에 대한 신경생물학 연구 결과 중 가장 신빙성 있는 연구에 속한다. 조현병과 관련한 불일치 음전위에 대해 100개가 넘는 연구가 이루어졌고, 이 모든 연구 결과를 결집하면 한마디로 조현병 진단을 받은 사람들의 불일치 음전위는 평균적으로 약화된 상태라고 할 수 있다.[12]

여기서 두 가지 점에 주목할 수 있다. 우선 이런 약화는 조현병 진행 초기에 일찌감치 나타나며, 만성적 진행에서는 약화 정도가 더 이상 심해지지 않고, 오히려 완화된다는 것이다. 또 하나는 측정 시점에서 불일치 음전위의 약화(즉 예측에 대한 비중의 약화)와 (망상 등의) 정신증 증상 사이에는 그 어떤 통계적 상관관계도 나타나지 않는다는 것이다.[13] 그러므로 이런 연구 결과는 불일치 음전위의 약화가 조현병으로 말미암은 뇌 기능의 변화에 기인한다기보다는 당사자가 기본적으로 정신 질환에 취약한 상태라는 데서 비롯됨을 보여준다.

망상과 관련해 이는 예측과 감각 데이터 간의 균형 변화가 직접 망상 증상을 불러오는 것이 아님을 의미한다. 오히려 이런 균형의 개인적 차이가 뇌 기능의 토대를 이루어 어떤 사람은 망상적 사고에 더 취약하고, 어떤 사람은 그렇지 않게 되는 것이다.

──── 신경생물학과 주관적 경험 사이 설명의 틈새

생물학과 신경생물학을 잘 아는, 혹은 최소한 관심이 있는 독자라면 시종일관 뇌가 예측 처리를 대체 어떻게 하는 걸까 궁금증을 품었을 것이다. 예측 알고리즘은 뇌에서 어떤 생리적 과정을 토대로 이루어지는 것일까? 망상이나 조현병은 이런 메커니즘의 어떤 변화에 기인하는 것일까? 뇌에서 신호를 전달하고 조절하는 일을 하는 뇌의 전달물질, 즉 '신경전달물질neurotransmitter'과 '신경조절물질neuromodulator'은 어떤 역할을 할까?

정신병 발병과 관련해 가장 잘 알려져 있고, 지금까지 가장 설득력 있는 신경생물학적 가설은 도파민에 대한 것이다.[14] 내가 도파민 가설을 처음 접한 것은 1990년대 의대생 시절에 뮌헨 누스바움가에 있는 유서 깊은 대학병원 신경정신과에서 인턴을 할 때였다. 나는 주로 조현병 진단을 받은 사람을 치료하는 신경정신과 응급 병동에 배치됐다. 그곳에서 한 의사가 심리 교육 팀을 꾸려 환자들에게 그들이 진단받은 질병에 대해 소상히 설명 해주는 일을 담당하게 했다. 당시 교육 팀은 환자들에게 조현병 이 뇌 속에서 일어나는 일종의 신진대사 장애로, 전달물질인 도 파민이 과잉생산되는 데서 비롯한다고 가르쳤다. 뇌에서 도파 민이 과잉 분비되면 망상과 환각 같은 증상이 일어난다는 것이 었다. 그래서 약물로 도파민의 과잉 분비를 조절함으로써 증상 을 감소시킬 수 있다고 했다.

당시 나는 이런 설명이 매우 설득력 있고 우아하다고 생각했 다. 게다가 조현병처럼 복잡해 보이는 심리 질환을 그렇게 간단 하게 설명할 수 있다는 사실에 매력을 느꼈다. 그리고 이런 설명 이 환자에게 굉장히 도움이 되고, 그들을 안심시킬 것이라고 확 신했다. "당뇨병 환자가 췌장의 대사장애로 고생하듯 난 뇌에 대 사장애가 있어"라면서 말이다. 훨씬 나중에야 조현병 진단을 받 은 사람에게 그런 설명이 그다지 도움이 되지 않으며, 그들을 안 심시키지도 않는다는 걸 깨달았다. 그런 생물학적 설명은 일종 의 체념을 불러일으켰고, 나아가 자기 낙인에 이르게 했다. "내 뇌는 제대로 기능하지 않아. 따라서 난 기본적으로 이상한 인간 이야. 그리고 어떻게 하든 손을 쓸 수 없어."[15]

이런 식의 생물학적 설명의 난점은 정신증적 경험을 충분히 이해시킬 수 없다는 점인 듯하다. 정말로 뇌의 전달물질에 변화 가 있어 이런 낯설고 위험한 경험을 한단 말이야? 도파민 과잉 이래, 그래 좋아. 그런데 왜 그 때문에 쫓기는 느낌이 들고, 환청 까지 들리는 것일까? 신경생물학과 주관적 경험 사이에는 설명되지 않는 틈새가 있다.

이런 별의별 다채로운 경험을 그저 뇌 속 대사 과정으로만 환원할 수 있을까 하는 질문이 기본적으로 제기되는 것이다. 신경생물학과 주관적 경험은 과학에서 이론적으로 볼 때, 즉석에서 동일시하거나 상호 환원할 수 없는 서로 다른 관찰 수준에 속한다. 정신적 현상은 신경생리학적 측정과는 완전히 별개의 것이다. 정신 현상을 단순히 신경생리학적으로 측정된 신호로 환원할 수 없다. 무엇보다 정신 현상의 본질적 측면은 바로 주관적 경험이기 때문이다. 내가 어떤 사람에게 그의 주관적 경험이 뇌 속 대사 과정의 변화 때문이라고 설명하려 하면 이런 문제가 빠르게 부각된다. 당사자 입장에서 정신 현상을 신경생물학적 과정으로 환원하려는 설명은 별 도움이 되지 않고 늘 뭔가가 모자란 것처럼 들리는 것이다.

그럼에도 우리는 뇌 기능과 주관적 경험을 연결할 수 있다. 이런 연결이 그리 억지스럽지 않음을 모두 알고 있기 때문이다. 술을 예로 들어보자. 대부분의 독자가 겪어봤을, 알코올을 마시면 나타나는 증상은 주로 알코올이 뇌 속 특정 수용체와 결합하기 때문이다. 가바GABA A 수용체가 신경세포의 활동을 억제하는 효과를 중재하는 것이다. 이렇게 신경생물학에의 미미한 개입이 주관적 경험과 행동에 미치는 결과는 매우 인상적이다. 현상은 매우 다양하며, 복용량, 즉 중독 정도에 따라 다른 양상을 띤다. 약간 기분이 좋아지는 정도에서 끓어오르는 환희를 느끼는 데까지, 약간 말이 많아지는 데부터 공격성과 폭력성이 억제되지 않고 분출되는 데까지, 기분 좋게 이완되는 것에서 혼수상태에 이르기까지…. 알코올의 이런 효과는 마술이 아니다. 이런 효과를 설명하기 위해 악마나 초자연적 존재 등을 동원할 필요는 없다. 이런 현상은 다만 뇌 속 신경전달 체계를 조작한 결과다.

정신증적 경험을 온전히 뇌 전달물질의 변화로 설명할 수 있으며, 가령 약물을 통해 이런 변화를 수정하면 모든 것이 다시 정상이 된다고 이야기하려는 것이 아니다. 일은 훨씬 복잡하다. 정신 질환이 나타나는 데는 무척 많은 요인이 개입하고, 정신 질환이 있는 사람의 경험에도 많은 것이 중요한 역할로 작용한다. 예전의 경험(종종 트라우마), 현재 삶의 상황, 파트너 관계, 사회적 네트워크, 사회 전반적인 요인 등 많은 것이 이에 속한다.

따라서 정신 질환에서 경험하는 모든 것을 하나의 신경생물학적 요인으로 환원하는 것은 불가능하다. 하지만 연관 지을 수 있다. 최상의 경우 인과적 연관을 말이다. 즉 뇌 전달물질의 활동 같은 신경생물학적 과정이 특정 기능을 한다고 본다면, 이런 기능이 우리의 체험과 어떻게 연관되는지 이해한다면—알코올의 존증 같은 현상은 그런 연관이 정말 존재함을 보여준다— 특정한 주관적 체험을 더 잘 이해할 수 있을 것이다. 예측 처리 이론 같은 이론은 정신 현상에서 신경생물학적 과정이 어떤 기능을 하는지 설명하는 틀을 제공할 수 있다.

경험적 증거(오목한 얼굴 지각, 매끄러운 눈 운동의 변화, 불일치 음전위의 약화)는 예측과 감각 데이터의 불균형을 정신 질환 발병의 토대로 보게끔 한다. 이런 경우 예측에는 비중이 너무 약하게 주어지고, 감각 데이터에는 강하게 주어진다. 신경 수준에서 이런 가중치는 흥분시키는 신경세포와 억제시키는 신경세포의 복잡한 상호작용에 의해 조절된다. 도파민 외에도 흥분을 촉진하는 신경전달물질인 글루타메이트와 억제시키는 가바가 중요한 역할을 한다.[16] 하지만 신경생물학에 너무 깊이 들어가 길을 잃지 않도록, 여기서는 도파민 가설에 국한해 살펴보겠다.

───── 뇌의 음량 조절기

이제 도파민에 대해 신문이나 인터넷에서 읽은 내용은 다 잊어주길 바란다. 도파민을 '행복 호르몬' 등으로 묘사하는 것 말이다. 이런 정보는 모두 잘못된 것은 아니지만, 도파민의 핵심은 아니다. 도파민은 신경조절물질이다. 글루타메이트 또는 가바처럼 뉴런을 직접적으로 흥분시키거나 억제하지 않고, 뉴런의 활동을 조절하는 신경전달물질이다. 가령 글루타메이트 분비를 통해 신경세포가 활성화될 때, 도파민이 이런 활성화를 음량을 조절하는 것처럼 변화시킬 수 있다. 예측 처리 이론에 따르면 도파민은 음량 조절기로서 예측과 감각 데이터의 정확성을 다루는 데 중요한 역할을 한다.[17]

5장에서 설명했듯 우리 내부의 세계 모델이 뜻밖의 새로운 정보를 통해 업데이트될 것인가 하는 문제는 예측과 새로 감지되는 감각 데이터, 이 두 가지에 부여되는 정확성에 따라 달라진다. 예측이 그다지 불확실하지 않으면(그로써 높은 정확성을 지니고 있으면), 상당히 불확실한 감각 데이터(따라서 정확성이 낮은 쪽)가 강한 예측의 오류를 유발하지 않고 그 때문에 별로 중요성을 띠지 못한다. 이런 경우 감각 데이터가 너무 약해서 강력한 예측에 대항하기에는 역부족이라고 말할 수 있다.

거꾸로 예측이 부정확한 경우 정확도 높은 새로운 감각 데이터가 예측 오류 신호를 강하게 유발하고, 이를 통해 내부 모델이 업데이트되며, 관련된 예측이 조정된다. 예측 처리 이론에 따르면 이렇듯 예측 오류에 비중을 더 많이 부여하는 일에서 도파민이 중요한 역할을 한다.[18] 도파민은 예측 오류 신호의 음량 조절기같이 예측과 감각 데이터 사이의 균형을 섬세하게 조절한다.

도파민이 너무 많이 분비되면 —정신 질환의 경우가 이에 해당한다는 것을 보여주는 경험적 증거는 확실하다[19]— 예측 오류 신호에 대한 볼륨이 한껏 높아진 것이라 할 수 있다. 그리고 이는 다시금 예측과 감각 데이터의 조절이 균형을 잃었음을 의미한다. 그래서 일반적으로는 아주 약한 오류 신호만 발생시키는, 정확도가 별로 높지 않은 감각 데이터가 한껏 높아진 도파민의 볼륨 때문에 아주 큰 비중을 차지한다. 예측 기계에서 '소리 높은' 예측 오류는 예상이 틀렸으며, 내적 세계 모델을 합당하게 조절해야 한다는 의미다. 그런 강한 예측 오류 신호를 발생시키는 감각 데이터는 중요한 게 틀림없는 것이다. 그 때문에 도파민이 과잉되면 일반적으로는 주목하지 않았을 감각적 자극이 중요한 것으로 여겨진다. 이를 '비정상적 현저성aberrant salience'이라고 한다[20](현저성은 어떤 자극이 다른 자극에 비해 두드러져 보이는 성질을 의미한다).

─────── **불균형의 결과: 비정상적 현저성과 망상의 발생**

그러나 이런 비정상적 현저성은 한 사람의 주관적 경험에 어떤 의미를 지닐까? 1장에 등장했던 헬렌 S.를 다시 떠올려보자. 그녀는 화학요법을 받은 뒤 뉴욕 지하철에서 갑자기 세계가 멸망 직전에 이르렀다고 착각을 했다. 그녀는 맨 처음 주변 세상이 달라졌다고 느꼈다. 지하철 안 조명도 평소와 다르고, 주변 사람들도 이상해 보였다. 뭔가 기묘하고 평소와 달라 보였다. 바로 이것이 비정상적 현저성이다. 보통 때는 전혀 주목을 끌지 않던 일상적인 것들이 이상하게 두드러지고 눈에 확 띈다. 정신 질환이 막 진행된 사람들이 묘사하는 지각이 바로 이런 것들이다. 공기 중에 뭔가가 있을 것 같고, 덤불 속에 뭔가가 있을 것 같은 느낌이 동반된다.[21]

비정상적 현저성은 두 가지 직접적 결과를 빚는다. 한편으로 그것은 위험하게 느껴진다. 헬렌 S.는 지하철에서 엄청난 위기감을 느끼며, 9·11 테러 같은 사건이 벌어지는 줄 알았다. 이런 현저성은 엄청나게 강한 예측 오류로 말미암았고, 예측 오류 신호가 내부의 세계 모델이 더 이상 맞지 않음을 신호했다. 즉 세상이 변했다는 것이었다. 더 이상 아무것도 예측할 수 없을 정도로 변화된 세계보다 더 위협적인 것이 무엇이 있을까? 독일의 신경정신과 의사 프리드리히 빌헬름·하겐Friedrich Wilhelm Hagen(150년 전 '강박관념'이라는 말을 만들어낸 사람이다)은 "불특정 위험, 즉 어떤 위험인지 특정할 수 없는 위험보다 더 공포스러운 것은 없다"[22]라고 했다.

비정상적 현저성이 빚어내는 또 다른 결과는 설명을 찾으려 한다는 것이다. '예측이 빗나갔어. 내적 세계 모델도 맞지 않아. 그러니 세계 모델을 변화시켜야 해. 경험을 이해되게끔 설명해주는 것이어야 해' 하는 식으로 되는 것이다.

독일의 신경정신과 의사 클라우스 콘라트Klaus Conrad가 1950년 대 후반에 출판한 《시작되는 조현병Die Beginnende Schizophrenie》[23]이라는 책에는 정신 질환의 초기 단계에서 경험하는 다양한 일이 담겨 있다. 주로 1941년과 1942년에 군의관으로 일하던 콘라트가 조현병으로 진단한 군인들에 대한 이야기다.[24] 콘라트는 '망상의 형태 분석'을 여러 단계로 나누었다. 질병이 시작될 때는 주변에 대한 지각이 바뀌면서 불안, 두려움, 긴장이 주로 나타난다. 콘라트는 이 단계를 트레마Trema라고 부른다. 이 말은 옛날에 배우가 무대에 나가기 전 긴장을 표현하던 말이다. 콘라트는 이런 변화된 경험에서 아포페니아Apophenia가 생겨난다고 말하는데, 이 말은 (고대 그리스어에서 '명백해지다'는 뜻의 단어로) 서로 상관없는 일을 의미 있게 연결하는 것을 말한다.

콘라트가 소개하는 이야기들에서 인상적으로 눈에 띄는 점은 주변 환경에 대한 지각이 변화하면 '의미에 대한 억지 지식이 생겨난다'는 것이다. 이것은 독일의 신경정신과 의사로 나중에 철학자가 된 카를 야스퍼스Karl Jaspers가 1913년에 출판한 자신의 저서 《일반 정신병리학》에서 처음으로 표현한 말이다.[25] 콘라트에 따르면, 한 군인의 경우 정신 질환이 시작되면서 밤에 같은 막사를 쓰는 군인들이 코고는 소리로 자신을 화나게 하려 한다고 확신했다. "코 고는 소리가 (⋯) 귀에 확 꽂히고 신경에 거슬렸다. 이런 거슬림은 (⋯) 갑자기 눈에 띄는 뉘앙스를 얻는다. 눈에 띌 뿐만 아니라 '가짜'인 것으로 느껴지고, '위선'의 뉘앙스를 띤다. 그로써 그것은 코 고는 소리를 경험하는 사람과 뚜렷이 연결된다. 경험자는 기준점이 되고, 코 고는 소리는 이런 기준점을 위해 '위장'되는 것으로, 따라서 이런 기준점과 '관계'있는 것으로 설명된다."[26]

콘라트가 들려주는 다른 사례에서 한 군인은 여러 달 불안과 긴장 속에 살아오다가(콘라트는 이런 상태를 트레마로 분류한다), 부대와 함께 이동하는 동안 갑자기 모든 것이 분명하다고 느낀다. "아침에 출발했다. 그때 비로소 진짜로 시작됐다. 하사관이 와서 그에게 병영의 열쇠가 어디 있냐고 물었을 때 이미 그는 '아, 이제 나를 떠보려는 것이구나' 하고 직감했다. 버스를 타고 갈 때도 동료들의 행동에서 그들이 뭔가를 알고 있고, 자신에겐 알려주지 않는다는 걸 느꼈다. (⋯) 상사와 하사관이 그를 차에 태워 V.로 데려다주었다. 가는 길에 그는 정말 이상한 것들을 보았다. 거리의 모든 것이 오직 자신을 위해 특별히 만든 것으로 보였다. 많은 것이 오로지 자신이 알아차리게끔 하려고 준비된 것으로 여겨졌다. 난데없이 엄청나게 큰 지푸라기 더미가 나타났고, 도로를 수리하려고 그러는지 돌무더기가 쌓여 있었다. 도로는 상태가 좋았는데도 말이다. 도로 가장자리에는 보일락 말락 하게 양 한 마리가 걸어가고 있었다. 그리고 자전거를 탄 사람들이 다가왔다. 이루 말할 수 없을 정도로 이상한 것이 너무 많았다. 모든 것이 단지 그 때문에 준비된 것이었다. 거의 100미터당 하나씩 뭔가가 있었다. 마주치는 것들마다 정말 다 이상했다."[27]

이런 묘사에는 한편으로는 비정상적 현저성의 경험이 두드러지게 나타난다. 길 가장자리의 양이나 자전거를 탄 행인이 갑자기 눈에 띄게 이상하게 지각된다. 다른 한편으로는 이런 눈에 띄는 지각에서 곧장 의미가 빚어지는 것을 볼 수 있다. 이 모든 눈에 띄는 것은 설명을 요한다. 당사자는 이 모든 것이 그를 위해 연출됐다고, 자기를 제외한 모든 사람이 뭔가를 알며, 그를 겨냥한 일종의 음모가 있다고 본다. 콘라트가 아포페니아라고 칭한 것은 일종의 '아하! 체험'이다. 지속적으로 비정상적 현저성을 경험하는 것으로 인한 불안과 긴장은 망상적 설명으로 해결된다.

이런 설명이 안도감을 동반한다는 건 충분히 이해가 간다. 카를 야스퍼스의 말을 빌리자면 "특정 내용 없이 전반적으로 혼란스러운 기분은 너무나 참을 수 없다. 그래서 환자들은 지독하게 고통스러워서, 이를 설명하는 아이디어를 떠올리는 것만으로도 안도감을 느낀다".[28] 예상하지 못했던 눈에 띄는 사건을 경험할 때, 이런 사건을 설명해주는 확신(내적 세계 모델의 일부)은 당사자의 마음을 매우 가볍게 해준다. 이제 눈에 띄는 것들은 의미를 획득하고 정리된다. 망상적 설명을 통해 감각 데이터와 예측 사이, 지각과 확신 사이의 불일치가 해소된다. 그리하여 아주 모순적으로 들리지만, 망상은 혼란스러워 보이는 세상에 다시금 질서를 만들어낸다.

예측 처리 이론과 거기서 연유하는 비정상적 현저성이 신경생물학과 주관적인 경험 간 설명의 틈새를 메울 수 있을까? 물론 우리는 복잡한 모델의 일부만 조명해보았다. 중요한 신경전달물질인 글루타메이트와 가바도 정신 질환이 나타나는 데 중요한 역할을 하지만, 여기서는 살펴보지 않았다. 그리고 기본적으로 신경생물학적 모델은 전반적으로 환원주의적이며, 정신증적 경험의 다양성과 주관적 특성을 다 설명해주지는 못한다. 많은 질문이 열린 상태로 남는다. 그럼에도 나는 망상이 생기는 것에 대한 이런 단계적 추론이 설득력 있게 다가온다. 뇌의 전달물질의 변화에서 출발해 예측 처리에 이런 전달물질이 어떤 기능을 하는가를 거쳐, 그렇게 해서 변화된 과정이 뇌가 자신의 세계를 만들어내는 데 어떤 영향을 미치는가에 이르기까지 말이다. 이런 단계적 추론은 서로 다른 관찰 수준을 연결해주기에, 무작정 뇌의 전달물질 장애에서 변화된 경험으로 훌쩍 뜀뛰기를 하는 것보다 이해하기가 쉽게 느껴진다.

하지만 물론 이런 이야기가 더 설득력이 있는 것으로 다가온다는 내 판단은 그리 중요하지 않다. 중요한 것은 그런 추론이 정신 질환을 앓는 사람들에게 도움이 되는가 하는 것이다. 신경생물학을 바탕으로 설명한 모델이 당사자로 하여금 자신의 정신증적 경험을 조금이나마 이해할 수 있게 해줄까? 이런 이해가 도움이 될까? 이런 이해는 환자의 부담을 덜어줄까, 아니면 환자에게 더 부담을 줄까?

내 경험상 환자에게 도움이 되는 쪽인 듯하다. 이런 설명 모델을 시도해보니 꽤 낙관적이었다. 하지만 여기서도 낙관적 느낌을 무조건적으로 확신하지 않도록 조심해야 한다. 자칫 비합리적으로 나가면 안 되니까 말이다! 그래서 여기서 이런 설명 모델이 설득력이 있다는 나의 판단과 낙관적 기분은 그리 중요하지 않다. 인지 편향에 빠질 위험이 크기 때문이다. 그리하여 이런 이야기가 환자에게 정말로 도움이 되거나 자신의 경험을 더 이해하기 쉽게 만들어주는지 규명하기 위해 순수 학문적 방법으로 이런 가설을 검증해야 한다. 할 일이 많다.

——— 망상의 '교정 불가능성'에 대하여

망상이 생겨나는 것과 관련해 대충의 설득력 있는 상을 그려보기 전에 여기서 해야 할 일은 바로 (최소한) 한 가지 중요한 질문에 답하는 것이다. 어째서 사람들은 그것이 —최소한 다른 사람들이 보기에는— 명백히 잘못된 것인데도 망상적 확신을 굳게 고집하는 것일까? 앞에서 상세히 살펴봤듯 망상의 중심 특성은 모순되는 증거나 이성적 반대 논지가 있어도 교정되지 않는다는 것이다. 우리는 확신을 굳게 고수하는 것이 결코 망상만의 특성이 아니라 확신의 본질에 속한다는 것도 확인한 바 있다. 망상적 확신은 망상적이지 않은(이에 대해 잠시 더 자세히 살펴볼 것이다) 확신보다 더 교정하기 힘들 수도 있지만, 사실 망상과 '정상적' 확신 사이에 명백한 카테고리적 차이는 없다. 카를 야스퍼스도 관찰했듯 망상의 교정 불가능성은 "진실에 부합하는 인식의 확고부동함과 심리적으로 구별되지 않는다".[29]

망상에 대한 이 같은 설명 앞에서 사물이 비정상적으로 눈에 띄는 현상은 오히려 기존 확신을 교정할 수 있게 하는 데 더 유리하게 작용하지 않을까, 하는 생각이 들지도 모른다. 비정상적 현저성은 예측과 감각 데이터 사이 균형이 무너진 결과다. 그래서 예측에 비해 감각 데이터에 더 강하게 가중치가 주어진다. 아울러 5장에서 확인했듯 확신을 예측의 한 가지 형태로 본다면, 예측기계의 밸런스가 무너지면, 확신에 더 약한 가중치가 주어질 것이 아닌가. 그래서 확신에 위배되는 감각 데이터가 더 많은 비중을 차지하게 되고, 확신이 더 쉽게 교정될 수 있지 않을까? 따라서 비정상적 현저성이 확신을 더 유연성 있게끔 해줄 게 아닌가?

그러나 망상적 확신은 이런 추론을 뒷받침하기는커녕 정반대인 것으로 보인다. 최소한 여러 세대에 걸친 신경정신과 의사들의 관찰과 거기에서 연유하는 망상의 정의를 믿는다면 말이다. 그러므로 이런 추론에 대해 최소한 세 가지 가능성을 이야기할 수 있다. 첫째는 신경정신과 의사들이 틀렸을 가능성이다. 즉 망상은 사실 '정상적' 확신보다 교정하기가 오히려 더 쉽지 않을까 하는 것이다. 두 번째로는 예측과 감각 데이터 사이의 불균형을 이야기하는 예측 처리 모델이 전적으로 틀렸을 가능성이다. 세 번째로는 신경정신과 의사들이나 예측 처리 이론이 그릇된 것이 아니라, 그 모델 자체는 기본적으로 맞지만 비정상적 현저성이 확신을 더 유연하게 해줄 거라는 추론이 틀렸을 가능성이 있다.

첫 번째 가능성을 반박하는 것은 생각처럼 간단하지 않다. 실제로 "망상적 확신이 '정상적' 확신보다 더 교정하기 힘든가?"라는 질문에 대한 설득력 있는 학술 연구가 알려져 있지 않기 때문이다. 여러 연구는 망상적 확신이 절대적으로 교정 불가능하지는 않다는 걸 보여준다.[30] 하지만 망상적 확신과 망상적이지 않은 확신의 교정 가능성을 직접 비교하는 연구는 수행하기가 굉장히 어려우며, 나아가 불가능하다고 할 수 있다. 이를 위해서는 교정이 가능한지 불가능한지는 일단 차치하고, 어떤 확신이 망상이고, 어떤 확신이 망상이 아닌지 결정해야 하기 때문이다(그래야 연구가 이루어질 수 있다). 게다가 (우리가 볼 때) 팩트가 확신에 위배된다고 해서 이런 확신을 망상으로 분류하는 것도 문제가 있다. 하지만 일반적으로 '정상적인' 확신에 위배되는 팩트는 그리 많지 않을 것이다. 그렇지 않다면 그런 확신을 '정상적'이라고 칭하지 않을 테니 말이다. 그러나 애초에 망상적 확신과 정상적 확신은 주어진 사실에 위배되거나 부합하는 것을 통해 서로 구분되는데, 팩트를 통한 교정 가능성 측면에서 망상적 확신과 '정상적' 확신을 어찌 비교할 수 있을까?

여러분은 '이런 일은 고양이가 계속 자신의 꼬리를 물고 빙빙 도는 형국임을 눈치챘을' 것이다. 단순한 해결책은 없다. 나는 지금까지 정신 질환자를 치료하면서 최소한 망상적 확신이 '정상적' 확신보다 더 쉽게 교정되지 않는다는 걸 관찰했다. 지금까지 나는 비정상적 현저성의 이론으로 미루어 짐작할 수 있는 것과는 달리, 정신 질환이 있는 사람들이 새로운 정보 앞에서 자신의 확신을 바람에 흩날리는 깃발처럼 계속 바꾸는 것을 보지 못했다. 오히려 반대였다. 그러나 앞에서 말했듯 이는 나의 주관적 인상일 따름이다.

두 번째 가능성은 학문적 증거를 토대로 쉽게 반박 가능하다. 오목 가면 착시 현상, 매끄러운 안구 운동, 불일치 음전위에 대해서는 탄탄한 연구가 이루어졌으며, 예측과 감각 데이터 사이의 불균형에 대한 기타 유사한 연구 결과도 많다. 따라서 아직 세 번째 가능성이 남아 있다. 즉 많은 것이 이상하게 눈에 띄는 등 주의력의 변화가 망상의 교정 불가능성과 양립하지 못하는 것이 아니라, 오히려 망상의 교정 불가능성을 설명해줄 수 있지 않을까, 하는 것 말이다. 어떻게 이런 설명이 가능할까?

──── 망상의 실용적 해석

앞에서 감각 자극의 비정상적 현저성을 경험할 때, 어떻게든 망상적 설명을 지어내면 '아하!' 하고 깨닫게 되어 안심하고 부담을 덜 수 있음을 살펴본 바 있다. 그 전에 설명할 수 없었던 모든 것이 커다란 연관으로 정리되고, 이를 통해 더 잘 통제할 수 있으며 덜 위협적으로 느껴지는 것이다.

설명할 수 없고 이상하게 생각되는 경험이 당사자에게 위협적으로 다가오는 것은 편집증적 망상을 불러일으키는 주요 동인이다. 논리적 사고를 하지 못하거나 다른 인지적 결핍이 있어 이런 망상적 사고를 하는 것이 아니다.[31] 우리 모두가 늘 걸려들곤 하는 '정상적' 인지 편향이 망상을 만들어낸다. '클러스터 착각'은 눈에 띄는 감각적 자극이 여러 개 이어질 때 우리가 패턴을 인식하게끔 하고 '과민한 행위 탐지 시스템'은 다른 사람의 자잘한 음모나 대규모 음모론을 의심하게 만든다.

게다가 그동안 아주 잘 알려진 확증 편향도 역할을 한다. 앞에서 우리가 '정상적' 확신을 부여잡고 고수하게 하는 중요한 요소로서 확증 편향을 살펴보지 않았는가. 물론 확증 편향은 망상적 확신을 부여잡고 바꾸지 않게끔 하는 데도 기여한다. 이런 편향으로 당사자들은 망상을 통해 개인적 위협을 느끼면서도 망상적인 확신을 부여잡고 놓지 않는 모순적 상황에 처한다. 그도 그럴 것이 이런 확신이 없으면 더 안 좋은 상황이 되기 때문이다. 망상은 최소한 설명할 수 없는 것을 설명해준다. 그렇기에 이런 확신을 다시금 포기하는 것은 더 위험하게 느껴지는 것이다.

클라우스 콘라트는 자신의 책에서 정신증적 증상으로 상사가 자신을 전보 대상자로 점찍어놨다고 확신하는 군인의 예도 이야기한다. 그 군인은 자신이 감시받고 있으며, 그를 시험하거나 창피를 주기 위해 온갖 함정을 파놓았다고 여겼다. 그 밖에도 동료들이 질투심에서 자신을 적대시한다고 보았다. 콘라트가 그 군인의 말을 곧이곧대로 듣지 않고 의심하며, 이것이 질병 증상일 수 있다고 설명하자 그는 굉장히 거부적 반응을 보이며 이렇게 말한다. "제 확신은 그래요. 사람들이 무슨 말을 해도 소용이 없어요. 나는 이런 확신을 절대로 버리지 않을 테니까요. 나는 다시 그런 끔찍한 의심의 구렁텅이에 빠지고 싶지 않아요."[32] 창피를 당하고 적개심의 대상이 되는 것이 힘들지만, 망상적 확신을 포기하는 것은 더 힘든 상태인 것이다.

버밍햄에서 연구하는 이탈리아 철학자 리사 보르톨로티는 망상과 비합리적 확신에 대한 논문에서 명백히 부정적 결과를 초래함에도 망상을 고수하는 것에는 그럴 만한 이유가 있을 수 있음을 강조했다.[33] 비정상적 현저성을 경험하고, 그로 인한 스트레스를 겪어 주의력과 집중력이 떨어지면 제 할 일을 하면서 일상을 살아내기 어렵다. 이런 난감한 상황에 망상적 설명을 통해 '아하!' 경험을 하면 스트레스가 줄어들고 인지적 기능 수준도 향상된다. 보르톨로티는 나아가 세계가 혼란스럽게 지각되는 상태에서 망상은 일관성의 감정을 만들어낼 수 있다고 말한다. 그럼으로써 경험하는 사건에 다시금 의미를 부여할 수 있고, 혼란 속에서 질서가 생기며, 통제감이 생겨난다.

이런 현상에 부합하는 주목할 만한 연구 결과가 나왔다. 이 연구에 따르면 망상증을 보이는 사람들은 정신 질환에서 회복된 사람들보다 삶에 더 많은 의미를 부여하는 것으로 나타났다. 이들은 직업상 돌보는 일을 하는 사람이나 종교에 심취한 사람보다 삶에 의미를 부여하는 경향이 더 강했다.[34]

되찾은 의미감과 통제감을 다시 포기하고 싶지 않은 것은 십분 이해가 간다. 비정상적 현저성과 그로 인한 불안감이 자신의 확신을 더 꼭 붙잡게 하는 것이다. 이런 확신이 불안감에 대처하는 데 도움이 되기 때문이다. 그래서 ─망상으로 고통스럽거나 절망하거나, 여러 가지 문제가 빚어진다고 해도─ 흔들리지 않고 망상적 확신을 부여잡을 타당한 이유가 있는 것이다. 이로써 망상적 확신은 최소한 실용적 의미에서 합리적일 수 있다. 혼란스럽고 통제할 수 없게 다가오는 현실 세계보다 통제감을 가지고 '돌아버린' 세상에 사는 것이 더 나은지도 모른다.

──── **하향식 위계질서적 예측 처리**

따라서 사람들이 망상적 확신을 굳게 고수하는 현상은 심리적으로 설명이 된다. 신경과학적으로 보면 ─예측 처리 이론에 빗대자면─ 이렇듯 확신을 흔들리지 않고 고수하는 현상은 예측의 위계질서상 뇌의 가장 높은 수준에서 생겨나는 예측에 강한 가중치를 두는 것(즉 높은 정확성을 부여하는 것)이라 할 수 있다. 이것은 예측의 위계질서상 서로 다른 수준에서 이루어지는 예측을 똑같이 취급할 수 없다는 의미다.

확실한 것은 위계질서상 낮은 수준에서 이루어지는 예측에는 상대적으로 적은 정확성이 부여된다는 것이다. 가령 얼굴이나 다른 대상의 형태처럼 감각적으로 경험되는 주변 환경의 규칙성에 대한 예측 같은 것이 그에 속한다. 반면 위계질서적으로 가장 높은 수준의 예측—따라서 우리의 확신에 해당하는 예측—은 그렇지 않다. 이런 예측은 그것이 망상적 확신이라 해도, 높은 정확성을 부여받는다. 그래서 교정되기 힘들다.

위계질서적으로 높은 수준의 예측에 더 비중을 두는 것은 위계질서적으로 낮은 수준의 예측이 감각 데이터와 비교해 너무 낮은 비중을 갖는 것에 대한 일종의 상쇄 메커니즘이라고 생각할 수 있다. 시스템이 잘 돌아가려면 예측 위계질서상 낮은 수준에서의 불확실성으로 말미암은 '혼란'이 위계질서상 높은 수준에서의 과잉 확신을 통해 정돈돼야 하는 것이다.

케임브리지대학교의 동료 파울 플레처Paul Fletcher는 한 대화에서 위계질서의 낮은 영역에서 일이 제대로 이루어지지 않으면 높은 영역이 그것을 넘겨받아야 한다고 말했다. 이 말은 가상의 회사 PREDICT를 연상시킨다. 회사의 낮은 직급 실무자들이 일을 제대로 하지 못하면(가령 별로 중요하지 않은 정보에 너무 많은 중요성을 부여한다든지), 지도부는 잘못된 결론에 도달할 수밖에 없을 것이다. 그래서 실무자들의 판단을 신뢰할 수 없겠다는 생각이 들면, 회사의 지도부는 자신들의 판단을 —그것이 설사 틀린 것일지라도— 더 단호하게 위로부터 밀어붙일 것이다. 위로부터의 이런 보정은 내적 세계 모델의 질서와 일관성을 만들어내며, 그를 통해 불안을 줄일 수 있다. 그러나 이것은 내적 세계 모델을 교정하기 더 힘들게끔 하고, 현실과의 연결을 잃게끔 할 수 있다.

예측 위계질서상 낮은 수준에서의 불확실함을 높은 수준의 과잉 확신을 통해 상쇄한다는 생각은 가설에 불과하다. 이 가설은 망상이 생겨나는 것뿐 아니라 망상이 교정되기 힘든 것은 예측과 감각 데이터의 균형이 무너지는 것과 그로 인해 발생하는 비정상적 현저성으로 말미암은 결과라고 설명한다. 그럴듯한 가설은 좋다. 그러나 경험적 검증이 없이는 단순히 가설에 불과할 따름이다.

이미 확인했듯 망상이 '정상적' 확신보다 더 교정하기 힘들다는 가설을 경험적, 직접적으로 검증하는 것은 불가능한 것으로 보인다. 그러나 우리는 최소한 뒷문으로 접근해볼 수 있다. 학문에서 즐겨 이용되는 뒷문은 실험이다. 앞문을 통해 망상적 확신과 '정상적' 확신의 교정 가능성을 서로 비교하는(그래서 고양이가 계속 자신의 꼬리를 무는 형국을 연출하는) 대신 실험적 접근을 통해 사람이 확신을 고집하려는 경향이 얼마나 강한지에 대한 객관적 시금석을 발견해보자.

—————— **확증 편향에 대한 새로운 시각**

어느 누구도 걸려들지 않는다는 보장이 없는 인지 편향인 확증 편향을 생각해보자. 새로운 증거를 기존 확신을 확인해주는 것으로 보려는 경향은 —망상적 확신이건 '정상적' 확신이건 간에— 우리가 확신을 고수하는 데 본질적인 기여를 한다. 망상이 교정되기 힘든 것이 특히 강한 확증 편향 때문일 거라는 건 분명해 보인다. 확증 편향에 대한 인지심리학 분야의 방대한 연구[35]는 이런 인지 편향이 개별적으로 얼마나 두드러지는지 조명해준다. 우리의 주제와 관련해 우선적인 질문은 바로 망상적 확신을 지닌 (또는 그런 망상 경향이 있는) 사람들의 확증 편향이 더 두드러질까 하는 것이다.

4장에서 인지 편향이 어떤 적응적 가치를 지닐 수 있을지 살펴봤을 때, 우리는 확증 편향의 의사소통적 기능에 포커스를 뒀다. 그래서 메르시에와 스페르베르의 말처럼 확증 편향이 자신과 타인에 대해 자신의 확신을 설득하는 역할을 해 적응적일 수 있음을 확인했다.[36] 그러나 여기서는 확증 편향의 적응적 가치가 단지 의사소통적 기능뿐 아니라, 뇌의 훨씬 더 일반적인 기능 원칙을 보여주는 것임을 살펴보고자 한다. 그 기능 원칙은 (예감했겠지만) 예측 처리 원칙이다.

예측 기계인 뇌가 어느 정도 무리 없이 기능하는 것은 뇌가 예측하고자 하는 세상이 많은 면에서 상당히 안정적이기 때문이다. 확신의 형태를 띤 예측이 정확도가 높은 것은 그런 예측이 상당히 안정적이고 변하지 않는 일반적인 법칙에 대한 것이기 때문이다. 그리하여 대부분의 경우 우리는 확신을 섣불리 폐기하지 않아도 잘 살아갈 수 있다.

하지만 확증 편향이 예측 기계인 뇌의 일반적 기능 원칙을 보여주는 것이라면, 그것은 뇌의 가장 높은 수준에서 이루어지는 예측, 즉 확신에만 국한되는 건 아닐 것이다. 실제로 예측의 위계질서상 하위 영역에서 이루어지는 기본적인 지각 과정에서도 확증 편향을 관찰할 수 있다.[37] 그래서 단순한 지각 결정에서 나타나는 '순차적 의존성'은 연구에서 익히 입증된 현상이다.[38] 순차적 의존성이란 우리의 지각이 현재 주어진 정보에 의해서만 결정되는 것이 아니고, 종종 우리가 직전에 지각했던 방향으로 편향된다는 것이다.

테니스 코트 관람석에서 일어난 일이 기억나는가? 목이 뻣뻣해서 공이 이리저리 날아다니는 걸 눈을 굴려서 추적할 수밖에 없었을 때 말이다. 이때 앞좌석에 앉은 신사가 일어나서 시야를 가려도 당신은 문제없이 공의 궤적을 따라갈 수 있었다. 눈 운동을 조절하는 일은 일반적으로 지각을 구성하는 것이나 마찬가지다.

우리 뇌는 직전에 있었던 사건을 활용해 다음 순간에 일어날 일을 예측한다. 즉 경험을 바탕으로 감각적 환경에 어느 정도 안정성이 있음을 가정하는 것이다. 방금 노란 테니스공이었던 것은 잠시 가려졌다가 나타나도 여전히 노란색 테니스공일 것이다. 오른쪽 기준선에서 왼쪽 기준선으로 날아가는 동안 시야나 조명의 상황이 급격히 달라지더라도(그림자 상황이 변한다거나 철조망 울타리가 보이는 등) 여전히 똑같은 노란색 테니스공일 확률이 높다. 뇌는 예측 처리 원칙에 따라 순간순간 현실을 구성하는데, 이때 직전의 지각을 활용해 예측한다.

그 결과 지각에서도 확증 편향이 일어나고, 이를 실험에서 '순차적 의존성'의 형태로 입증할 수 있다. 순차적 의존성에 대한 전형적 실험에서 참가자들은 아주 약하거나 '점차 잦아드는' 자극을 제공받는다. 명확한 지각 결정을 내리기 어려운 자극이다. 가령 정확한 운동 방향을 가늠하기 힘든 운동 자극이나 이미지 대비image contrast가 약해서 방향을 식별하기 힘든 선 같은 자극이다. 실험 참가자들은 자극이 주어질 때마다 새롭게 지각을 보고해야 한다. 운동 방향이 오른쪽인지, 왼쪽인지 등등을 말해야 하는 것이다. 물론 이것은 그리 달가운 과제는 아니다. 그도 그럴 것이 보통 수백 번 이런 실험에 응하는데, 뭔가 계속 때려 맞히는 듯한 느낌이 들기 때문이다. 그런 이유로 이런 실험은 참가자들 입장에서는 지루하고 하품이 나올 수 있지만, 연구자들 입장에서는 얻는 게 많다. 이런 실험을 통해 실험 대상자들이 이제 막 제시되는 신호만이 아니라, 각각 이전에 통과해온 지각 결정에 의존해 지각을 구성한다는 걸 관찰할 수 있기 때문이다. 가령 오른쪽 방향의 운동을 봤다고 지각 결정을 내렸다면, 다음으로 이어지는 실험에서도 다시금 오른쪽으로 결정하는 경향이 있다는 것이다. 약한 신호가 왼쪽 방향을 표시할 때도 많은 경우는 오른쪽으로 결정한다.

이런 형식의 확증 편향은 뇌에서 감각 데이터를 해석할 때 예측이 어떤 역할을 하는지 보여준다.[39] 예측은 뇌가 지각을 만들어내는 일을 돕기에 적응적이다. 현재 주어지는 정보가 불확실할 때는 무엇보다 그러하다. 따라서 여기서도 원칙적으로 우리가 앞에서 확신에 대해 살펴봤던 것과 똑같다. 활용할 수 있는 데이터가 불확실할수록 우리는 예측을 더 강하게 신뢰한다. 이런 확증 편향은 많은 경우 뇌가 감각적 주변 환경의 변화를 '간과'하고 틀린 지각을 만들어내게끔 한다. 그러나 결론적으로 말해 우리 뇌가 주변이 어느 정도 안정적이라는 가정하에 이런 안정성에 기반한 예측으로 자극을 처리하는 것은 살아가는 데 무난한 방식인 듯하다.

이런 배경에서 확증 편향이 순수 의사소통적인 기능만 하는 것이 아니라는 것은 확실한 듯하다. 물론 확증 편향은 예측 위계질서의 높은 수준에 속한 추상적 확신에서도 중요한 역할을 할 것이다. 확증 편향을 통해 우리는 자신의 확신을 더 잘 주장할 수 있기 때문이다. 이는 사회적 맥락에서 중요한 역할을 한다. 그러나 기초적 지각 과정에서도 비슷한 확증 편향이 나타난다는 것은 확증 편향이 뇌의 일반적 기능 방식에 속하는 것임을 보여준다. 새로운 정보를 처리하는 문제에서 뇌는 내적 세계 모델을 활용하며, 세상이 어느 정도 안정적이라고 가정한다. 빠르고 검소한 휴리스틱스[40]에 대해 말한 것처럼, 그러면서 때때로 실수가 빚어지지만 대부분은 대략적 원칙으로 잘 지낼 수 있다. 과거에서 현재를 유추하는 일은 적응적인 것이다.

─────── **지각과 생각에서의 확증 편향**

따라서 우리가 확인할 수 있는 것은 이것이다. 첫째는 예측 처리 이론의 틀 안에서 확증 편향이 나타나는 현상은 지극히 이해가 가는 것이라는 점이고, 둘째는 확증 편향이 예측 위계질서의 다양한 수준에 존재한다는 점이다. 위계질서의 가장 높은 수준에는 인지적 예측이 위치한다. 추상적 사고에서의 예측이다. 확신도 거기에 속한다. 위계질서의 낮은 수준에서는 지각과 직접 관련된 지각적 예측이 이루어진다.

물론 예측을 인지적 예측과 지각적 예측으로 양분하는 것은 지나치게 단순한 분류다. 뇌 속 예측의 위계질서는 두 가지 수준 이상으로 이루어지기 때문이다. 그러나 위계질서의 높은 수준과 낮은 수준으로 나누는 단순한 구분은 망상과 관련해 예측 메커니즘이 위계질서의 서로 다른 영역에서 서로 다른 방식으로 변화된다는 가설을 검증하는 데 도움을 준다(〈그림 6〉을 보라).

구체적으로 말해서 우리의 (두 가지) 가설은 이러하다.

(1) 망상 경향이 있는 사람들의 경우 위계질서의 낮은 수준에서는 상대적으로 감각 데이터에 비해 예측에 너무 적은 정확성이 부여된다.[41] 그에 따라 이런 사람들에게서는 지각적 확증 편향이 약화돼 있을 것으로 예상할 수 있다.

(2) 망상 경향이 있는 사람들의 경우 위계질서의 가장 높은 수준에서 예측에 너무 높은 정확성이 부여된다. 그에 따라 이런 사람들에게서는 인지적 확증 편향이 강화돼 있을 것으로 예상할 수 있다.

독자들이 불필요하게 궁금해하지 않도록 귀띔하자면, 이 두 가설은 경험적인 연구로 검증된 것들이다. 이런 증거들이 무엇

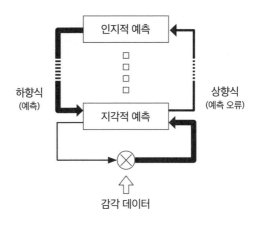

망상이 생겨나고 유지되는 것을 설명할 수 있는 예측의 위계질서.

일까? 자, 다음에서 망상과 관련한 지각적, 인지적 확증 편향에 대한 몇몇 연구를 살펴보기로 하자.

개인의 지각적 확증 편향이 얼마나 강한지는 앞에서 소개했듯 지각 실험에서 순차적 의존성을 측정함으로써 정량화할 수 있다. 어떤 개인의 지각 결정이 앞선 지각 방향으로 편향되는 현상이 강할수록 그 사람의 지각적 확증 편향이 강하다고 할 수 있다.

나의 동료 안나-레나 에커르트Anna-Lena Eckert가 박사 논문을 준비하며 다수의 건강한 실험 대상자를 대상으로 수행한 연구는 우리 가설 (1)에 부합하게 망상 경향(그리고 다른 정신증적 경험)과 지각적 확증 편향의 개인적 강도 사이의 연관성을 보여줬다. 정신증적 경험을 하는 경향이 강한 사람들일수록 순차적 의존성이 약했다. 즉 감각적 확증 편향이 약했다.[42] 또 다른 연구도 그와 같은 방향에서 역시 정신 질환이 있는 사람들의 순차적 의존성이 약화돼 있음을 보여줬다.[43] 우리의 가설 (1)에 부합하게 이런 발견은 망상 경향은 감각 데이터에 비해 지각적 예측의 비중이 약화되는 현상을 동반한다는 것을 보여준다(〈그림 6〉에서 왼쪽 하단의 작은 화살표가 이를 나타낸다). 이는 훨씬 앞서 이야기한 오목 가면 착시 현상, 매끄러운 안구 운동, 불일치 음전위 등에 대한 연구 결과와 맞아떨어진다. 이것들은 모두 예측과 감각 데이터 사이의 균형이 무너져 예측에 대한 비중이 약해졌음을 보여준다.

여기까지는 두 부분으로 이루어진 우리의 가설 중 첫 부분에 관한 것이었다. 가설 (2)는 인지적 확증 편향에 관한 것으로, 우리는 망상 경향이 있는 사람들의 경우 인지적 확증 편향이 강하다고 전제한다. 어떤 사람의 인지적 확증 편향을 실험적으로 측정하려면 우선 확신을 불러일으키고 나서, 새로운 정보가 대두됐을 때 그 사람이 얼마나 이런 확신을 굳게 고수하는지 보면 될 것이다.

나처럼 주말에 종종 추리 영화를 보는 사람이라면 잘 알 텐데, 이런 영화에서는 종종 범인이 아닌 사람을 범인으로 의심하게 만든다. 범죄 동기가 있고, 범죄 현장에 얼씬거리고, 그 밖의 눈에 띄는 행동을 하는 사람 말이다. 아주 섬세하게 연출된 영화라면 (그리고 당신이 추리 영화 전문가가 아니라면) 이를 통해 당신은 그 사람이 범인이라고 확신하게 되며, 확증 편향이 가세해 거의 마지막까지 그런 오해를 고수한다. 결국 마지막에 당신이 불쌍한 인물을 부당하게 의심했음을 알게 되지만 말이다(확증 편향이 특히 강한 경우는 진짜 범인이 밝혀져도 혀를 내두르며 믿지 못하기도 한다).

인지 확증 편향을 측정하는 실험은 바로 이런 트릭을 사용한다.[44] 연구자들은 실험 참가자들에게 모든 것이 아주 명확한 범죄 이야기를 들려준다. 그러면 참가자들은 자연스레 특정한 사람을 의심하게 된다. 실험이 진행되면서 참가자들은 또 다른 정보를 접하게 되는데, 그중에는 처음의 의심에 배치되는 것도 있고, 처음의 의심을 확인시켜주는 것도 있다. 그러면 보통은 처음의 의심에 들어맞는 정보를 더 중요한 것으로 여기고, 나중에도 이런 정보를 더 잘 기억한다.

캐나다 정신과 의사 토드 우드워드를 위시한 연구 팀은 이런 형태의 확증 편향을 망상 경향과 연관 지어 실험했다. 어느 정도 망상 경향이 있는 건강한 사람들과 조현병 진단을 받은 사람들을 대상으로 한 연구 결과는 가설 (2)를 확인해준다. 즉 정신 질환 진단을 받지 않았지만, 망상 경향이 심한 사람들과 조현병 진단을 받은 사람들은 망상 경향이 별로 없는 건강한 사람들에 비해 인지적 확증 편향이 더 강하다는 연구 결과가 나온 것이다.[45] 망상 경향이 심하거나 조현병 진단을 받은 사람들은 처음에 부여잡은 확신과 맞아떨어지는 정보를 더 중요한 것으로 평가했고, 나중에도 이런 정보를 더 잘 기억했다. 이런 사람들은 마지막에 처음 의심했던 사람에게 뚜렷한 알리바이가 있다고 나오더라도, 여전히 그가 범인일 확률이 크다고 여겼다. 이런 연구 결과는 망상 경향이 있는 사람들은 인지적 확증 편향이 더 강해 인지적 예측에 과도한 정확성을 부여한다는 것을 시사한다[46](〈그림 6〉에서 왼쪽 상단의 두꺼운 화살표가 이를 나타낸다).

─── 점으로 된 구름과 두 가지 환상

잠시 요약해보자. 우리는 확증 편향이 뇌의 일반적 기능 원리를 보여준다는 걸 살펴봤다. 뇌는 과거에서 미래를 추론해 예측을 한다. 이런 기능 원칙이 우리의 생각뿐 아니라 지각도 결정한다. 경험적 연구가 보여주듯 망상 경향이 있는 사람들은 지각적 확증 편향이 상당히 약하다. 이것은 예측 위계질서의 낮은 수준에서는 —상대적으로 감각 데이터에 비해— 예측에 별로 비중이 주어지지 않는다는 뜻이다. 이로써 비정상적 현저성이 나타나며, 망상도 생겨난다.

반대로 망상 경향이 있는 사람들에게서는 인지적 확증 편향이 상당히 강하다. 이것은 다시금 위계질서적으로 높은 수준의 예측에 상당히 높은 가중치가 부여된다는 뜻이며, 망상적 확신이 교정 불가능한 것이 이로써 설명된다. 그도 그럴 것이 새로운 정보가 나와도 기존 확신에 맞는 것만 선택적으로 지각하기 때문이다. 위계질서상 높은 수준에서 이렇게 예측에 높은 비중을 두는 것은 위계질서상 낮은 수준에서의 예측과 감각 데이터의 균형이 무너진 것으로 말미암아 생겨나는 불확실성을 상쇄하는 메커니즘일지도 모른다.

그리하여 우리는 망상과 연관해 약화된 지각적 확증 편향과 강화된 인지적 확증 편향에 대한 경험적 증거를 가지고 있다. 그러나 강화된 인지적 확증 편향이 약화된 지각적 확증 편향과 직접적으로 연관이 있는지에 관련된 경험적 증거는 가지고 있지 않다. 이 두 가지에 대한 연구 결과가 서로 다른 참가자를 대상으로 하는 서로 다른 연구에서 나온 것이기 때문이다. 그러나 상쇄 메커니즘이 맞는다면, 지각적 확증 편향이 약화된 사람들은 강화된 인지적 확증 편향을 지닌 상태일 것이고, 거꾸로 인지적 확증 편향이 강화된 사람들은 지각적 확증 편향이 약화된 상태일 것이다.

이를 정확히 테스트하기 위해 우리 연구 팀에서는 쌍안정 지각이라는 매력적인 효과를 활용했다. 쌍안정 지각이 무엇인지 기억날 것이다. 네커의 정육면체 등을 볼 때(프롤로그의 〈그림 1〉을 보라) 두 가지 지각을 동시에 경험할 수 있는 것 말이다. 일반적으로 이런 자극을 볼 때 우리의 지각은 몇 초에 한 번씩 안정적인 두 지각 상태를 넘나든다. 연구에서 우리는 소위 점 키네마토그램dot kinematogram을 사용한다(〈그림 7〉). 점 키네마토그램은 움직이는 다수의 점으로 이루어진 점 구름point cloud이라 할 수 있다. 이 점들은 회전하는 구의 표면에서 움직이는 것 같은 인상을 주게끔 프로그래밍되어 있다. 그런데 구가 왼쪽으로 회전하는 것도 같고, 오른쪽으로 회전하는 것도 같아서, 오래 보면 쌍안정 지각이 생겨난다. 이런 점 키네마토그램은 지각 연구자들 사이에서 아주 애용된다. 예쁘게 보일 뿐 아니라, 지각 특성을

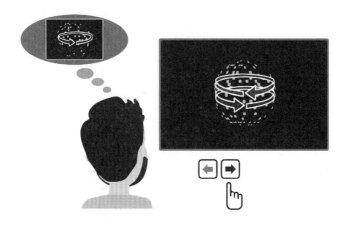

실험적으로 아주 잘 조작할 수 있기 때문이다.

쌍안정 지각은 다시금 예측 처리 이론의 놀라운 사례다. 쌍안정 지각이 우리의 지각이 '현실과 부합하는' '환상'임을 분명히 보여주기 때문이다.[47] 다만 이 경우에는 현실이 하나의 환상이 아닌, 두 가지 환상과 호환될 따름이다.

동료 파이트 바일른하머Veith Weilnhammer를 위시한 우리 연구팀은 지난 몇 년간 뇌가 그런 상황에서 이 두 가지 환상 중 하나로 결정하지 않고 두 가지 지각 상태를 왔다 갔다 하는 이유가 무엇인지 연구했다.[48] 이 책의 논의와 관련해 무엇보다 중요한 것은 이런 과정에서 지각적 예측뿐 아니라 인지적 예측이 중요한 역할을 해 이런 예측들이 지각이 얼마나 자주 교대될 지, 그리고 두 가지 '환상' 중 어느 것을 더 우선적으로 지각할지에 영

향을 미친다는 것이다.[49]

지각적 예측의 영향은 쌍안정 지각에서도 앞에서 기술한 순차적 의존성이 나타난다는 점에서 알 수 있다. 내가 〈그림 7〉에서 회전하는 구가 왼쪽으로 돌아간다고 지각했다면 그것이 다음에 등장할 때도 또다시 왼쪽으로 돌아가는 것으로 지각할 확률이 높다.[50]

하지만 인지 예측 역시 우리가 두 가지로 해석할 수 있는 자극을 어떻게 지각할 것인지에 영향을 미친다. 내가 몇 년 전 스웨덴의 정신의학자 프레드라그 페트로비치Predrag Petrovic, 그리고 크리스 프리스(5장에서 지각을 '환상'이라고 했던 그 뇌과학자다)와 함께 수행한 연구가 이를 보여줬다.[51] 실험에서 우리는 참가자들의 확신을 조작했다. 참가자들에게 빨간색, 초록색이 어우러진 3D 안경이 이쪽 방향으로 도는 것도 같고, 저쪽 방향으로 도는 것도 같은 점 구름의 지각을 변화시킬 것이라고 알려줬는데, 정말로 이런 설명만으로도 참가자들의 지각에 확연한 영향을 미치는 것으로 나타났다. 그래서 3D 안경을 쓰니 점 구름이 왼쪽으로 더 많이 돈다고 확신한 경우, 정말로 왼쪽으로 도는 지각이 지배적이 됐고, 오른쪽으로 돈다고 확신한 경우도 마찬가지였다. 이런 발견은 확신의 모습을 한 인지적 예측이 정말로 우리의 지각을 변화시킬 수 있다는 것을 보여준다. 따라서 최소한 현실을 두 가지로 볼 수 있는 경우는 우리 지각의 '환상'이 우리의 확신과 맞아떨어지는 것이다.[52]

따라서 우리 연구 팀은 쌍안정 지각 현상을 활용해 지각적 예측과 인지적 예측이 지각에 미치는 영향을 측정할 수 있는 실험 수단을 확보하게 됐고, 지각적 확증 편향이 약한 사람들이 인지적 확증 편향은 더 강하다는 우리 가설을 입증할 수 있었다. 카타리나 슈막Katharina Schmack이 주도한 연구에서 우리는 100명이 넘는 건강한 사람들을 대상으로 한 질문지 PDI[53]를 통해(3장을 참조하라) 망상 경향을 측정한 뒤 연구를 했다.[54]

우리는 두 가지 실험을 시행했는데, 그 실험에서 각각 두 가지 지각을 가능케 하는 점 구름을 활용해 참가자들의 지각적 확증 편향과 인지적 확증 편향을 측정했다. 그 결과는 명확했다. 많은 다른 연구와 마찬가지로 여기서도 망상 경향이 있는 사람들은 지각적 확증 편향이 약화됨을 발견했다. 인지적 확증 편향은 정반대였다. 즉 망상적 사고 경향이 강할수록 인지적 확증 편향이 더 두드러지는 것으로 나타났다. 우리는 인지적 확증 편향과 지각적 확증 편향 사이 부정적 연관에 대한 가설도 확인할 수 있었다. 즉 지각적 확증 편향이 약한 실험 대상자일수록 인지적 확증 편향은 강하고 인지적 확증 편향이 강할수록 지각적 확증 편향은 약하다는 것 말이다.

이런 발견은 우리가 예측한 방향을 시사한다. 위계질서상 높은 수준에서의 예측에 더 강한 비중이 주어지는 것은 위계질서상 낮은 수준에서의 예측과 감각 데이터 사이의 상대적 불균형을 통해 지각의 불확실함이 발생하는 데 대한 일종의 상쇄 메커니즘일 수 있다. 따라서 위계질서상 더 낮은 수준이 일을 충분히 잘하지 못하면 높은 수준이 지휘권을 넘겨받을 수 있고, 그로써 망상적 확신을 굳게 고수할 수 있는 것이다.

앞에서 '일을 충분히 잘하지 못한다'라는 표현을 말 그대로 뭔가 큰 잘못을 한다는 의미로 이해해서는 안 될 것이다. 그도 그럴 것이 이 연구는 완전히 건강한(정신 질환과는 거리가 먼) 참가자들을 대상으로 수행했기 때문이다. 그러므로 이런 연관에서 예측과 감각 데이터가 상대적으로 불균형하다고 말하는 것은 병리적으로 변화된 것을 뜻하지 않는다. 그리고 다른 비슷한 연구에서 조현병 진단을 받은 사람들에게서 지각의 확증 편향이 약화된 것으로 나타났다고 해도,[55] 이것은 지각의 확증 편향이 약한 것 자체가 병리적인 것임을 뜻하지는 않는다. 요컨대 일반적 인구 집단에서 나타나는 특정 뉴런 과정(신경 프로세스)의 변화가 통계적으로 다소간의 망상 경향과 연관이 있을 수 있다는 것이다. 그리고 이런 변화가 많은 사람의 머릿속에서 '미친' 세계를 만들어내는 데 일조할 수 있는 것이다.

——— 7장

여기서 병든
사람은 누구일까?

——— 망상은 적응적일까?

자, 우리는 뇌가 세계상을 구성하기 위해 활용하는 메커니즘에 대해 알아봤고, 이런 메커니즘에 미묘하게 불균형이 생기면 이런 세계상이 현실과 연결을 잃고 망상이 생기기 쉬워진다는 것도 살펴봤다. 그 밖에 '정상적' 사고와 망상적 사고의 경계가 유동적일 뿐 아니라, 인구 집단에서 기본이 되는 뉴런 과정이 연속 분포를 띤다는 것도 살펴봤다.

이제 다시 한번 진화론의 안경을 쓰면 우리는 아직도 중요한 질문에 답하지 못했다는 사실을 알 수 있다. 인구 전체로 볼 때 망상 현상과 그 토대가 되는 메커니즘에서 서로 차이가 나타난다면 망상 경향이나 망상 자체가 적응적일 수도 있는 것일까? 새의 날개 길이와 비슷하게 어느 정도의 망상 경향이 진화적 적합성을 높여줄 수 있는 것일까?

우리는 앞에서 유전적으로 조건 지워진 정신증 경향이 창조성 같은 적응적일지도 모를 특성과 연결됨을 확인한 바 있다. 그러나 망상이 적응적 산물이 아니라, 그저 달갑지 않은 부수 작용일 가능성도 있다. 마치 허리 디스크나 그 밖의 허리 문제가 직립보행의 달갑지 않은 부작용으로 볼 수 있는 것처럼 말이다. 망상 경향이 우리 인간들이 효율적 오류 관리나 창조적 잠재력 같은 적응적인 특질을 얻는 대신 지불해야 하는 대가일까? 아니면 망상적 사고 경향이 그 자체로 적응적일 수 있을까? 다음에서 우리는 이런 질문을 살펴보려 한다.

우선 다시 한번 1장에서 소개한 세 가지 사례를 떠올려보기로 하자. 러시아 마피아가 자신의 휴대폰을 해킹했다고 확신한 존 M.의 이야기, 뉴욕 지하철에서 제2의 9·11과 같은 일이 일어나고 있다고 느낀 헬렌 S.의 이야기, 사위가 계속해서 자신의 물건을 훔치고 있다고 여긴 마르가레트 G.의 이야기. 이 세 이야기는 '정상적' 확신과 망상적 확신의 경계, 건강한 상태와 병리적인 상태의 경계에서 움직인다. 그 밖에 이 세 사람 모두는 기본적으로 같은 종류의 두려움을 품고 있다. 즉 존 M.과 헬렌 S., 마르가레트 G.는 다른 사람들이 그들에게 해를 끼치고 있다고 확신한다.

이것은 우연이 아니다. 편집증적 망상 또는 편집증은 망상의 가장 흔한 형태다. 물론 그 외에도 과대망상, 빈곤 망상, 죄업 망상, 질투 망상, 연애 망상에 이르기까지 다양한 망상이 존재하며, 어떤 망상은 특정한 장애와 동반해서만 나타난다. 과대망상은 조울증의 증상이며, 빈곤 망상이나 죄업 망상은 우울증과 함께 나타날 수 있다. 파트너가 자신을 배신하고 다른 사람을 만나고 있다고 근거 없이 확신하는 질투 망상은 종종 다른 장애와 상관없이 별도로 나타나는 경우가 많다. 편집증적 망상은 주로 조현병에 동반되는 증상이지만, 여러 심리 장애에서 나타날 수 있다.

편집증이 흔할뿐더러, 부분적으로는 편집증이 있는 당사자와 주변 사람들에게 중대한 결과를 초래하기에 편집증적 망상의 진화적 적응성을 살펴보려 한다. 편집증은 (1) 자신이 피해를 당할 것이며, (2) 이런 피해는 다른 사람이 의도한 결과라는 잘못된 확신을 의미한다.[1] 이 때문에 자신이 위험에 처했다는 느낌은 다른 사람에 대한 불신으로 드러나 인간관계를 잘 맺지 못하게 하고, 그 결과 사회성을 결여시키고 외롭고 고립되게 만든다.

편집증은 다른 사람들(혹은 신과 같은 존재), 그리고 그들과의 관계와 관련한 확신이라는 점에서 철저하게 사회적 증상이다. 이러한 편집증적-망상적 확신은 인식적으로 불합리한 것이다. 즉 현실과 부합하지 않고 반대 증거에도 교정되지 않는다. 그러나 편집증적 사고는 그 자체로 병리적인 것은 아니다. 정신 질환이 없는 사람들의 정신증적 경험에 대한 연구에서 알려져 있듯 편집증적 사고는 상당히 만연해 있다.[2] 그리고 건강한 편집증과 병적 편집증을 명확히 구분할 수 없기에, 편집증적 사고는 인식적 비합리성을 띠는 아주 '정상적인' 레퍼토리로 볼 수 있다.

망상의 가장 흔한 형태(편집증)가 주로 사회적 관계를 둘러싸고 나타나는 이유는 무엇일까? 언뜻 떠오르는 생각은 편집증적 망상이 '소셜 브레인social brain' 장애, 즉 사회적 신호를 지각하고 사회적 행동을 조절하는 역할을 하는 신경 메커니즘의 장애로 말미암은 게 아닐까 하는 것이다.[3] 그러나 많은 신경학적 연구를 통해 알려진 것처럼, 망상 증상의 토대를 이루는 신경의 기능장애는 굉장히 기본적인 특성이다. 여러 방법으로 수행된 일련의 연구는 나아가 망상은 뇌 속 예측 메커니즘의 장애와 그로부터 기인하는 비정상적 현저성으로 생겨난다는 결론을 내리고 있다. 우리는 설명할 수 없는 것을 설명하고자 패턴을 찾고, 이런 패턴을 유발한 사람을 찾는다. 우리는 사회적 구조 안에서 살아가며, 사람들에게 둘러싸여 있기에 주변 사건에서 눈에 띄는 패턴을 발견하면 타인이나 다른 존재가 배후에서 그런 일을 꾸민 건 아닌지 의심한다.

　우연인 듯 보이는 사건들에서 패턴을 인식하는 것(클러스터 착각), 그리고 그 뒤에서 다른 이들의 의도를 추측하는 것(과민한 행위 탐지 시스템)은 굉장히 '정상적인' 인간의 반응이다. 설명하기 힘든 사건의 배후에서 다른 사람들의 음모를 점치는 게 '미쳐서'가 아닌 것이다. 이런 경향이 나타나는 것은 사회적 관계가 우리 삶에서 특별한 역할을 점유하기 때문이다. 따라서 편집증적 사고 경향은 다른 사람의 적대적 의도를 알아채 타인이 야기할 수 있는 피해를 예방해줄 수 있다는 면에서 적응적으로 볼 수 있다.

　이를 반대로 생각해보자. 편집증이 전혀 없으면 어떻게 될까?

다른 사람들이 나쁜 의도를 지닐 수 있다는 걸 전혀 생각하지 못하고, 그들이 우리에게 고의적으로 피해를 입히려 한다는 생각은 안중에도 없다면? 사람을 믿는 능력은 협동적 행동의 토대로서 틀림없이 적응적이다.[4] 그러나 지나치게 순진하고 무지한 것은 적응적이지 않을 것이다.

따라서 편집증은 오류 관리 이론에 부합하는 보호 메커니즘 차원에서 화재경보기의 원리를 따르는 비이성적 사고의 한 형태로 볼 수 있다.[5] 내가 너무도 순진하게 동료들의 위협을 간과한다면, 그런 실수가 초래하는 비용은 그들에게 혹시 적대적 의도가 있을지도 모른다는 걸 신중하게 감안하는 것보다 훨씬 높을 것이다. 새 날개의 길이 혹은 외향성이나 성실성 같은 인간의 인격적 특성과 비슷하게 편집증적 망상 경향은 진화적 적합도 지형 면에서 해석할 수 있다. 그에 따르면 편집증적 망상 경향은 다른 사람들의 적대적 의도로 말미암은 피해를 예방할 수 있도록 도와준다는 점에서 유용하다. 그러나 망상 경향이 너무 강하다면 사회생활에 제한을 초래할 수 있다.

──────── **화재경보기와 전단 볼트로서의 편집증**

가벼운 편집증적 사고 경향이 적응적일 수 있음은 편집증이 위험한 삶의 상황에 대한 반응임을 보여주는 연구 결과로 뒷받침된다. 연구자들은 물질적으로 빈곤한 사람, 영국의 길거리 갱

단원, 1990년대 초 유고슬라비아 전쟁에 참전한 사람에게서 편집증이 증가하는 현상을 관찰했다.[6] 사람들과의 사이에서 나쁜 경험을 한 사람, 또는 계속적으로 그런 경험을 하며 살아가는 사람에게서는 편집증적 사고가 굉장히 기능적일 수 있다. 굉장히 민감한 화재경보기의 의미에서 말이다.

화재경보기가 무엇인지는 모두가 잘 알 것이다. 법적으로 모든 공간에 화재경보기를 설치하는 것이 의무가 됐기 때문이다. 하지만 '전단 볼트'가 무엇인지는 잘 모를 것이다. 나는 최근까지 전단 볼트가 무엇인지 몰랐다. 전단 볼트는 농기계의 엔진이나 프로펠러 엔진 같은 기계에 과부하 보호 장치로 종종 설치된다. 강한 과부하가 일어났을 때 갑작스러운 힘의 전달을 막음으로써 기계 부품이 손상되지 않도록 하는 것이다. 전단 볼트에는 과부하가 일어났을 때 브레이크 포인트break point 역할을 하는 홈이 있다. 전단 볼트가 절단된 후에도 기계는 계속 돌아갈 수 있다. 단, 기능이 제한된다.

그런데 전단 볼트와 망상이 무슨 관계가 있을까? 호주의 심리학자 라이언 매케이Ryan McKay와 미국의 철학자 대니얼 데닛이 편집증적 망상이 일종의 전단 볼트 기능을 할 수 있다는 생각을 맨 처음 제안했고,[7] 이후 다른 연구자들이 이에 착안해 연구를 계속했다.[8] 이 생각에 따르면 편집증적 망상은 감정적으로 심한 스트레스를 받는 등 극심하게 힘든 상황에서 '믿음 형성 기계belief formation machinery'가 무너지는 걸 막아준다. 즉 평소 '정상적' 확신을 만들어내는 토대가 되는 메커니즘이 무너지지 않도록 해주는 것이다. 망상적 확신의 형성은 전단 볼트와 같은 일종의 보호 메커니즘이며, 그 때문에 적응적일 수 있다.

편집증적 사고 경향의 적응적 가치를 비유하는 화재경보기 원칙과 달리, 전단 볼트 원칙은 정신 질환 증상으로서 편집증적 망상에 관련한 솔깃한 설명을 내놓는다. 전단 볼트 메커니즘은 특히 정신 질환의 초기에 개입한다고 생각할 수 있다. 비정상적 현저성을 강하게 경험함으로써 굉장히 불안한 상황에서 말이다. 모든 것이 의미 있어 보이는데 설명할 수 없고, 위험하게 다가온다. 지금까지의 내적 세계 모델은 더 이상 작동하지 않고, 자칫 무너지려 한다. 이런 경우 편집증적 사고는 시스템이 송두리째 무너지는 걸 막아준다는 의미에서 전단 볼트 역할을 할 수 있다. 기계는 계속 작동하지만 제한된 기능을 갖는다. 즉 현실과 더 이상 부합하지 않는 확신의 도움으로 작동하는 것이다. 주관적으로 매우 불안하게 경험되는 세상에서 편집증적 망상은 당사자가 제대로는 아니지만, 그런대로 기능을 계속할 수 있게 해준다. 그래서 망상은 적응적일 수 있을 것이다. "절단된 전단 볼트(즉 망상의 형성)는 마비된 채 아무것도 할 수 없는 상태가 되는 대신 세상에서 그럭저럭 살아갈 수 있게 해준다." [9]

예측 처리 이론에 비추어볼 때도 망상적 확신은 '전단 볼트 절단'으로 이해할 수 있다. 예측과 감각 데이터 사이의 불균형으로 말미암아 예측 위계질서의 낮은 수준에서 예측 오류가 지나치게 많이 생겨나면, 주관적으로 견딜 수 없는 불안이 찾아온다. 그러면 이제 전단 볼트가 절단됨으로써 내적 세계 모델의 가장 높은 수준의 예측이 변해 설명할 수 없는 것—예측 오류가 계속 나타나는 것—을 설명할 수 있게 된다.[10]

이런 숙고는 정신 질환 증상으로서 편집증적 망상, 즉 심한 형태의 비이성적 확신에 대한 것이다. 그러나 편집증은 건강한 사람들 사이에서도 정도의 차가 있을 뿐 만연돼 있기에 이를 '정상적인' 형태의 인식적 비합리성으로 볼 수 있다. 편집증적 망상이 정신 질환자의 불안을 줄여주는 메커니즘으로 볼 수 있듯 건강한 사람들의 편집증적 사고도 그들의 불안을 줄여주는 것으로 볼 수 있는 것이다. 우리의 내적 세계 모델은 결코 현실을 충실하게 모사하는 것이 아니고, 늘 모델일 따름이기 때문이다. 통계학의 유명한 발언이 생각나는 지점이다. 바로 "모델은 모두 잘못됐다. 그러나 어떤 모델은 유용하다"는 말이다.[11] 즉 우리의 내적 세계 모델은 대부분 유용하지만, 결코 완벽하지 않으며, 모든 사건을 올바로 예측할 수 없다. 따라서 예측과 부합하지 않거나, 모순적으로 보이는 사건이 늘 등장한다. 그러면 뇌는 예측 오류 신호를 만들어내고, 우리는 약간 혼란스럽고 불안하고 불확실한 상태에 직면한다.

이런 불안으로 보통은 시스템이 송두리째 무너질 위험은 없다 해도, 편집증적 사고는 건강한 사람들에게도 짐을 덜어주는 역할을 할 수 있을 것으로 보인다. 편집증적 사고를 통해 주관적으로 이해가 가지 않는 여러 일을 이해할 수 있다. 편집증적 사고는 설명할 수 없는 경험을 설명해준다. 이런 경험을 다른 사람 혹은 다른 존재의 의도로 보면서 말이다. 편집증적 사고는 그렇게 해서 질서를 잡아주고 불안을 덜어줄 수 있는 것이다. XY라는 일이 왜 일어나는지 설명할 수 없을 때, 악의가 있는 이웃이나 화가 난 신 때문이라고 보면 일단 불확실성을 좀 줄일 수 있다. 불확실성이 줄어들면 마음이 좀 편해진다. 설명할 수 없는 것에 대한 설명을 찾았기 때문이고, 다시금 행동 능력을 획득할 수도 있기 때문이다. 나는 이웃을 관찰하고, 해명을 요구하고, 대책을 마련할 수 있다. 또는 기도를 올리거나 제물을 바침으로써 신의 화를 누그러뜨릴 수 있다.

헷갈리는 정보, 불안, 카오스, 모순적으로 보이는 것으로 말미암은 불안을 줄이는 것이 관건인 것이다. 이런 시각에서 볼 때 망상적 확신은 '정상적' 확신과 같은 기능을 한다. 그러나 불확실성을 줄일 필요가 클수록 확신을 더 고집스럽게 고수하게 되며, 반대 논지나 모순적 증거가 있어도 자신의 확신을 더 강하게 방어하게 된다.

그래서 심리적으로 볼 때 망상적 확신은 개인의 불안을 줄여주는 기능을 할 수 있지만, 그렇다고 망상적 확신이 진화적 적합성의 의미에서도 적응적일까?

확실히 증명할 수는 없지만, 그럼에도 이런 가설은 일리가 있다. 망상적 확신이 불안을 덜어주므로 장기적으로 스트레스가 감소되고, 이해되지 않는 혼란스러운 것에 대해 인식적으로 합리적 설명을 찾느라 한정된 에너지를 쓰지 않고도 직접적으로 생존과 번식에 중요한 과제에 집중할 수 있기 때문이다.

───── **음모론은 정말로 망상적일까?**

다시금 음모론으로 돌아가는 것이 좋을 것이다. 그도 그럴 것이
음모론은 아주 만연한 '정상적' 비합리적 확신의 예이기 때문이
다. 세상의 갖가지 사건에 대해 이런 사건들 뒤에 특정 집단—
권력자, 언론, 유대인 등등—의 음모가 있다는 설을 퍼뜨리는
현상은 어제오늘 일이 아니다. 그러나 음모론은 최근 더 만연하
고 있으며, 이에 대해 더 많은 논의가 이루어졌다.[12] 많이 논의
되는 질문은 음모론을 믿는 것을 병리적인 것으로 볼 수 있는
가, 하는 질문이다. 음모론에 대한 믿음을 정신적으로 불안정하
거나 논리적 사고력이 부족하거나 나아가 지능이 떨어지는 표
시로 볼 수 있는가, 하는 것이다.

　이런 생각을 맨 처음 개진한 것은 미국의 역사학자 리처드 호
프스태터Richard Hofstadter로, 그는 1964년 〈하퍼스매거진〉에 발표
한 유명한 에세이 〈미국 정치의 편집증적 스타일〉에서 음모론
을 믿는 것을 정신 능력이 떨어지는 것으로 보았다.[13] 하지만 팩
트는 이런 견해에 명백히 배치되는 듯하다. 음모론을 믿는 것은
결코 특이한 현상이 아니라, 상당히 '일반적인' 현상으로 드러
났다. 앞서 언급했듯 미국인의 절반 정도가 최소한 하나의 음모
론을 믿고 있다(2장 〈'정상적' 확신의 비합리성〉을 참조하라).[14] 음모
론에 대한 믿음이 전형적인 미국적 현상인 것도 아니다. 2019년
프리드리히 에베르트Friedrich Ebert 재단의 연구에 따르면 독일인
3분의 1 이상이 '정치가들과 다른 지도층 인사들은 배후 권력(세

력)의 꼭두각시일 따름'이라고 믿는 것으로 나타났다.[15]

지능이 떨어지는 사람들이 음모론을 더 잘 믿는다고 단정할
수도 없다. 한 연구에서 음모론을 믿는 사람들은 복잡한 문제에
대한 단순한 설명을 우선하며, 스스로 평균적으로 그다지 똑똑
한 사람으로 평가하지 않는 것으로 드러났지만,[16] 이런 상관관
계는 약하며, 부분적으로는 다른 요인들의 영향을 받는 것으로
드러났다. 그러므로 음모론을 믿는 것은 지능과는 별 상관이 없
는 듯하다. 오늘날 학계는 음모론에 대한 믿음을 판단력이 병적
으로 제한됐음을 보여주는 표시라기보다는 굉장히 '정상적인'
현상이라는 데 의견을 같이한다.[17]

그러므로 음모론은 '정상'과 '비정상'의 차이를 논할 때 상당히
흥미롭게 다가오는 주제임에 틀림없다. 음모론적 확신은 음모
론을 믿지 않는 사람들(또는 최소한 같은 음모론을 믿지 않는 사람들)
의 눈에는 굉장히 '정신 나간' 것으로 보인다. 그러나 동시에 음
모론적 확신은 아주 일반적으로 볼 수 있는 것으로 심리 장애의
표지로 해석되지 않는다. 따라서 음모론을 믿는 것은 건강한 사
람들에게서 나타나는 일종의 편집증적 망상 혹은 망상적 사고
경향일까? 여기서 내 대답을 미리 말하자면 '그렇기도 하고 아
니기도 하다'.

한편으로는 음모론을 믿는 것과 망상이 생기는 것에 공통점
이 있다. 이런 공통점은 망상과 '보통의' 확신이 카테고리상 별
다르지 않다는 생각을 뒷받침해준다. 그러나 다른 한편으로는
음모론에 대한 믿음과 망상에는 분명한 차이가 있으며, 이런 차

이는 인식적으로 비합리적인 이 두 형태를 분명히 구분하도록
해준다.

——— 음모론에 대한 믿음과 망상의 공통점

음모론에 대한 믿음과 망상의 주된 공통점은 둘 모두 불안을
경감시키는 효과를 낸다는 것이다. 망상과 연관해 우리는 이런
긍정적 효과를 자세히 살펴본 바 있다. 설명할 수 없는 비정상
적 현저성이 있을 때 망상적 설명이 스트레스를 경감시켜 심리
적으로 긍정적인 효과를 낸다. 우리는 망상적 확신을 하고 그
확신에 달라붙어 있는 것이 예측과 감각 데이터의 비중 변화
로 말미암은 비정상적 현저성에 대한 상쇄 메커니즘이라는 점
을 예측 처리 이론에 근거해 이야기한 바 있다. 그리고 화재경
보기와 전단 볼트 원칙을 비유로, 망상 경향이 제공하는 적응
적 이익도 도출해봤다. 이렇듯 스트레스를 줄여준다는 점은 음
모론에 대한 믿음과 기타 인식적 비합리적 확신에도 적용될 수
있을 듯하다.

　우리 머릿속 예측 메커니즘의 가장 우선되는 원칙은 장기적으
로 예측 오류를 줄이는 것이다. 무엇보다 개인(또는 가까운 친척)
에게 특히 힘든 결과를 초래하는 예측 오류를 말이다.[18] 예측 오
류란 우리의 내적 모델이 세계를 제대로 설명하지 못한다는 뜻
이다. 이로 말미암아 생겨나는 불안은 늘 스트레스를 야기한다.

우리가 피하고 싶은 종류의 스트레스 말이다. 우리는 이런 스트레스를 견딜 수 없어 한다. 그것이 예측을 불가능하게 하고, 잠재적 위험으로 다가오기 때문이다.

그러므로 심리적으로 볼 때 어떻게든 이런 스트레스를 경감시키고 싶은 건 자명하다. 이것은 그 자체로 적응적인 일일 것이다. 우리 머릿속 모델은 모델일 뿐, 결코 완벽하지 않다. 게다가 세상은 100퍼센트 예측하는 것이 불가능하며, 논리적으로 일관성을 유지하려다 보면 늘 예측의 오류가 생기고, 많은 것이 설명할 수 없는 듯 보인다. 혼란스럽고 무작위적이고 모순적이다. 그러므로 우리가 스트레스를 줄여주는 모든 설명 모델을 대대적으로 환영하는 것은 당연하다.

영국의 심리학자 밥 브러더턴Bob Brotherton은 음모론에 관한 그의 영리한 책에 이렇게 썼다. "순전히 우연하게 일어난 일을 대면하면, 운명을 이해하거나 예측하거나 통제할 수 없어 답답하기만 하다. 그럴 때 누군가가 어디선가 통제하고 있다고 믿는 것은 ―이런 누군가가 우리에게 선의를 가지고 있지 않다 해도― 삶의 진행이 그저 우연에 내맡겨 있다고 생각하는 것보다 더 낫게 느껴진다. 얼굴 없는 우연과 달리, 우리가 인식할 수 있는 적들의 경우, 어떤 조치를 취하거나 그냥 수용하거나 최소한 왜 이런 일이 일어나는지는 이해할 수 있지 않은가." [19]

음모론은 많은 경우 모순적으로 보이거나 이해할 수 없는 일에 대해 단순한 설명을 제공해준다. 모든 확신과 마찬가지로 주변에서 관찰할 수 있는 사건을 이해할 수 있도록 연결시킴으로써 머리가 터질 것 같은 복잡함을 덜어준다. 음모론은 반박할 수 없는 사실에 근거를 둔다고 큰소리치면서, 사실을 왜곡해서 묘사하고, 왜곡된 비중을 두는 식으로 사이비 이성의 옷을 입는다. 음모론에서 중요한 것은 진실에 부합하는 내용이 아니라, 얼핏 보기에 모순된 것을 그럴듯하게 풀어주는 능력이다. 이로써 음모론은 스트레스를 줄여주고, 음모론을 믿는 사람들에게 혼란스럽고 위험한 세상에서 뭔가를 알고 통제할 수 있을 듯한 느낌을 선사한다. '당신이 모르는 세상보다는 당신이 아는 악마가 더 나은' 것이다.[20] 그러므로 정신 질환자가 자신들의 망상을 확고히 믿는 것만큼이나 음모론을 믿는 사람들이 불안한 세상을 그럴듯하게 설명해주는 확신을 확고히 믿는 것은 충분히 이해할 만한 일이다.

시민운동가 카타리나 노쿤Katharina Nocun과 심리학자 피아 램버티Pia Lamberty는 그들의 신선한 저서 《거짓 팩트Fake Facts》[21]에서 음모론에 비합리적으로 집착하는 것은 자신의 지각과 생각 혹은 감정이 서로 모순되는 것처럼 보일 때 생겨나는 불쾌한 감정 상태인 인지 부조화에 대처하는 유혹적인 방법이라고 말했다. 이들의 말에 따르면 인간은 자신의 세계관을 위태롭게 하는 사실을 무시하거나 부정하는 경향이 강하다.

노쿤과 램버티는 인지 부조화라는 용어를 창시한 미국의 사회 심리학자 레온 페스팅거Leon Festinger의 고전적 연구를 예로 든다. 페스팅거는 기발하게 설계된 실험을 통해 관찰자들을 UFO 신봉자 무리 속으로 잠입시켰다. UFO 신봉자들은 1954년 12월

20~21일 밤에 다른 행성에서 출발한 우주선이 자신들을 데리러 올 것이라고 확신했고, 자신들은 선택된 소수로서 임박한 홍수 재앙에서 구원받을 것이라고 믿었다. 그러다 기대했던 일이 불발되자, 신봉자 중의 일부는 자신들의 믿음을 등졌다. 하지만 일부는 자신이 선택받은 무리에 속한다고 더욱더 확신했다. 이렇게 시종일관 확신을 잃지 않은 이들의 행동과 말에서 알 수 있는 건 굳은 확신을 포기하는 데는 너무나 큰 힘이 든다는 사실이다. 정말 막대한 값이 따른다는 것이다. UFO 신봉자 중 한 사람은 이렇게 말했다. "나는 도저히 의심이란 걸 할 수가 없어요. 난 믿어야 해요."[22]

이런 말은 놀랍게도 정신의학자 클라우스 콘라트가 상담한 군인의 발언과 비슷하다. 그 군인은 상사의 특별 관찰 대상이 되고 있다는 그의 확신이 망상이 아니냐고 지적하자 이렇게 말했다. "나는 이런 확신을 절대로 버리지 않아요. 나는 다시 그런 끔찍한 의심의 구렁텅이에 빠지고 싶지 않아요."[23]

확신이 생겨난 상황이 힘들수록, 확신에서 얻는 심리적 이득이 클수록, 확신을 포기하기는 더더욱 힘이 든다. 정신 질환을 앓는 사람의 경우에 경험한 것을 설명할 수 없고, 삶을 통제할 수 없다는 느낌이 주는 스트레스가 크기에 망상적 확신을 포기하기 힘들다. 음모론에 대한 믿음에도 이런 연관이 있을 수 있다. 경험적 연구에 따르면 주관적으로 느껴지는 불안과 통제 상실이 음모론을 더 쉽게 받아들이게끔 하는 것으로 나타났다.[24] 스트레스를 만들어내는 사건—가령 폭력 경험이라든가, 실직이라든가,

중병이라든가—을 많이 경험할수록, 그리고 주관적으로 더 강한 스트레스를 받을수록 음모론을 믿는 경향이 강해졌다.[25]

독일 시민을 대상으로 한 연구도 비슷하다. 사람들은 '통제 상실감'을 동반하는 힘든 사건으로 음모론에 관심을 갖기 시작했다고 보고했다.[26] 바뤼흐 스피노자Baruch Spinoza의 말을 빌리자면 이렇다. "모든 일이 계획대로 돌아가거나 행운이 그들에게 언제나 호의를 베풀어준다면, 그들은 미신에 빠지지 않을 것이다."[27]

——— **음모론에 대한 믿음과 망상의 차이점**

망상적 확신뿐 아니라 음모론에 대한 믿음 역시 심리적 측면에서 볼 때 불안, 통제 상실, 스트레스의 결과일 수 있다. 하지만 망상과 음모론에 대한 믿음은 동일하지 않다. 이 둘의 근본적 차이는 정신증적 망상은 늘 개인의 망상이라는 것이고, 음모론은 다른 사람들과 확신을 공유한다는 것이다. 카를 야스퍼스는 그의 논문에서 망상과 기타 확신의 차이에 대해 건강한 사람들의 오판은 '공동의 오판'이라고 했다.[28] 음모론에는 긍정적인 사회적 동기가 깔려 있다. 일의 연관을 꿰뚫어 보는 사람들의 그룹에 속해 세상의 속사정에 대해 특별한 통찰을 나누는 것, 그로써 멍청한 '보통 사람들'과 차별화된 사람이 되는 것은 참으로 멋진 일이 아닐 수 없다! 반면 병리적 망상은 종종 사회적 고립을 가져온다. 사회적 고립으로 말미암은 스트레스와 기능장

애가 망상의 정의에 포함된 것도 괜한 일이 아니다.[29]

앞에서 언급한 심리학자 피아 램버티와 그녀의 동료인 마인츠 대학교의 롤란트 임호프Roland Imhoff는 편집증적-망상적 확신 경향과 건강한 사람들이 음모론을 믿는 경향 사이의 유사점과 차이점을 연구했다. 기존의 연구 논문을 체계적으로 분석하고 두 개의 온라인 설문 조사를 한 뒤, 그들은 편집증과 음모론을 믿는 경향 사이에는 명백한 상관관계가 있다는 결론에 이르렀다.[30] 그에 따르면 편집증 특성을 지닌 사람들은 음모론을 믿을 가능성도 높다.

그러나 이 연구는 이 둘 사이의 몇몇 중요한 차이도 밝혀냈다. 그래서 편집증적 두려움은 일반적으로 '다른 사람들'과 관계되는 반면, 음모론은 특정 집단에게 악한 의도가 있다고 본다. 음모론은 대부분 권력과 영향력이 있는 엘리트들을 겨냥하며, 정부나 언론계 사람들에게 의심을 품는다. 또 하나의 차이점은 편집증적 두려움은 대부분 개인의 위험을 내용으로 한다는 것이다("그들은 나를 공격하려 해"). 반면 음모론은 보통 대중에 관한 것이다("그들은 키 작은 남자를 싸잡아 바보 취급을 한다고").

통제 상실감도 비슷하다. 편집증적 두려움은 주변 개인적 영역에서의 통제 상실감을 특징으로 하는 반면, 음모론은 사회적 차원의 일에 영향을 끼칠 수 없다는 감정이 주를 이룬다. 임호프와 램버티의 말을 빌리자면 편집증과 음모론에 대한 믿음의 차이는 다음과 같다. "편집증이 있는 사람들은 모든 사람이 자신을 겨냥한다고 보는 반면, 음모론을 믿는 사람들은 소수의 권력자들이 모두를 겨냥한다고 본다."[31]

조현병 환자의 망상적 확신을 건강한 사람들의 확신과 비교할 때도 비슷한 차이를 관찰할 수 있다. 함부르크의 심리학자 타니아 링컨Tania Lincoln은 연구에서 이 둘의 가장 큰 차이점은 확신 내용의 자기 관련성, 즉 다른 사람들을 통해 개인적으로 얼마나 강하게 위험을 느끼는가 하는 것임을 보여준다.[32]

따라서 정신증적 망상과 건강한 사람들의 비합리적 확신 사이뿐 아니라, 편집증과 음모론처럼 건강한 사람들의 서로 다른 비합리적 확신 사이에도 기본적으로 차이가 있음을 확인할 수 있다. 그러므로 이런 현상을 서로 다르게 정리하고 명명하는 것은 이유가 있고, 건강한 것과 병든 것, '정상'과 '비정상'을 구분하는 것도 이유가 있다고 하겠다(물론 이런 단순화한 이분법적 구분이 커다란 문제를 초래한다는 사실에는 변함이 없지만 말이다). 따라서 우리는 건강한 사람들과 정신증이 있는 사람들이 똑같기라도 하듯, 인식적 비합리성의 모든 형태를 싸잡아 동등하게 취급해서는 안 될 것이다.

나 역시 그렇게 하려는 것이 아니다. 내가 이 책에서 인식적 비합리성 전반의 공통점을 이끌어낸 것은 우리가 '제정신이 아니라고' 느끼는 확신을 더 잘 이해하기 위함이었다. 비합리적 확신의 서로 다른 형태에 교집합이 있다는 사실은 통계적 결과에서 유추할 수 있다. 망상적 사고 경향이 있는 사람들은 조현병을 앓을 위험성이 더 높고[33] 음모론을 믿는 사람들에게서는 편집증적 특성이 더 자주 관찰되는 것이다.[34]

그러나 여러 형태의 인식적 비합리성이 생겨나는 메커니즘에서도 공통점을 확인할 수 있다. 내 시각에 의하면 비합리적 확신이 생겨나는 것은 공통적으로 자신의 경험을 설명하기 힘들기 때문이라는 것이다. 설명하기 힘든 것은 여러 이유 때문인데, 본질적으로는 우리가 경험하는 것을 이해할 수 없기 때문이다. 경험이 설명되지 않을수록 설명하고자 하는 마음이 커지고, 그럴수록 우리는 그럴듯해 보이는 설명에 이끌려 그런 설명을 검증 없이 받아들인다. 경험이 혼란스러울수록 설명이 주는 안도감이 커지고, 그렇기에 사실이 그에 배치되더라도 새로 얻은 통찰을 굳게 고수한다.

——— 걸려들 수밖에 없는 인식적 비합리성

앞서 살펴본 조현병의 연속성 가설에 따르면 망상(그리고 기타 정신증 증상) 경향은 전 인구에서 연속적으로 분포하지만, 특히 심하게 두드러지는 경우에만 임상적으로 중요한 정신병에 이른다는 것이다. 그렇다면 더 일반적으로 인식적 비합리성 경향에 대해서도 그렇게 말할 수 있을까?

우리는 인식적 비합리성이 진화적으로 적응적일 수 있는 이유도 앞서 설명한 바 있다. 따라서 인식적 비합리성 경향이 진화적 적합성에 유익을 가져온다면, 인식적 비합리성에 대한 적합도 지형과 그로써 인식적 비합리성을 촉진하는 유전자 혹은 유전자 프로파일이 있다고 할 수 있을까?

이런 생각이 문제가 있는 것은 인식적 비합리성이 한 가지 형태만이 아니기 때문이다. 인식적 비합리성은 통일된 하나의 심리적 구조물이 아니고, 다양한 사고나 행동 방식에 부여할 수 있는 특징이다. 즉 여러 가지 사고나 행동 양식은 서로 다른 이유에서 비합리적일 수 있는 것이다. 마찬가지로 비합리성 유전자 (혹은 유전자 프로파일) 같은 것은 없다. 그럼에도 서로 다른 형태의 인식적 비합리성에서 발견되는 공통점을 감안할 때, 최소한 비합리적 확신 경향을 부추기는 공통된 요인이 있는 것으로 보인다.

이런 요인은 기본적으로 두 종류다. 하나는 '특질traits 요인'이라고 표현되는 안정된 특성이다. 이는 우리가 어떻게 생겨 먹었는가 하는 것이다. 또 하나는 '상태state 요인'이라고 불리는 변화하는 상태다.

특질 요인은 보통 유전적으로 결정되거나, 최소한 유전적 소인을 지닌 특성이다. 가령 뇌 기능 영역에서 특정 신경전달물질 체계의 유전적 차이가 정신병 발병 위험과 관계되는 것으로 알려져 있다.[35] 예측 처리 이론의 시각에서 볼 때 글루타메이트, 가바, 도파민 등 뇌의 전달물질 기능의 유전적 차이가 예측이 감각 데이터에 대해 갖는 비중과 관련해 개인적 차이를 빚을 수도 있다.[36] 앞에서 살펴봤듯 예측과 감각 데이터 간의 균형이 많이 무너지면 예측 오류 신호가 더 증가하고, 그로써 비정상적 현저성이 생겨난다. 그러나 예측과 감각 데이터에 두는 비중의 개인적인 작은 차이가 새로운, 혹은 모순적인 정보에 적잖이 민감해 인식적 비합리성에 더 잘 걸려들도록 할 수 있다.

심리적으로 볼 때 예측 메커니즘상의 개인적 차이는 소위 '불확실성 감내력'의 차이에서 기인하는 것일 수도 있다. 성격 심리학에서 유래한 이 용어는 '모호함과 불확실성을 인정하고 용인하는' 능력을 말한다.[37] 불확실성을 용인하는 능력이 약한 사람은 조금이라도 모순되는 것을 굉장히 불편해하고, 불확실성을 줄여주는 설명을 찾고자 하는 필요를 강하게 느낀다.[38] 그런 필요가 비합리적 확신을 만들어내게끔 한다는 것은 자세히 논의한 바 있다. 최근에 나온 연구에서도 불확실성을 잘 용인하지 못하는 사람은 코로나19 전염병에 관련된 음모론을 믿는 경향이 있는 것으로 나타났다.[39] 불확실성을 얼마나 용인할 수 있는가 하는 성격 특성이 뇌 속 예측 메커니즘과도 관계가 있는지는 아직 알려지지 않았지만, 최소한 그럴듯한 가설임에 틀림없다(나는 이를 경험적으로 검증하고 싶다).

반면 상태 요인은 불변하는 특징이 아니다. 이 요인은 현재 개인이 처한 상황과 그 상황에 대한 개인의 반응에 따라 변화한다. 상황으로 인해 비합리적 사고를 촉진하는 불안감과 통제 상실감이 바로 이런 상태 요인이다. 이에 대한 실험적 연구에서 참가자들은 과제를 해결해야 했는데, 과제를 수행하는 동안 계속 혼란스러운 피드백을 받았다. 연구자들이 의도적으로 참가자들의 통제 상실감을 유발했던 것이다.[40] 그러자 이어지는 실험에서 참가자들이 우연한 자극에서 의미 있는 패턴을 인식하는 경향이 두

드러지게 나타났다. 클러스터 착각의 경향을 강하게 보였던 것이다. 뇌 기능의 어떤 메커니즘이 이런 변화를 일으키는지 대답할 수 없었지만, 통제 상실감이 스트레스 반응을 유발하고, 이런 반응이 다시금 예측 기계의 기능 변화를 가져올 가능성이 있다.

스트레스 반응은 각성arousal을 유발한다. 각성이란 일반적 활성화를 불러오는 것으로, 뇌의 감각 정보 처리의 기본적인 과정에 영향을 미친다. 각성은 가령 지각의 확증 편향을 조절해 높은 각성 상태에서는 확증 편향이 별로 두드러지지 않는다.[41] 즉 높은 각성 상태에서는 지각이 생성될 때 내부 모델의 예측에 덜 의존하고, 대신 감각 데이터에 더 많은 비중을 부여한다. 스트레스와 스트레스로 인한 각성은 잠재적 위협에 대처하므로 우리는 '귀를 쫑긋' 세우고 새롭고 중요할지도 모르는 정보에 더 민감해진다.

스트레스가 뇌의 정보 처리에 미치는 영향에 대한 신경생물학적 토대는 여기서 자세히 논하기에는 너무 복잡하다. 신경전달물질 노르에피네프린norepinephrine은 각성이 생겨나는 데 중요한 역할을 하지만, 다른 뇌의 전달물질과 더불어 복잡한 방식으로 상호작용한다. 이런 뇌의 전달물질 중 일부는 앞에서 살펴봤던 것들이다(아마도 아무도 모르는 전달물질과도 그렇게 할 것이다). 그러나 스트레스로 말미암아 예측과 비교해 감각 데이터에 두는 비중이 달라지는 것과 관련해 한 가지 메커니즘이 특히 중요한 듯하다. 스트레스가 신경전달물질 도파민의 가용성을 증가시킨다는 것이다.

조현병의 도파민 가설[42] 차원에서 우리는 도파민을 예측 오류 신호의 음량 조절기로서 살펴본 바 있다. 예측과 감각 데이터를 섬세하게 조절하는 데 중요한 요인으로서 말이다. 스트레스를 받아 도파민 활동이 증가하면 예측 오류 신호의 볼륨이 커지고, 비정상적 현저성이 생겨난다. 뉴욕의 미생물학자 헬렌 S.가 잠깐 동안 망상의 나락으로 떨어졌던 것도 그렇게 설명할 수 있다. 덱사메타손 제제가 엄청난 스트레스 상태를 유발하고, 뇌를 알람 모드로 전환해 지하철 안 평범한 상황을 단번에 위험한 것으로 지각했다.

상태 요인인 스트레스와 정신 질환 발병 간의 연관성은 잘 알려져 있다.[43] 가령 이주 경험이 있는 사람들(이민 가정 출신 사람들. 이민 1세대뿐 아니라 2세대도 마찬가지다)이 정신 질환에 걸릴 위험성이 높다는 것은 수많은 연구를 통해 입증됐다.[44] 새로운 환경에서 낯설고 서먹하며, 사회적으로 배제되는 느낌은 이민자들에게 굉장한 스트레스가 될 것임이 틀림없다. 어떤 신경생물학적 메커니즘이 이런 연관의 토대를 이루는지에 대해 캐나다-영국 합동 팀이 연구를 진행했는데, 그 결과 정신 질환자의 경우 도파민이 과잉됐으며, 아울러 이민 1세대와 2세대의 뇌에서도 도파민의 활동이 증가했다. 이는 이들의 정신병 기왕 병력 유무와 무관한 것으로 나타났다.[45]

물론 이민 경험이 있는 사람들이 정신 질환에 취약한 것을 오직 도파민 때문이라고 설명해서는 안 될 것이다. 도파민이 중요한 역할을 할지 모르겠지만, 도파민만이 정신증 발병에 책임이 있는 것은 아닐 터이기 때문이다.

음모론에 대한 믿음과 건강한 사람들에게서 나타나는 비합리적 확신에도 비슷한 메커니즘이 작용하는지 알지 못한다. 불안, 통제 상실감, 스트레스와 음모론에 대한 믿음에 상관관계가 있음을 감안하면, 최소한 비슷한 메커니즘이 작용하는 것으로 보인다. 스트레스로 예측과 감각 데이터의 균형이 약간만 변화되더라도, 우리는 주변 세상의 이상한 것과 모순되는 것에 더 민감해질 것이다. 그러면 이런 이상한 것과 모순을 무마하는 단순한 설명을 더 쉽게 받아들일 것이다.

그런데 망상뿐 아니라 다른 형태의 인식적 비합리성에도 적용되는 분명한 사실은 상태 요인의 영향은 개인적인 특질 요인에 의해 조절된다는 것이다. 따라서 기본적으로 인식적 비합리성 경향이 강한 사람일수록, 스트레스에 대해 비합리적 확신으로 반응한다고 하겠다.

여기서 제시되는 메커니즘은 물론 사람들이 기본적으로 혹은 상황에 따라 적잖이 인식적 비합리적 확신의 경향을 보이는 현상을 완벽하게 설명해주지는 못한다. 비합리적이라고 칭할 수 있는 사고 및 행동 방식은 각양각색이며, 비합리적 확신의 형성도 한 가지 요인으로 설명하기에는 너무 복잡하고 다면적이다. 이런 복잡성을 뇌 기능 방식의 개별적 메커니즘으로 환원하는 것은 너무 단순화하는 일일 터다. 하지만 그럼에도 예측과 감각 데이터 간의 균형을 섬세히 조절하는 면에서의 개인적 차이—그리고 이런 메커니즘의 상황에 따른 변화—는 비합리적 확신이 생겨나는 것에 결정적인 요인으로 작용할 것으로 보인다.[46]

다시 한번 말하자면 합리적이든 비합리적이든 모든 확신은 경험을 이해하고, 지각을 더 커다란 그림으로 정돈하고, 모순적으로 보이는 것에 대해 그럴듯한 설명을 찾도록 도와준다. 우리 모두는 자신도 모르는 사이에 종종 비합리적으로 행동하는데, 이것은 틀림없이 적응적인 행동이다. 이런 인식적 비합리성 경향이 얼마나 두드러지는지는 우리 머릿속 예측 기계가 예측을 얼마나 신뢰하고, 새로운 감각 데이터에 얼마나 비중을 두는지에 좌우된다.

감각 데이터에 더 많은 비중을 둘수록 —이것은 우리의 소인(특질 요인)뿐 아니라, 현재 상황(상태 요인)에 따라 달라진다—그럴듯해 보이는 설명을 더 이상의 검증 없이 받아들이기가 쉽고, 그렇게 형성된 확신을 다시 포기하기가 어렵다. 그럴수록 인식적으로 비합리적이 되기 쉽다.

'정상'과 '비정상'을 구분하는 것과 관련해 다음과 같은 결론을 내릴 수 있다. 우리 머릿속에서 확신이 생겨나는 것을 살펴보면, 망상 역시 다른 확신과 기본적으로 똑같은 메커니즘이 작용한다는 것을 확인할 수 있다. 이런 메커니즘은 우리 모두의 머릿속에서 작동한다. 종종 드러나는 인식적 비합리성에도 적응적이기 때문이다(진화는 진실성에 그다지 관심이 없다). 실행되는 정도는 서로 다른 상황에서 사람마다 다를 수 있으며, 때로는 현실과의 접점이 별로 없어질 만큼 극단적 형태를 띨 수도 있다.

8장

기회, 위험 그리고 부작용

──── 우리 뇌가 하는 일

우리가 안다고 믿는 것, 확실하다고 생각하는 것, 확신하는 것, 바깥세상을 지각하고, 이 세상에서 우리 자신을 인식하는 것. 이 모든 것은 뇌가 하는 일이다. 뇌는 깜깜한 뼛속 방에서 감각기관이 보내는 신경 자극을 수신해 그로부터 세계의 상을 만들어낸다. 이런 세계상은 순수한 환상도, 현실과 완전히 동떨어진 것도 아니며, 감각기관에서 신경 임펄스를 유발하는 사건에 의해 수정된다. 그렇게 해서 탄생하는 것은 '현실과 부합하는 환상'이다.[1] 그러나 이런 환상은 장기적으로 생존과 번식에 유익이 되는 정도로만 현실과 일치한다. 진화의 명령은 '현실과 일치하는 세계를 구성하라!'는 것이 아니라, '생존과 번식 가능성이 극대화되도록 세계를 구성하라!'는 것이다.

하지만 오해가 생겨나지 않도록 미리 말해두면, 이런 명령은 우리의 내적 세계 모델이 현실과 얼마나 잘 부합하는지가 중요하지 않다는 의미가 아니다. 반대로 우리가 밖에서 일어나는 일을 되도록 정확히 아는 것은 적응에 도움이 된다. 하지만 그것이 뇌가 세상을 만들어내는 유일한 기준이 아니라는 이야기다. 우리는 그동안 다른 기준 몇 가지를 알았다. 가령 어떻게 하면 비용이 많이 발생하는 실수를 피할 수 있는가, 하는 질문도 기준이 된다. 세계상이 현실에 맞는지 세심하게 비교하는 데 필요한 노력이 적절한지 하는 질문도, 더불어 사는 사회에서 잘 기능할 수 있는지 하는 문제도 기준이 된다. 뇌는 이런저런 기준을 고려해 진화의 명령이 따르는 한도 내에서 현실에 부합하는 세계를 만들어낸다.

뇌는 그렇게 예측 기계가 되어 내적 세계 모델과 주어지는 감각 데이터를 끊임없이 비교해 세계상을 구성한다. 이런 비교에서 뇌의 제일가는 모토는 최대한 진실에 충실한 것이 아니라 생존과 번식 가능성을 극대화하는 것이기에, 인식적 비합리성이 생겨난다. 우리의 확신—내적 세계 모델의 중요한 부분—은 때에 따라 적잖이 비합리적이다. 그러나 우리가 비합리적 확신을 갖는 경향은 시스템상의 결함도, 맹장처럼 쓸모없는 것도, 부수현상도 아니다. 이것은 뇌의 아주 '정상적인' 기능 방식의 결과다. "버그가 아니라 특성이다It's not a bug, it's a feature."[2]

예측과 감각 데이터 간의 섬세한 균형은 뇌 기능의 중요한 메커니즘이다. 이런 조절에서 감각 데이터에 더 강한 비중이 주어지는 경우, 눈에 띄는 현상을 설명할 필요성이 커지고, 이런 필요성은 인식적으로 비합리적 확신이 생겨나기 쉽게 만든다. 확신은 바깥세상에서 일어나는 사건을 이해할 수 있게 도와주기 때문이다. 지각과 경험을 전체적으로 일관된 상으로 정리하기 위해 확신이 필요하다. 확신은 예측의 위계질서상 가장 높은 급에 속하며, 우리가 앞을 내다보는 가운데 계획적으로 행동하도록 이끌고, ―우리가 구성하는 현실이 어쩔 수 없이 불확실하다 해도― 삶을 통제하게끔 도와준다.

머릿속 예측 기계가 주어지는 감각 데이터에 더 많은 비중을 둘수록 불확실성은 더 커진다. 새로 들어오는 데이터가 더 많은 의미를 얻기 때문이다. 그러면 이런 데이터를 설명해야 할 필요성이 생겨난다. 때로는 설명하지 않고는 배기지 못할 정도로 고통스럽기도 하다. 뭔가를 설명하지 못하면 통제 상실감이 위협하기 때문이다.

설명하고 싶은 압박감이 클수록 우리는 아무 설명이든 기꺼이 믿는다. 이런 설명이 현실과 얼마나 잘 부합하는지는 부차적이다. 중요한 것은 설명이 어느 정도 수긍이 가고, 모순을 없애주고, 통제감을 되찾게 하는 것이다. 인식적 비합리적 확신은 그렇게 탄생한다. 그것이 그렇게 좋은 느낌을 주기에 우리는 그런 확신을 포기하는 걸 매우 꺼린다. 그래서 예측과 감각 데이터 사이의 균형은 뇌의 기능적 차원에서 인식적 비합리성이 생겨나는 걸 설명해주는 메커니즘이다(심지어 중요한 메커니즘이다. 물론 유일한 메커니즘은 아니겠지만 말이다).

우리가 실제로 얼마나 비합리적으로 행동하는지는 각각의 상황에 따라 다르다. 불확실하거나 위험하거나 스트레스가 크거나 스스로의 행동을 주도적으로 통제할 수 없다고 느낄 때 인식적 비합리성 경향이 더 두드러진다. 앞에서 확인했듯 이는 적응적인 일이다(적응적이지 않으면 비합리적 경향이 생기지 않을 것이다). 그래서 적합도 지형에 따라 인간들 사이에 그런 기본적인 인식적 비합리성 경향이 분포해 있는 것으로 보인다. 어떤 상황에서는 인식적 비합리성 경향이 적은 것이 적응적이고, 어떤 상황에서는 그런 경향이 큰 것이 적응적일 것이다. 새의 긴 날개가 적응적일지, 짧은 날개가 적응적일지 한마디로 정리할 수 없는 것처럼, 비합리성도 무엇이 좋다고 한마디로 단정할 수 없다. 비합리적 경향이 두드러지거나 약한 것에는 나름의 장단점이 있으며, 비합리적 경향이 아주 강한 것마저도 사회 공동체적 맥락에서는 이점을 지닐 수 있다.

하지만 모든 적합성 지형에서와 마찬가지로 양극단은 리스크를 동반한다. 망상이 나타날 만큼 인식적 비합리성 경향이 강하면 정신 질환이 생길 위험이 높아진다. 무엇보다 스트레스와 같은 상황적 요인이 겹치거나, 약물 복용 등 다른 경로를 통해 예측과 감각 데이터의 밸런스가 변화할 때면 정신 질환으로 이어지기 쉽다.

망상을 유전적 요인에 의해 촉진되고, 상황적 영향으로 말미암아 유발되는 인식적 비합리성의 극단적 형태로 본다면 '정상'과 '비정상'의 경계가 유동적이라는 것이 다시금 분명해진다. 이는 기본 메커니즘 차원에서뿐 아니라 현상적인 차원에서도 그러하다. 망상이 생겨나는 것과 '정상적' 확신이 생겨나는 것에는 범주적인 차이가 없다. 우리가 '정상'과 '비정상' 사이에 만든 고랑은 인위적인 것이다. 다른 사람이 표명하는 확신을 보고 '미친 거 아냐?'라는 생각이 들지라도 대부분 이런 '정신 나간' 확신은 이해력이나 논리적 사고력의 장애에서 비롯된 것은 아니다. 그런 확신은 ─우리 자신의 확신과 정확히 마찬가지로─ 나름의 주관적 경험 가운데 설명할 수 없는 것을 설명하고자 하는 것이다. 합리적이건 비합리적이건 우리의 확신은 주변의 이해가 가지 않는 것을 이해할 수 있게끔 도와주는 가설이다.

─────── 존재는 당위가 아니다

비합리적 사고는 많은 상황에서 틀림없이 아주 기능적이다. 그것은 우리가 중대한 실수를 피하고, 빠른 결정이 요구될 때 쓸데없이 진실을 찾느라 힘을 낭비하지 않도록 도와준다. 이것은 아주 좋은 일이다. 그렇지 않다면 진화는 우리 뇌가 그렇게 비합리적 확신을 만들어내도록 허락하지 않았을 것이다.

따라서 '비합리적'이라는 단어가 부정적 뉘앙스를 띠는 것과 달리, 인식적 비합리성은 사실 좋은 것일까? 그렇게 보면 망상적 확신을 훨씬 더 긍정적으로 볼 수도 있을 테니 말이다. 망상이 현실과의 접촉을 상실한 것으로 장애적인 것일지라도 망상은 결국 '너무 심하지만 않으면 우리에게 유익이 된다고 할 수 있는 인식적 비합리성'의 경향이 강하다는 표시일 따름일까? 따라서 셰익스피어의 말을 빌리자면 망상은 '좋은 것의 투머치'라고 할 수 있을까?[3]

이것은 상당히 유혹적인 생각이다. 심각한 심리 증상을 기본적으로 긍정적으로 보게끔 만들기 때문이다. 단순히 좋은 것이 많은 것이라는 시각은 정신 질환 탈낙인화의 열쇠가 될 수 있지는 않을까? 이런 생각은 멋져 보이지만 사실 속이는 것이다.

이미 몇 번 언급했지만, 여기서 다시 한번 분명히 하고 싶은 것은 '존재'를 '당위'로 연결시켜 그릇된 결론을 내리지 않도록 조심해야 한다는 것이다. 영국 철학자 데이비드 흄에 따르면 우리는 기술적 진술에서 직접 규범적 진술을 이끌어낼 때 이런 오류를 범한다.[4] 따라서 어떤 것이 이러이러하다는 존재로부터 어떤 것이 이러이러해야 한다는 당위를 이끌어내서는 안 되는 것이다. 자연과학적으로 뭔가가 자연적이기에 좋은 것으로 정당화하려는 시도를 '자연주의적 오류the naturalistic fallacy'라고 칭한다.[5] 진화론의 관점에서 볼 때 인식적 비합리성이 굉장히 자연스러운 것이라는 서술에서 인식적 비합리성이 규범적 의미에서 좋고 바람직한 것이라고 선언한다면, 바로 이런 오류를 범하는 셈이 된다.

영국의 진화생물학자 리처드 도킨스는 그의 전설적인 책《이기적 유전자》의 출간 30주년 기념판 서문에서 자신의 책이 종종 자연주의적 오류의 맥락에서 잘못 해석되는 것을 두고 이렇게 말했다. "뇌는 우리가 이기적 유전자에 대항해 반항할 수 있는 수준까지 발달했다. 우리가 피임약을 사용한다는 사실이 이를 분명하게 보여준다. 이와 같은 원칙을 더 넓은 범위에서 적용할 수 있고 적용해야 할 것이다."[6] 도킨스가 강조하는 것은 자연선택의 원칙은 서로 다른 종 간의 경쟁이나 한 종에 속한 개체 간의 경쟁(최적자 생존)에 대한 것이 아니라는 것, 경쟁 속에서 스스로를 다음 세대에 전달하고자 하는 것은 바로 유전자라는 것이다. 그리하여 재생산 행동을 유리하게 하는 유전자가 관철되는 것이다. 그렇다. 그 때문에 사람들은(그리고 유성번식을 하는 다른 생물들은) 성욕을 지닌다. 이것이 적응적인 것은 의심의 여지가 없다. 그러나 이런 서술을 규범적 의미의 가치 판단과 연결해서는 안 된다. 여러 파트너와 많은 섹스를 하고자 하는 것은 적응적일지 모르지만, 이를 규범적 의미에서 좋다거나 나쁘다고 판단할 수는 없다. 우리는 자신이 섹스를 할지, 그렇다면 얼마나 많은 파트너와 할지, 피임 도구를 쓸지 등을 자유롭게 결정할 수 있는 뇌를 지니고 있다. 우리는 개인적, 세계관적, 종교적, 혹은 그 밖의 이유에서 어느 정도로 유전자의 생물학적 명령에 굴복할지 결정할 수 있다.

물론 어느 조건하에서 어느 정도의 재생산을 괜찮다고 생각할지 규범적인 진술을 하는 것 또한 우리의 자유에 속한다. 하지만 우리는 진화론에서 직접 그런 규범적 진술을 이끌어내서는 안 된다. 진화론적 인식은 갖가지 생명 현상에 대한 설명의 단초를 제공할지도 모른다. 그러나 그 어떤 것을 정당화하는 근거로 오용되면 안 된다. 여기서 이런 말을 하는 것은 진부해 보이지만, 그럼에도 주의를 당부한다. 그도 그럴 것이 자연주의적 오류는 너무나 유혹적이기 때문이다. 그리고 한편에서는 이런 진화론적 설명 모델이 기본적으로 인간적인 행동 방식을 정당화하는 데 기여할 거라며 비판하는 목소리가 있기 때문이다. 그러나 사실 자연주의적 오류를 범하는 건 바로 그렇게 생각하는 그들이 아닐까 한다.[7]

자연주의적 오류는 인식적 비합리성과 관련해서도 유혹적이다. 우리는 여기서 비합리적 사고의 유익을 자세히 살펴봤으며, "비합리적 사고가 자연선택에 유익이 되는가"라는 질문 앞에서 비합리적 사고에 대한 규범적 진술을 도출하는 것은 굉장히 유혹적으로 보인다. 기분이 더 나아질 수 있다면 비합리적 확신을 갖는 것이 좋지 않을까? 비합리적 사고 경향은 창조성처럼 여러 장점을 동반하지 않을까? 물론 나는 창조성이 놀라운 것이라고 생각한다. 하지만 그럼에도 여기서 비합리적 충동에 자유롭게 길을 터줘야 한다고 직접적으로 규범적인 결론을 내려서는 안 된다.

우리가 인식적 비합리성에 관한 진화론적 숙고에서 도출할 수 있는 사실은 인식적 비합리성이 아주 만연해 있는 것이라는 점이다. 이것은 먹고, 마시고, 섹스를 하는 것만큼이나 우리 인간에게 속한 것이다. 우리 스스로 인정하고 싶은 정도보다 훨씬

'통상적인' 것이다.

우리 모두는 자신이 합리적이라는 환상에 사로잡혀 있다. 이런 환상은 자신은 도무지 공감할 수 없는 다른 사람들의 확신을 보면, 그것을 비합리적이고 약간 '제정신이 아닌' 것으로 치부하게끔 한다. 그러므로 우리가 인식적 비합리성을 어떻게 설명할지, 그것이 어디에서 연유하고, 어떻게 머릿속에서 생겨나고, 어떤 기능을 하는지 아는 것이 중요하다.

우리가 자신의 비합리성을 이해하고 의식하면, 그것에 어떻게 대처할지 더 자유롭게 선택할 수 있다. 이렇게 말할 자유도 있다. "이제 합리성은 꺼져버려. 난 비합리적으로 생각하는 게 좋으니까(그것으로 아무에게도 피해를 주지 않으니까)." 그러나 이렇게 말할 수도 있다. "내가 비합리적일 수 있음을 인지하고 다른 사람을 부당하게 대하지 않도록 조심해야겠어. 그리고 나중에 후회할 행동을 하지 않도록 조심해야겠고." 또 이렇게 말할 수도 있다. "상대방의 확신이 내 눈엔 비합리적으로 보이지만, 그가 왜 그렇게 확신하는지 이제 알겠어. 그래서 상대를 더 잘 이해할 수 있겠어."

우리 자신의 비합리성이든, 다른 이들의 비합리성이든 간에 비합리성에 대해 알고, 되도록 그것을 잘 이해하면 여러모로 도움이 될 것이다. 그리고 한 걸음 더 나아가, 여기에는 철학자 대니얼 데닛이 말했던 책임도 따른다. "우리는 과거 동물적으로 무지했던 상태로 돌아갈 수 없다. 우리는 이제 '지식 있는 생물종'이다. 이는 될 수 있는 한 지식을 잘 활용해 생물학적 명령에 잘 대처하게끔 전략을 세우고 실천을 해야 한다는 뜻이다."[8]

우리는 자꾸 비합리적 경향을 띠는 '생물학적 명령'을 거슬러 살아갈 책임이 있다. 우리는 이기적인 유전자에 대해 반기를 들 수 있다. 우리는 이런 유전자에 복종할 필요가 없으며, 무엇보다 이기적 유전자를 자신의 생각과 행동을 정당화하는 도구로 끌어다 대지 말아야 한다. 인식적 비합리성은 어리석음의 표시도 아니고, 질병도 아니다. 그것이 큰 불행을 초래하는 것으로 완전히 매도할 필요도 없다. 인식적 비합리성은 좋은 것을 가져다줄 수도 있지만 함정과 위험도 품고 있다. 우리가 더 잘 알 수 있는데도, 맹목적으로 비합리적 경향에 휘말려서 스스로 거기에 갇힐 때는 우리에게 함정이 된다. 비합리성으로 굳은 확신은 무엇보다 동료들과 더불어 살아가는 면에서 위험으로 작용할 수 있다. 그런 확신으로 말미암아 분열이 생겨나, 서로 생각이 다른 사람을 거부하고 배제하면 서로 존중하며 평화롭게 공존하는 일이 어려워지거나 불가능해지는 것이다.

우리가 자신의 비합리성과 다른 이들의 비합리성을 알고, 그것이 어디에서 연유하고, 어떤 기능을 갖는지 이해하면, 그리고 비합리적 사고와 연결된 함정과 위험을 알면, 우리는 '지식 있는 생물종'으로서 이에 건설적으로 대처할 수 있다. 어느 곳에서 탄내가 나는지 알면, 언제라도 불을 끌 수 있게끔 위험한 곳에 물양동이를 가져다놓을 수 있는 것이다.

─── 확신은 가설이다

망상적 확신은 인식적으로 비합리적이다. '보통의' 확신도 많은 경우 그러하다. 《두덴》에 의거해 확신을 '흔들리지 않는 굳은 의견'이라고 정의한다면, 확신은 그 자체로 기본적으로 인식적으로 비합리적인 것이라고 할 수 있다. '상반되는 증거가 있는데도'[9] 흔들리지 않고 확신을 고수하는 건 비합리적인 일인 것이다. 물론 이것은 너무 엄격한 해석이다. "흔들리지 않는다"는 말을 절대적으로 해석하지 않고, 정도의 차를 용인한다면, 이런 해석은 지탱할 수 없다. 어떤 확신을 고집하는 정도가 강할 수도 있고 약할 수도 있기 때문이다.

따라서 확신이 얼마나 비합리적인지는 —그것이 망상적인지 아닌지와 마찬가지로— 그 내용을 확신하는 정도에 달려 있다.[10] 그리하여 모든 확신이 자동적으로 비합리적인 것은 아니겠지만, 어쨌든 확신에는 적어도 인식적 비합리성이 깔려 있다고 할 수 있다. 그러므로 우리가 자신이나 타인이 뭔가를 확신하는 것을 보면, 이런 확신이 인식적으로 비합리적이지 않은지 비판적으로 점검할 이유가 충분하다. 다른 말로 표현하면 우리는 자신의 비합리성을 합리적으로 취급하는 길을 찾아야 하는 것이다.

여기서 우리 뇌를 예측 기계로 보는 관점이 도움이 될 것이다. 앞에서 살펴봤듯 이 예측 기계는 '최선의 추측'의 의미에서의 세계를 구성하는데, 여기서 결정적 기준은 이런 '최선의 추측'이 현실과 얼마나 잘 부합하는가가 아니라, 이것이 우리의 생존과 번식에 얼마나 도움이 되는가다. 뇌가 현실을 구성하는 데 활용하는 예측은 가설적인 내적 세계 모델을 기반으로 한다(이런 세계 모델에서는 우리 스스로도 세계의 일부다).11 이런 내적 모델은 인류가 생활환경에 진화적으로 적응하는 가운데 생겨난 산물이기도 하지만, 많은 부분은 우리가 살아오면서 경험한 것에 기인한다. 확신도 마찬가지다. 앞에서 확신을 위계질서적인 내적 모델의 최상의 수준에 해당하는 예측이라고 말한 바 있다. 뇌가 내적 모델을 바탕으로 만들어내는 모든 예측과 마찬가지로, 우리의 확신 역시 —우리가 아무리 그것이 확실하다고 여긴다고 해도— 언제나 우리가 살아가는 현실에 대한 가설일 따름이다.

우리의 확신이 가설이라는 것은 그것이 언제든 틀린 것으로 드러날 수도 있다는 뜻이다. 절대적으로 확실하게 알 수 있는 것은 아무것도 없다. 그래서 결국 세상에는 뇌의 수만큼 많은 서로 다른 내적 모델이 있다고 할 수 있다. 이런 모델들은 많은 면에서 비슷하다. 이 모델들이 우리가 똑같은 현실 세계를 살아가며 경험하는 것에 바탕을 두기 때문이다. 그럼에도 개인적으로 유전적 소인이 다르고 삶의 경험이 다른 만큼(우리는 서로 다른 지역에서, 서로 다른 시간에, 서로 다른 사람들과 더불어 경험을 하기에) 모든 뇌는 자신의 개인적 내적 세계 모델을 바탕으로 기능한다.

확신이 생겨나고 기능하는 방식을 생각해보면 각자의 확신이 서로 많이 다를 거라는 건 분명하다. 확신은 각자의 경험과 각자가 다른 사람들에게서 배웠거나, 묻지 않고 넘겨받은 인식에 기초하기 때문이다. 우리의 확신은 우리의 예측 기계의 일부로서 불확실한 세상에서 가능하면 안전하게 살아가도록 (앤디 클라크의 말마따나 '주머니 안에서' 서핑하도록) 도와준다. 그러나 이때 우리 확신은 우선적으로 진실 추구라는 모토를 따르기보다는, 그것을 넘어서서 사회적 역할과 소속감을 챙기는 등의 기능을 한다.

때때로 우리가 상당히 서로 다른 개인적 확신을 갖는다는 것은 분명하다. 뇌의 기능 방식에 부합하게 확신은 언제나 가설일 뿐이다. 그럼에도 우리는 열과 성을 다해 확신에 차서 그것을 표방한다. 우리가 확신을 확신 있게 부여잡을 수밖에 없는 것은 뇌에서 이루어지는 예측의 위계질서 안에서 확신이 하는 기능 때문이다. 새로 주어지는 정보에 따라서 금세 확신을 뒤집는다면 확신은 확신으로서의 기능을 할 수 없다. 그 밖에도 그리도 확신에 찬 목소리로 확신을 표방하는 것은 사회적으로 스스로를 관철시키도록 도와준다.

어느 정도 흔들리지 않는 확신이라야 쓸모가 있는 것이다. 새로운 정보에 따라 금방 뒤집히는 확신은 제 기능을 하지 못한다. 한편으로는 그러하다. 그러나 다른 한편으로 우리의 모든 확신은 원칙적으로 반박될 수 있다. 그것은 언제나 가설일 따름이기 때문이다. 모든 확신에는 그것이 틀릴 가능성이 내재한다. 여기서 고려해야 할 또 다른 중요한 사회적 영향은 우리 모두가 흔들리지 않고 계속해서 자신의 확신을 고수한다면, 어쩔 수 없이 우리는 서로를 '정신 나간' 사람으로 여길 것이고, 이것은 사회 구성원들이 사이좋게 공존하는 것을 힘들게 만든다는 사실이다.

우리는 딜레마에 빠져 있는 듯하다. 한편으로는 확신에 달라붙어 있지 않으면 확신은 제 역할을 하지 못하며, 다른 한편으로는 확신을 고수하는 것은 필연적으로 갈등을 초래한다. 그러나 사실은 겉보기에만 딜레마다. 딜레마처럼 보이는 것은 존재를 당위로 그릇되게 연결하는 데서 비롯한다. 흔들리지 않는 확신이 적응적이며, 자신의 확신을 흔들림 없이 고집하는 것이 지금 여기 우리 삶에도 더 유익하거나 바람직하다는 뜻은 아니기 때문이다. 흔들리지 않고 자신의 확신을 부여잡는 것이 타인과 더불어 공존하는 데 부정적인 영향을 미치는 것이 분명하다면, 우리는 '지식 있는 생물종'으로서 이런 진화적 경향에 '반하여 행동할' 자유가 있다.

이런 자유를 활용해 능동적으로 확신을 의문시하고 비판적으로 검증해야 할 것이다. 무엇보다 우리 확신이 다른 사람들의 확신과 충돌할 때는 그래야 한다. 무조건 다른 사람들이 옳다고 해야 한다는 말이 아니다. 그러나 우리는 확신이 늘 가설일 따름이며, 우리가 확신을 고집하는 것에는 진화적으로 우리 안에 깊숙이 심겨진 이유가 있다는 걸 늘 의식해야 한다. 이런 이유가 우리가 확신을 고집하는 것이 정당하다는 구실이 되면 안 된다. 이런 이유는 다만 우리가 왜 이런 태도를 보이는지 설명해주는 것이며, 아울러 다른 사람들이 (아마도 우리와 비슷한 이유에서) 우리와 마찬가지로 그들의 (우리가 보기에는 '정신 나간') 확신을 고집하는 경향도 설명해준다.

정신 현상—이 경우는 확신—에 대한 자연과학적 설명은 이런 방식으로 순수 학술적 인식의 차원을 넘어서는 유익을 제공할 수 있을 것이다. 비합리성을 의식적으로 합리적으로 다루는 토대가 된다. 확신에 대한 이런 설명이 자신의 굳은 확신을 자기 비판적, 자기 성찰적으로 보고 타인의 확신에는 관대한 태도를 보일 수 있게끔 하기를 바란다.

─────── **탈낙인화, 이해받지 못하고 이해할 수 없는 사이**

신경정신의학에서는 지난 세기가 흐르면서 서로 다른 전통이 생겨났다. 그러나 이런 전통의 대표자들이 서로 우호적이지는 않았다. 1990년대에 처음으로 정신의학의 길에 들어서면서 나는 정신의학에 '생물학적 정신의학biological psychiatry'과 '사회정신의학social psychiatry'이라는 두 가지 대조적인 조류가 있음을 알았다.

생물학적 정신의학은 평판이 그리 좋지 않았고, 비인간적이라는 이미지가 따라다녔다. 생물학적 정신의학자는 늘 약물로 해결하려 하고, 심지어 '전기 충격'으로 환자를 학대한다는 것이었다.[12] 반면 사회정신의학은 훨씬 더 포괄적으로 환자를 대하고, 사회적 맥락과 삶의 상황을 고려해 환자를 전인적으로 대한다고 평가됐다. 이런 대립은 아직 해소되지 않았지만, 약물을 사용하면서도 환자에게 전인적 관심을 갖는 신경정신과 의사도 많다. 나 역시 임상의의 입장이라면 이 두 진영 중 어느 한쪽에 편중되려 하지 않을 것이다.

나는 신경과학적 접근 방법으로 연구하는 연구자로서 생물학을 지향한다. 그러나 1990년대 신경정신의학에서 받은 첫인상 때문인지 이런 접근이 약간 찜찜할 때도 있다. 이런 부정적 감정이 느껴지는 것은 신경과학적 접근이 환원주의적 뒷맛을 동반하기 때문이기도 하다. 복잡한 현상을 개별적 부분으로 분해하려다 보면 큰 그림은 볼 수 없게 된다. 이를 신경학적 정신의학 연구에 적용하면 신경 메커니즘을 연구하는 것으로는 한 인간의 정신 상태를 결코 설명할 수 없으며, 이런 접근 방식으로는 원래의 문제를 놓치게 된다는 뜻이다.

그럼에도 나는 이 책에서처럼 확신의 탄생과 기능을 신경학적으로 보는 시각이 정신 현상의 신경학적 토대에 대한 순수 학문적 이해에 그치지 않고, 훨씬 더 광범위한 역할을 할 수 있다고 본다. 앞에서 언급했듯 이런 시각이 우리의 비합리성을 합리적으로 다룰 수 있도록 도와주기를 바라는 것이다. 더 나아가 신경학, 심리학, 진화생물학의 인식이 일반적으로 질병 증상으로 여겨지는 망상과 같은 심리 현상을 더 잘 이해할 수 있게 해준다고 확신한다(어디까지나 가설의 의미에서 말이다!). 특히 여기서 소개한 자연과학적 접근이 망상을 더 잘 이해할 수 있게 하고, 그로써 정신 질환을 앓는 사람에 대한 탈낙인화에 기여하기를 바란다.

우리 사회에서 정신장애에 대한 낙인은 여전히 상당하다. 정신 질환 전반에 대한 낙인이 존재하며, 조현병에 대한 낙인은 특히 강하다.[13] 그 원인은 다양하지만, 중요한 요인은 정신 질환을 앓는 사람의 경험을 다른 사람들은 도무지 이해할 수 없기 때문인 듯하다. 카를 야스퍼스는 이렇듯 이해할 수 없음이(불가해성이) 단순히 망상적으로 느껴지는 사고와 달리 '진짜' 망상의 명백한 기준이라고 했다.[14]

조현병만큼 환자들의 경험이 이해되지 않는 정신 질환은 없는 듯하다. 우울증의 경우, 한 번도 우울증에 시달려보지 않은 사람도 보통은 우울증에 걸리면 어떤 느낌일지 대략은 예감한다. 우울하고 의욕이 떨어지고 매사에 시큰둥해지는 경험은 누구나 한 번씩 겪는다. 공황장애도 그렇다. 공황장애에 시달리지 않는 사람도 패닉이 오면 어떤 상태가 될지 어느 정도 상상할 수 있다. 우리 모두는 불안과 공포가 무엇인지 알고 있고, 패닉을 경험해본 사람도 많다. 패닉에 빠질 진짜 이유가 없으면, 보통은 다시금 안도감을 되찾지만, 그럼에도 우리는 대부분 패닉에서 헤어나지 못하는 느낌이 무엇인지 대충 상상할 수 있다.

망상 같은 정신증 증상은 다르다. 오늘날 누군가 슈타지가 상상할 수 없는 기술적 수단을 동원해 자신을 추적하고 있다고 확신한다면, 그것은 정말 이해되지 않는 일이다. 이렇게 이해할 수 없다는 사실이 바로 '정상'과 '비정상' 사이에 깊은 고랑이 생기게끔 한다. 정신증을 경험하는 당사자는 이해받지 못한다고 느끼고, 주변 사람들은 이해할 수 없다고 느낀다. 이런 상황이 어쩔 수 없이 당사자들의 사회적 퇴각과 낙인으로 이어진다. 그러다 보면 종종 스스로를 낙인찍는 자기 낙인이 생겨나, 증상에 영향을 미치고 삶의 질이 더욱 손상될 수 있다.[15]

신경과학적 접근은 두 가지 중요한 면에서 탈낙인화에 기여할 수 있다. 첫째, 신경과학적 접근은 주변 사람들뿐 아니라, 정신증을 경험하는 당사자도 종종 이해하기 힘든 증상이 어떻게 생겨나는지 이해할 수 있는 설명 모델을 제공해준다. 즉 예측 처리 모델이 신경생물학과 주관적 망상 경험 간의 간극을 줄이는 데 기여할 수 있다. 신경과학에 기반한 모델이 유용할 수 있다는 것은 다른 심리 장애에서도 입증되고 있다. 가령 공황장애를 설명하는 유용한 모델은 증가된 취약성(가령 유전적 불안이라는 특질 요인이 있는 경우)이 특정한 트리거를 만났을 때(가령 스트레스) '거짓 경보'의 의미에서 증가된 공포 반응으로 이어질 수 있다고 말한다.[16] 이런 모델은 무엇보다 공황 발작이 종종 마른하늘에 날벼락 치듯 갑작스레 나타나는 이유를 설명해준다. 공황 발작을, 위험하거나 통제할 수 없는 것으로 경험되는 상황에서 나타나는 생리적 반응 패턴으로 이해할 수 있기에, 탈병리화에 기여할 수 있다. 그리고 적절하고 효과적인 심리 치료 개입의 출발점이 될 수 있다.

정신증의 심리 치료 역시 신경과학적, 인지심리학적 인식에 기반한 장애 모델을 도구로 성공적으로 이루어지고 있다.[17] 그러므로 확신의 형성과 기능에 대해 이 책에서 소개한 신경과학적 설명이 카를 야스퍼스가 이해할 수 없는 형태의 확신이라고 일컫던 망상을 더 잘 이해할 수 있도록 어느 정도 망상의 탈병리화에 기여할 수 있었으면 좋겠다.

신경과학적 접근의 두 번째 중요한 측면은 첫 번째 측면에서 직접 기인하는 것이지만, 한 걸음 더 나아가는 것이다. 즉 신경과학적 시각에서 보면 망상과 '정상적' 확신에는 근본적 차이가 없다는 것이다. 우리는 현상학적 측면뿐만 아니라, 신경 메커니즘 차원에서 망상과 '보통의' 확신에 명백한 경계가 존재하지 않음을 살펴봤다. 그로써 망상을 정의할 수 있는 일반적 기준이 없는 것이다. 현상학적 차원에서 망상은 인식적 비합리성으로 정의된다. 그러나 앞에서 살펴봤듯 인식적 비합리성이 망상만의 특징은 아니다. 신경 메커니즘 차원에서 우리는 망상이, 예측의 위계질서상 낮은 수준에서 예측과 감각 데이터의 균형이 무너지고 그로 말미암아 비정상적 현저성 탓에 생겨나는 것으로 설명했다. 그래서 망상적 확신은 —다른 모든 확신과 마찬가지로— 위계질서 구조의 최상위 수준에서 경험을 더 커다란 전체적 연관으로 정리할 수 있는 내적 세계 모델의 일부다.

확신이 생겨나는 것은 늘 감각기관이 뇌에 공급하는 이해할 수 없고, 불확실하고, 종종 모순되는 신호를 이해하기 위함이다. 예측의 위계질서상 낮은 수준에서 설명할 수 없는 것이 많아 예측의 높은 수준에서 이를 해결하려 할 때 (망상을 포함해) 비이성적 설명을 하고자 하는 경향은 더 커진다. 이에 대한 신경학적 토대는 복합적이지만, 유전적 영향(특질)과 상황적 요인(상태)의 결합이 토대가 된다. 하지만 이런 토대에서 확신이 생겨나는 메커니즘은 망상이나 '보통의' 확신이나 기본적으로 다르지 않다. 확신의 형성에는 '정신 질환이 있는' 뇌나 '보통' 뇌가 별반 다르지 않다. 뇌는 뜻밖의 사건이 가능한 한 잘 정돈되게끔 자신의 내적 모델을 적절히 손본다. 즉 설명할 수 없는 것을 설명하려다 보니, 망상적이든 아니든 확신이 생겨나는 것이다.

따라서 정신 질환이 있는 사람들은 본래는 아주 '정상적인' 것일까? 아니면 우리 모두가 약간 '제정신이 아닌' 것일까? 그러나 그렇게 단순하지는 않다. 정신 질환이 있는 사람의 뇌가 확신을 만들어내는 방식이 원칙적으로 건강한 사람의 뇌와 별다르지 않다고 해서, 거기서 생겨나는 확신이 아주 '정상적'이라는 뜻은 아니다. 많은 경우 우리가 어떤 확신을 망상으로 분류하는 데는 이유가 있다. 더욱이 그런 확신이 우리 눈에 기괴해 보이고, 현실과 동떨어져 있을 때는 말이다. 무엇보다 그런 확신에 주관적 괴로움이 동반되는 경우, 즉 현실에서 동떨어진 확신으로 삶에 커다란 제한이 초래되고, 사회생활이 힘들거나 불가능해지는 경우, 우리는 그런 확신을 질병의 표징으로 본다.

망상이 어떻게 생겨나는지 설명할 수 있으며, 그로써 망상의 핵심 기준—인식적 비합리성—이 사실은 너무나 만연하기 때문에 정상적인 것으로 설명해 망상을 별것 아닌 것으로 치부하게끔 해서는 안 된다. 탈병리화가 정신 질환 증상으로서의 망상을 경시하게 해서는 안 되는 것이다. 망상 증상을 보이는 사람들 역시 —우리 모두와 마찬가지로— 이유가 있어서 그런 확신을 갖는 것이며, 이런 확신이 망상적일지라도 당사자에게는 중요한 기능을 한다는 것을 이해해야 하지만, 이런 이해 때문에 망상을 경시하며 "우리 모두 어차피 돌았어" 하는 식으로 나아가서는 안 된다. 이런 태도는 정신 질환을 경시하고 정신 질환에 걸린 사람들에게 부당하게 작용할 위험이 있다.

———— 나는 무엇을 확신하는가?

지난 15년 동안 어느 누구보다 정신 질환과 관련해 예측 처리 이론을 정립하는 데 힘쓴 나의 동료 필 콜릿Phil Corlett은 몇 년 전 학회에서 내게 "저 사람들 우리가 컬트Kults를 신봉하기라도 하는 것처럼 의심스러운 눈빛인데!"라고 말했다.

이렇게 말하는 이유는 내가 이 책에서 소개한 이론을 모든 학자가 공감하지는 않기 때문이다. 이런 이론을 이런 대중 과학서로 소개하는 것도 이 책이 유일할 것이다(하긴 내가 쓰지 않았으면 누군가 다른 사람이 이런 책을 썼겠지만 말이다). 그러나 부디 오해하지는 말기를 바란다. 이 책에서 소개한 이론이 소수의 학자만 공유하는 괴짜 이론은 아니다. 자신의 별난 이론을 인정받기 위해 애쓰는 외톨이 학자의 엉뚱한 이론이 아닌 것이다. 비슷한 시각을 공유하는 학자는 많다.

이 책의 핵심 개념인 '예측 처리 이론'을 21세기의 가장 영향력 많은 신경과학 이론으로 봐도 전혀 무리가 없을 것이다. 2018년과 2019년에 인간 의식을 신경과학적으로 연구하는 학자들을 대상으로 실시한 설문 조사에서 대다수의 학자가 의식을 설명하는 가장 전도유망한 이론으로 예측 처리 이론을 꼽았다.[18] 이것은 설문 조사가 이루어지던 당시, 의식을 다루는 예측

처리 이론이 아직 명백히 정립되지 않았다는 점에서 주목할 만
하다(그 이론이 그렇게 전도유망해 보인 이유도 아직 제대로 정립되지 않
았기 때문이었을 것이다). 그러나 물론 예측 처리 이론을 비판적으
로 보는 학자도 있으며, 나아가 아주 말도 안 되는 이론이라고
여기는 사람도 있다.[19]

　정신 질환의 연속 가설이나 진화정신의학 이론처럼 이 책에서
중요한 역할을 하는 다른 이론도 마찬가지다. 이런 이론들을 복
잡한 현상을 이해하는 데 도움을 주는 유용한 이론으로 볼 수도
있지만, 이런 이론을 비판할 수도 있고, 그것이 지닌 약점을 시
시콜콜하게 검토해 틀린 이론이라는 결론에 이를 수도 있다. 따
라서 이 책에서 소개한 이론이 궁극적으로 진실이라고 독자들
에게 큰소리치고 싶지는 않다. 내가 여기서 소개한 내용은 망상
과 다른 확신에 대한 설명이며, 이런 설명은 탄탄한 학문적 기반
에 근거해 가능하면 진실에 다가가고자 하는 것이다. 하지만 그
렇기에 이런 이론이 말하는 모든 진술이 옳거나, 대안이 없는 독
보적인 진술이라고 할 수는 없다.

　이 책에서 소개한 인식적으로 비합리적인 확신의 형성과 기
능에 대한 이론을 내가 확신할까?《두덴》의 정의에 따라 확신을
흔들리지 않는 굳은 의견이라고 정의하면, 이 질문에 대한 대답
은 그렇지 않다는 것이다. 이런 의미에서는 확신하지 못한다. 그
러나 확신을 가설로 이해한다면 "그렇다, 나는 확신한다"고 대
답하겠다! 내가 이 책에서 표방한 이론은 이 책에서 소개한 확
신이 갖는 기능을 한다. 즉 부분적으로는 모순적인 데이터를 이

해할 수 있게끔 하고, 이런 데이터를 수긍이 가는 전체적 연관으로 정리하고, 거기서 예측을 이끌어내게끔 한다. 이런 예측은 다시금 우리의 지각, 사고, 행동을 결정한다.

모순적인 데이터란 설명을 요하는 사건과 관찰이다. 베를린 장벽이 무너진 지 30년도 더 지난 뒤에 슈타지가 자신을 추적하고 있다고 철통같이 믿는 사람이 있는데, 그는 평소 다른 일에 관련해서는 똑똑하고 이해력이나 논리적 사고에 전혀 문제가 없는 사람이다. 자신의 잘못으로 교통사고를 당해 병원에 입원하고서는 여전히 자신이 평균 이상으로 유능한 운전자라고 확신하는 운전자는 어떠한가. 평균 이상으로 똑똑해 보이지만, 정말로 지구가 원반 모양이라고 굳게 확신하는 듯한 '지구 평평론자'는 어떠한가. 또는 조현병에 유전이 중요한 역할을 하는데, 조현병에 걸린 사람들의 재생산율과 기대 수명이 두드러지게 낮은데도 조현병 진단을 받는 사람을 종종 볼 수 있다는 모순은 어떠한가. 이 모두는 설명을 요하는 데이터다. 그리고 이 책에서 묘사한 생각은 내게 —그리고 독자들에게— 이런 모순적인 것을 더 커다란 맥락으로 정리하고, 수긍 가능하게 설명할 수 있게 도와준다.

이런 의미에서 내가 여기서 표방하는 이론은 확신에 해당한다. 그러나 언제든 틀린 것으로 판명될 수 있다는 전제가 붙은 확신이다. 모순이 드러나거나 이런 이론으로 설명할 수 없는 데이터가 알려지면, 이 이론은 수정되거나 완전히 폐기될 수도 있다. 기존 모순을 더 잘 풀어줄 수 있고, 더 정확한 예측을 가능케

하는 훨씬 더 나은 이론이 등장하는 경우에도 나는 내 확신을 포기해야 할 것이다. 확신은 본질상 가설이기 때문이다.

물론 나 역시 우리 모두와 마찬가지로 합리성의 환상에 걸려들 수 있다. 내 생각 역시 비합리적인 경향과 확증 편향 같은 인지적 왜곡에 쉽게 굴복한다. 파울 플레처와 크리스 프리스는 조현병에 관련된 그들의 선구적인 논문에서 망상적인 확신을 가진 사람들이 그런 확신에 반하는 증거보다 확신에 부합하는 증거에 종종 더 강한 비중을 두는 현상을 이야기한다. 두 학자는 이런 연관에서 (자조를 섞어) 이렇게 말한다. "물론 이것은 일반 사람들에게서 볼 수 있는 것보다 약간 심한 경우지만, 일반적으로 많은 사람에게서 이런 식의 과정을 관찰할 수 있다. 조현병 이론을 정립하는 신경과학자들도 예외는 아니다."[20]

과학자들 역시 예측 기계로서 생존과 번식의 확률을 최대화하는 데 맞추어진 뇌를 가지고 있다. 이것은 그들로 하여금 다른 사람들과 마찬가지로 인식적 비합리성에 잘 걸려들게 한다. 그러나 연구자들은 이런 '생물학적 명령'을 특히 민감하게 의식하고, 그것에 '반기를 들어야' 할 것이다. 이런 이유로 과학계에는 비합리성 경향을 예방하기 위한 일련의 예방 조치가 이루어진다. 무엇을 과학적 증거로 여기고, 무엇을 그렇지 않은 것으로 여길 것인지에 대한 규칙이 정립되고, 연구 계획, 통계적 방법론, 연구 결과에 대한 의사소통을 위한 표준이 정의된다(5장 〈비합리적인 예측 처리〉를 참조하라). 과학은 인간의 비합리성이라는 발화점을 가능하면 합리적으로 다루기 위해, 앞에서 말한 소화용 물통을 준비해놓았을 뿐 아니라, 나아가 되도록 애초부터 내화성 (불에 타지 않는) 재료를 가지고 작업하고자 한다.

과학계가 이런 면에서 완벽하게 돌아간다고 주장하려는 것은 아니다. 연구 결과가 나온 뒤, 그 결과에 맞춰 가설을 추가적으로 지어내는 등 과학적 연구 결과를 전달할 때 빚어지는 왜곡부터 데이터를 위조하거나 조작해서 발표하는 것에 이르기까지, 실제 과학 연구에서 많은 것이 제대로 돌아가지 않고 있으며, 개선의 필요성이 늘 존재한다. 그래도 최근에 과학계에서 오픈 사이언스 운동이 일어나는 것은 반가운 일이 아닐 수 없다. 이 운동의 목표는 연구 방법과 데이터를 누구나 자유롭게 접근할 수 있도록 함으로써 연구 과정의 투명성을 지향하는 것이다.[21]

또 나는 과학만이 모든 중요한 질문에 대답할 수 있다고 주장하려는 것도 아니다. 세계를 과학적 시각으로 보는 것은 여러 관점 중 하나에 지나지 않는다.[22] 그럼에도 나는 합치될 수 없는 확신들이 충돌할 때는 과학적 인식과 원칙을 우선적으로 붙잡으라고 권하고 싶다.

우선 우리는 과학적 데이터를 토대로 우리의 확신을 이성적으로 검증할 수 있다. 과학이 제공하는 증거가 종종은 충분하지도 않고, 계속해서 변화하는 것도 사실이다. 하지만 과학이 완벽하게 돌아가지도 않고, 모든 중요한 질문에 답을 줄 수 없을지라도, 과학이라는 시스템은 인식적 합리성 원칙을 표방한다. 데이터를 도구로 가설을 검증하는 반복적인 과정을 통해 명확함을 추구하고, 가능한 한 진실에 다가가고자 하는 것이 과학의 목표다.

아울러 나는 우리의 확신과 다른 사람들의 확신을 다룰 때 과학을 모범으로 삼도록 장려하고 싶다. 자신의 확신이 완전히 확실한 팩트가 아닌, 원칙적으로 가설임을 의식하고, 자신의 확신의 굴레에서 자유로워지는 것만 해도 정말 많이 이룬 것이다. 우리는 세계에 대한 완전한 진실을 알 수 없다. 우리의 확신은 이런 불확실함에 대처하기 위한 우리 뇌의 중요한 전략이다. 확신은 우리에게 불확실함으로 가득한 세상에서 옳은 것을 하고 있다는 안도감을 준다. 하지만 우리는 이런 주관적 확실함에 오도된 채 자신의 확신만이 옳다고 여겨서는 안 된다.

팬데믹 시대의 확신

——— 수평적 사고자와 코로나 바보

나는 2019년 11월에 이 책을 쓰기 시작했다. 이 책을 위한 지적 여정은 이후 2년 반 이상 걸렸고, 이 기간에 나는 친숙한 영역을 더 잘 알게 된 동시에 새로운 세계를 열어나갈 수 있었다. 나는 자연과학, 사회과학, 인문과학 분야에서 전에는 잘 알지 못하던 연구와 논문을 다수 읽었고, 여러 명의 똑똑한 사람과 유익한 대화를 나눴다. 이런 대화는 나 자신의 확신을 의문시하게 했고, 새로운 지평을 열어줬다. 이 모든 것은 기대한 바와 거의 맞아떨어졌다.

하지만 2019년 11월에 전혀 예상하지 못한 일이 있었으니, 그것은 코로나19 팬데믹이 불과 2년 반 사이에 불러온 세상의 변화였다. 처음에는 멀리 있는 것처럼 여겨졌던 코로나19는 숨 막히는 속도로 우리의 건강과 우리가 확실하다고 믿던 것들, 그리고 무엇보다 사회적 통합을 저해하는 예기치 않은 위험으로 떠올랐다. 그리고 이 모든 것과 더불어 불안한 시대에 비합리적 확신이 어떻게 확산되는지, 진실에 대한 서로 다른 이해가 어떻게 사회적 뇌관이 될 수 있는지, 사회에 원래 존재하던 균열이 어떻게 도저히 극복할 수 없을 듯한 커다란 고랑이 될 수 있는지 여실히 보여줬다.

코로나19 팬데믹을 퇴치하기 위해 국가가 시행하는 조치에 대한 저항이 시작되는 데는 시간이 그리 오래 걸리지 않았다. 이런 저항의 신봉자들은 스스로를 '수평적 사고자'라고 칭했다. 그러나 다른 사람들은 이들을 '코로나 바보'라고 불렀다. 이 두 개념만 봐도 서로 다른 이해를 지닌 사람들 사이에 벌어진 간극을 보여준다. 이 간극은 이런 말을 사용함으로써 더 커진다. '수평적 사고자'라는 말은 자신이 옳다는 독선적인 뉘앙스를 풍긴다. 주류에 속하는 우둔한 '수직적 사고자'로서 정치와 정치의 시녀인 언론의 말을 곧이듣는 다른 모든 이를 깎아내리려는 어감도 풍긴다. 그러나 '코로나 바보'라는 말도 —처음에는 잘난 체하는 독선적 태도를 반격하는 유쾌한 반대급부로 다가왔으나— 마찬가지로 상대편을 깎아내리는 표현으로 양쪽 진영 간의 고랑을 더 깊게 하는 게 분명하다.

꼭 집게손가락을 치켜들고 손가락질을 하지 않아도 '수평적 사고자' 혹은 '코로나 바보'와 같은 말에 함축된 타인에 대한 비하와 자신을 추켜올리는 태도가 각자 자신의 기존 확신을 더 강화시키고 있음을 담담히 확인할 수 있다. 이런 태도는 다른 생각을 가진 사람들과 건설적인 대화를 하지 못하게 만든다.

생각이 다른 사람과 꼭 대화해야 할까? 나는 '수평적 사고자', 백신 반대론자, 음모론을 믿는 사람과 결실 없는 논쟁을 하는 게 무슨 소용일까 자문해보곤 했다. 왜 꼭 그래야 할까? 그냥 각자 믿고 싶은 대로 믿어도 되지 않을까. 생각은 자유니까 말이다. 그 밖에도 나는 과학자로서 과학적 증거를 소환할 수밖에 없을 텐데, 어차피 과학을 회의적 혹은 적대적 눈으로 보는 사람들과는 말이 통할 리 없지 않은가.

코로나19 사태가 터지기 전에는 이런 태도를 유지하는 것이 어렵지 않았다. 기분에 따라 관용과 체념 사이를, 호기로운 아량과 절망스러운 무심함 사이를 오갔다. 그러나 코로나19 팬데믹은 우리에게 비합리적 확신이 얼마나 많은 폐해를 야기할 수 있는지 똑똑히 가르쳐줬다.

가령 코로나19가 위험하게 확산되는 시기에 소수가 특정 조치를 거부하는 것은 다수의 타인에게 적잖은 위험을 초래하는 일이었다. 독일에 델타 변이가 유행할 당시 대부분의 과학자는 당시 활용 가능한 데이터를 기반으로 90퍼센트 이상의 백신 접종률을 달성하는 것이 코로나19 팬데믹에서 벗어나는 유일한 길이라고 봤다. 하지만 실제 백신 접종률은 60~70퍼센트에 머물렀고, 이에 대해 어떤 사람들은 자조적으로 '미접종자들의 팬데믹'이라고 말하기도 했다. 이런 표현의 적절성에 대한 논의는 차치하고, 당시의 데이터는 접종을 거부한 인구 집단이 상당히 많기에 감염률이 계속 높은 상태를 유지한다는 추론을 가능케 했다. 그 바람에 노인이나 면역력이 약한 사람들이 목숨을 잃은 것이고 말이다. 물론 백신을 맞을지 안 맞을지는 개인의 선택이라는 입장을 취할 수 있다. 그러나 '안 맞겠다는 선택'이 백신 접종이 장기적으로 예기치 않은 건강상의 후유증을 야기할지도 모른다는 잘못된 확신에 근거한다면 —백신 접종을 거부한 독일의 축구 선수 요주아 키미히의 사례를 떠올려보라— 답답한 노릇이 아닐 수 없다.

비합리적 확신으로 말미암은 또 다른 위험은 —이 역시 코로나19가 보여준 바— 바로 극단주의로 가는 것이다. 모든 '수평적 사고자'가 급진적인 사람은 아니다. 그러나 백신을 거부한 사람 중 대다수는 정치적으로 우파 혹은 극우파에 속했다.[1] 코로나19에 대한 잘못된 정보와 상응하는 음모론이 인터넷상에서 만연하면서 비민주적 기류가 생겨나는 비옥한 온상이 마련됐다. 이런 기류가 때로 상당한 폭력성을 내포한다는 건 언론인에 대한 수많은 공격을 통해 드러났다.[2]

이런 상황에서 인간에게 비합리적인 확신의 경향이 있음을 인정하고 그냥 그렇게 살자고 말할 수는 없을 것이다. 우리 사회를 가로지르는 균열의 골이 더 깊어지지 않기 위해서는 대화에 열려 있고, 계속(가능한 한 건설적인) 대화를 나누는 것밖에는 다른 방법이 없다.

——— 코로나19를 통과하며 과학에서 배운 것들

과학에 적대적인 태도를 불러일으킨 것 외에도 팬데믹은 많은 사람이 과학적 인식의 가능성과 한계를 포함해 과학적 과정을 더 잘 이해할 수 있게끔 했다. 코로나19로 과학의 명성은 더 높아진 듯하다. 중요한 새로운 인식이 속속 나와 팬데믹을 퇴치하기 위한 조처를 마련하는 데 근거가 됐으며, 짧은 시간 중요한 성과를 거두는 모습을 보여줬기 때문이다. 새로운 백신을 빠르게 개발해낸 것도 한몫했다. 기억해보라, 팬데믹 초기에는 코로나19 백신 개발에 여러 해(!)가 걸릴 거라는 예측이 지배적이었다.

나아가 과학은 언제나 현재의 데이터를 근거로만 진술할 수 있다는 점이 분명해졌다. 데이터는 완전할 수 없기에, 새로운 데이터나 인식이 등장하면 과학의 진술도 변할 수 있고, 변해야 한다. 오늘날 진실로 여겨지는 것은 내일은 다시금 틀린 것이 될 수 있다. 최상의 과학적 방법도 결코 완벽하지 않기에, 그런 방법으로 도달한 결과라도 어느 순간 다시 수정될 수도 있기 때문이다. 연구 대상이 달라질 수도 있다. 코로나19 바이러스도 계속 새로운 변종이 나오지 않는가.

이런 소리를 들으면 자칭 '수평적 사고자'가 그랬듯 '아, 그럼 과학은 믿을 만한 것이 못 되네' 하는 생각이 들지도 모른다. 거기서 더 나아가 '과학은 정치나 다른 권력의 입김에 휘둘린다잖아'라고 생각할 수도 있다. 과학은 과학계나 권력에 유리하게 작용하고 나머지 인류에게는 해를 끼치는 게 아닐까 하는 의심이 고개를 들지 모른다. 그러나 그보다 훨씬 사실에 부합하는 결론은 과학은 새로운 데이터가 끊임없이 발굴되는 역동적인 과정이라는 것이다. 모든 인식 과정이 기본적으로 불확실할 수밖에 없을 뿐 아니라, 우리가 인식하고자 하는 현실 자체도 끊임없이 변화하기 때문이다.

우리는 이러한 역동성이 과학의 본질에 속한 것이며, 약점이 아니라 강점이라는 사실도 배웠다. 과학의 진술은 우리의 확신과 마찬가지로 현재 사용 가능한 데이터를 토대로 한 '최선의 추측'이다. 주어진 데이터를 고려해 어떤 '추측'이 최선인지, 그로부터 어떤 결론을 이끌어낼 수 있는지 논의하는 것이 과학의 역할이다.

이로부터 어떤 결론을 내릴 수 있을까? 우리 중 다수는 확신을 변화하는 증거 상황에 맞추는 것이 쉽지 않은 일임을 경험한다. 나 자신도 그랬다. 불안한 팬데믹 상황에서 안도감을 주던 확신과 결별해야 할 때마다 내적 거부감이 느껴졌다. 초기에 나온 연구 데이터는 백신 접종이 감염률을 90퍼센트가량 감소시킬 수 있다고 했고, 나는 이에 근거해 백신 접종이 팬데믹 퇴치에 돌파구가 돼줄 수 있다고 확신했다. 그러다가 백신이 2021년에 새로 출현한 델타 변이 감염을 그다지 막아주지 못한다는 사실이 확실해졌을 때, 백신 접종이 돌파구가 될 거라는 가정을 포기하는 것이 상당히 힘들었다.

한번 확신한 내용을 바꾸는 것이 쉽지 않은 것은 우리가 그 확신이 부디 맞기를 바라기 때문만은 아니다. 이 책에서 살펴봤듯 흔들리지 않는 확고한 확신을 가지고, 다른 사람들 앞에서 이를 옹호하는 것이 우리에게 적응적인 일이기 때문이기도 하다. 우리는 확신을 바꾸는 것을 유약함의 표시라고 느낀다. 하지만 흔들리지 않는 확신을 뒤흔들고, 새로운 증거로 인해 확신이 계속하여 '흔들리게끔' 하는 것은 사실은 약함이 아니라 강함이다.

기술적 확신과 규범적 확신

2장 시작 부분에서 나는 이 책이 오직 기술적 진술, 즉 무엇이 참이고 거짓인지에 대한 진술과 관련된 확신을 대상으로 한다고 말했다. 그러나 —팬데믹 기간에도 계속 대두된 바— 그런 기술적 확신이 규범적 확신, 즉 무엇이 어떻게 되어야 하는지에 대한 진술과 상호작용 가운데 있다는 걸 도외시할 수 없을 것이다.

이것은 과학과 정치의 관계로 설명할 수 있다. 기술적 진술은 주로 학문의 영역이다. 학문의 과제는 어떤 상황에 대해 가능한 한 현실에 맞는 상을 제공하는 것이다. 반면 규범적 진술은 정치의 영역이다. 자주 논의되는 코로나19 백신 접종 의무를 예로 들어보자. 과학은 감염 위험, 감염 시 질병의 중증도, 부작용 등과 관련해 백신 접종으로 얻을 수 있는 효용에 대한 데이터를 제공한다. 그리고 어느 만큼의 백신 접종률이 코로나19 발병률과 사망률에 어떤 영향을 미칠 것인지 모델을 계산한다. 그리고 이런 토대에서 발병률을 어느 수준으로 낮추려면 어느 정도의 접종률을 달성해야 하는지 확신을 표명한다. 이것이 바로 기술적 확신이다(과학적 맥락에서 더 정확하게는 가설이라 부른다). 그러나 이런 기술적 확신에 근거해 백신 접종을 의무화하는 것이 옳은 조처라는 규범적 확신을 표명할 것인가, 하는 것은 다른 문제다. 이것에 대답하는 것은 과학의 과제가 아니라, 우선적으로 정치의 과제다.

팬데믹 초기에는 과학자들도 지속적으로 규범적 확신을 표명했는데, 물론 누구도 이를 막을 수는 없는 일이다. 그러다 보니 코로나19 부인론자들이 일부 과학자에 대해 정치조처에 책임을 지라고 몰아가거나 공개적으로 적대감을 표출하는 일이 있었다. 그런 과학자들이 잘못했다고 말하려는 것이 아니다. 오히려 기술적 확신과 규범적 확신 간의 구분이 때로는 몇 가지 단어 선택상의 차이에 불과할 만큼 그리 크지 않다는 사실을 환기하고 싶다. 그리고 팬데믹은 우리가 이런 구별에 유의하는 편이 좋다는 사실을 가르쳐줬다. 우리 자신이 발언할 때도 이런 차이를 분명히 해야 하고, 다른 사람들의 발언에서도 이런 차이를 들을 수 있어야 한다.

우리의 이웃이 백신 접종을 받지 않으려 하는 경우 ─따라서 그가 백신을 맞지 말아야 한다는 규범적 확신이 있는 경우─ 이런 선택이 데이터에 무지하거나, 이해력이 부족하다는 뜻은 전혀 아니다. 그는 아마도 데이터를 상세히 꿰고 있어 백신 접종이 코로나19 대유행을 억제하는 효과적 수단이라는 기술적 확신을 가지고 있을 수도 있다. 그럼에도 다른 요인들 때문에(세계관적인? 종교적인? 아니면 주사 공포증?) 백신을 맞지 않기로 결정했을 수도 있다. 그러므로 그를 코로나19 부인론자라거나 심지어 '코로나 바보'라고 칭하는 것은 무례할 뿐 아니라 잘못된 것일 터다. 그리고 내가 그와 대화할 때 과학적 데이터로 그를 설득하려는 것은 소용없는 일일 것이다. 그와 대화하고자 한다면 그의 규범적 확신의 토대가 되는 논지에 관해 말해야 할 것이다.

더 나아가 우리는 기술적 확신과 규범적 확신 간의 관계가 일방통행이 아니라는 걸 의식해야 한다. 우리는 기술적 확신을 토대로 규범적 확신을 이끌어낼 뿐 아니라, 그 반대로도 한다. 바로 확증 편향이 작용하는 것이다. 확증 편향은 규범적 확신과 기술적 확신을 구분하지 못한다. 내가 개인의 자유권보다 사회적 연대를 더 중요하게 생각하기에 백신 접종 의무 같은 조처를 지지한다면, 나는 이런 규범적 확신을 백신의 효용성을 입증하는 데이터로 뒷받침하려는 경향을 보일 것이다. 반면 개인적 자유권에 더 커다란 비중을 둔다면 백신 접종의 효용성을 의심하거나, 그 위험성을 강조하는 데이터를 우선적으로 끌어올 것이다. 극단적인 경우 거짓 정보나 잘못된 사실에 믿음을 선사할 것이다. 단순히 그것들이 나의 규범적 확신에 맞는다는 이유로 말이다. 종종 우리 정체성의 중요한 부분을 차지하는 세계관적 확신이 중요하기 때문이다. 이런 확신을 의심하거나 포기하는 것은 굉장한 불안을 야기하며, 우리는 그런 불안에 송두리째 노출되고 싶지 않은 것이다.

──── 불확실성을 허용하는 문화가 필요하다

코로나19 팬데믹을 거치며 우리 모두가 느낀 것은 불확실성을 감내하기가 너무나 힘들다는 사실이다. 바이러스가 얼마나 위험한지, 우리 자신이나 주변 사람들에게 어떻게 전염되는지, 백신이 질병을 효과적으로 막아줄지, 삶을 불편하게 하는 코로나19 관련 제한 조처는 언제까지 계속될지 등에 대한 불확실성이 우리를 막막하게 만들었다. 어떤 사람들은 이런 상태를 그나마 무난하게 견뎠지만, 어떤 사람들은 더 힘들어했다.

우리는 7장에서 '불확실성 감내력'을 개인의 특질에 속한 것으로 분류했다. 일종의 개인의 본질적인 특성이라고 말이다. 그렇다고 해서 이런 특성이 유전적으로 결정되는 것으로, 단순히 이런 특성을 지니고 태어나거나, 그렇지 않거나 한 것은 아니다. 심리 치료 연구는 불확실성 감내력이 적어 예민하고 소심한 성격이라도 불확실성을 견디는 능력을 의도적으로 훈련할 수 있음을 보여준다.[3] 불확실한 상황은 종종 견디기 힘들지만, 불확실성을 용인하는 법을 배울 수 있다는 것이다.

불확실성을 용인할 수 없는 현상에는 타고난 소질 외에도 학습경험이 중요한 역할을 한다. 그러므로 우리의 자녀를 양육하면서 불확실성이 삶의 자연스러운 부분임을 가르쳐주면 좋지 않을까? 자녀를 키우는 독자들은 아이를 양육할 때는 분명하고 딱 부러지는 메시지를 전수해야 한다고 할지도 모른다. 그렇다면 현실은 종종 그렇게 분명하지 않다는 것, 단순한 '진실'은 속

330

임수라는 것, 현실을 단순하게 설명하면 기분은 좋을지 몰라도 진실과는 거리가 멀어진다는 사실을 '분명히' 전달해줄 수 있지 않을까? 다음 세대가 불확실성을 견디고, 우리가 원하는 단순한 진실은 종종 없다는 사실을 받아들이게 배우게끔 도울 수 있으면 좋겠다.

공개적인 토론 문화와 관련해서도 비슷하게 숙고할 수 있다. 활용할 수 있는 데이터에 기반해 결정을 내리려면 늘 복잡한 것을 약간 단순화할 수밖에 없다. 의사가 불확실한 증상 앞에서 치료를 위해 한 가지 질병으로 진단을 내리는 것처럼, 정치가도 아주 불확실한 데이터 앞에서 구체적인 조처를 이끌어내기 위해 상황에 대해 명확한 판단을 내려야 한다. 시민으로서 우리가 이를 원할 뿐 아니라, 이렇게 하는 것이 통치의 본질이기 때문이다. 그러나 명확한 결정을 내릴 필요가 있다고 해서, 그 결정의 토대가 되는 증거 또한 명확하고 분명할 필요는 없다. 팬데믹 기간에 성급하게 이런저런 결정을 내렸던 정치가들은 자꾸만 이랬다저랬다 한다고 비난받았다.[4] 코로나19와 관련된 우왕좌왕한 대책에 대해 얼마나 말이 많았던가!

정부 지도부에는 국민은 단순하고 명확한 메시지를 원하고, 기조나 방향을 바꾸거나 하면 신뢰를 잃을 것이며, 지역적으로 다른 조처를 실행하면 사회적 불화를 야기할 거라는 아주 당연시되는 전제가 존재한다. 그러나 정말 그러한가? 국민을 너무 과소평가하는 것이 아닐까? 계속해서 명확하고 분명하게 하려함으로써 모든 것이 정말로 명확하고 분명해야 한다는 기대를 부추기는 위험을 범하고 있지는 않은가? 불확실성을 허용하지 않음으로써 이런 위험을 야기하거나 강화하는 것은 아닐까? 이를 통해 사람들은 소위 단순하고 분명한 메시지를 선호하고, 그러다 보니 점점 더 음모론과 포퓰리즘적 선동에 잘 넘어가게 되는 건 아닐까?

우리는 자유민주주의 사회에 살고 있으며, 이 사회에서 그 누구도 부모에게 자녀를 어떠어떠하게 양육해야 한다거나, 언론인들에게 정치적 결정을 어떠어떠하게 해석해야 한다고 정해주지 않는다. 그러나 불확실을 감내하지 못하는 문제에 대처하기 위해 우리 모두가 노력할 수 있는 것은 불확실성을 용인하고 감내하는 문화를 만들어가는 것이다.

불확실함은 거부감과 두려움을 안겨주기 때문에 도무지 견디고 싶지가 않다. 확신을 주는 확실하고 안전한 상태로 도망가고 싶은 것이 인지상정이다. 그러나 흔들리지 않는 확신이 불확실한 세상에서 안정감 있게 살아가도록 도움을 주지만, 그것은 사회적으로 서로 심각한 갈등을 빚는 충돌의 기폭제가 되기도 한다. 따라서 우리는 불확실성을 용인하는 능력을 키우는 것이 좋으며, 이 일 역시 자신에게서부터 시작되면 가장 좋을 것이다.

────── **역화 효과를 두려워하지 마라!**

불확실성 감내력을 키우는 것은 우리 스스로 할 수 있는 것이고, 우리가 그 면에서 성과를 낸다면, 그것만 해도 많은 것을 하는 것이다. 그러나 분명히 틀린 주장을 하며, 데이터 따위는 무시하고, 자신의 확신을 의문시하거나 변화시키는 것은 고사하고, 그 어떤 대화도 응하지 않는 사람들은 어떻게 대해야 할까?

자신의 의견을 사적으로만 개진하면서 아무런 피해를 야기하지 않는 한, 이런 일을 용인하는 것은 어렵지 않을 것이다. 그러나 잘못된 발언을 큰 소리로 세상에 퍼뜨리며, 다른 사람을 설득하고자 하거나, 틀린 확신으로 말미암은 행동이나 직간접적 공격으로 다른 사람들을 위험에 빠뜨리는 일이 벌어진다면 자못 심각해진다. 가령 코로나19가 한창 절정에 이르렀는데, 붐비는 전철 안에서 —마스크가 효과가 없을 뿐 아니라, 건강에 해롭다고 확신하기에— 마스크를 쓰지 않은 채 콧물을 훌쩍이고 가래 끓는 소리가 나는 기침을 하는 승객에게 어떤 반응을 보여야 할까? 또는 기자를 '기레기'라고 부르며 욕하거나, 행동으로까지 공격하는 사람에 대해 어떤 반응을 보여야 할까? 눈썹 하나 깜짝하지 않고 mRNA 백신이 효과가 없고 도리어 위험하다며 거짓 정보를 퍼뜨리는 정치인에 대해서는?

이런 상황에서 토론을 하며, 반대 논지를 제시하는 것은 헛수고를 하는 게 아닐까? 더구나 우리가 확신의 인식적 비합리성에 대해 알고 있는 마당에 말이다. 그뿐만 아니라, 우리는 이제 확증 편향과 역화 효과 같은 인지 편향의 역할에 대해, 무엇보다 사회적 역할이나 집단 소속감과 관련해 확신이 갖는 기능을 익히 알고 있지 않은가?

물론 명백히 틀릴 뿐 아니라, 위험한 확신을 표방하는 사람들에 대해 어떤 입장을 취할 것인지는 개인적인 선택이다. 그러나이 책의 내용에 의거해 확신은 어차피 흔들리지 않으니 말해봤자 소용이 없다고 생각한다면, 나는 단호하게 그런 생각에 반대하고 싶다. 하지만 대체 무엇을 할 수 있단 말인가? 아무 말도 하지 않고 입술을 악다문 채 속으로 화내고 상대방을 못마땅한 눈초리로 바라보거나 '코로나 바보'라고 부를까?

사회에 균열이 더 깊어지는 걸 막으려 하거나 이미 존재하는 균열을 극복하고자 한다면, 화를 속으로 삼키며 침묵하고 속으로 창피해하는 것만으로는 한 발자국도 나아갈 수 없다. 우선 우리가 자신의 확신을 먼저 비판적으로 돌아봐야 한다는 건 분명하다. 그러나 상대가 그렇게 하지 않으면 어떻게 할까? 공공에 위험을 초래하는 자신의 행동을 변호하기 위해 목소리를 높여음모론을 퍼뜨리며 자신의 확신에서 1밀리미터도 물러서려 하지 않는 사람을 상대해야 한다면 어떻게 해야 할까?

우선 자신의 확신에 위배되는 정보를 만나면 종종은 역효과를 내 오히려 자신의 잘못된 확신을 더 강하게 부여잡는 역화 효과는 너무 신경 쓰지 말자. 최신 연구는 상황에 따라 이런 효과가 나타날 수 있지만, 그렇게 자주 나타나지는 않는다는 것을 보여준다. 오히려 사회학자와 정치학자는 자신의 확신에 배치되는 정보를 접하는 것이 내용적으로 맞는 확신을 가지는 것에 — 조금쯤이라도 — 긍정적인 효과를 낸다는 것에 의견의 일치를 보고 있다.[5] 역화 효과는 무엇보다 특정 사회집단에 소속돼 있는 것처럼, 새로운 정보를 받아들일 수 없게 하는 추가적인 장애물이 존재할 때 작용하는 듯하다.

또 우리를 좀 낙관적으로 만드는 것은 모순되는 증거를 여간해서는 받아들이지 않는 특징을 보이는 망상적 확신조차 완전히 요지부동은 아니라는 사실이다(6장 〈망상의 '교정 불가능성'에 대해〉를 참조하라). 심리 치료적으로 적절히 개입하는 것을 통해 조현병 증상이 있는 사람들이 망상적 확신을 고집하는 정도가 약해지고, 대안적인 설명에도 열린 자세를 취하는 것으로 나타났다.[6] 하물며 건강한 사람의 인식적 비합리적 확신이야 요지부동은 아닐 것이다.

물론 의견이 다르다는 이유로 건강한 사람들을 '치료'하려는 것은 부적절하며 역효과를 낼 것이다. 그럼에도 극복할 수 없어 보이는 간극을 극복하는 일과 관련해 심리 치료에서 뭔가를 배울 수 있다. 닥치고 불쾌한 진실에 대면하는 것은 심리 치료에서는 효과적인 전략일 수 있지만, 각자의 굳은 확신을 캐묻는 일에서는 별로 좋은 전략은 아니다. 직접적 조언이나 충고도 효과적이지 않다. 그보다는 심리 치료에서 배울 수 있는 바, 질문을 통해 상대에게 관심을 보이고, 상대를 더 잘 이해하고자 한다는 마음을 전달하는 것이 훨씬 효과적이다. 심리 치료에서는 최상의 경우 이를 통해 환자가 자신의 생각을 성찰하고, 자신의 생각의 모순을 알아채고, 자신의 확신이 맞는지 생각할 여지를 열어줄 수 있다.

자신이 완전히 황당하고 위험하다고 생각하는 확신에 대해 열린 마음으로 관심을 보이는 것이 위선적이라고 느껴지는가? 그렇지 않다. 당신은 그런 태도를 통해 뭔가를 배울 수 있을 것이며, 경우에 따라 정말로 누군가가 코로나19가 빌 게이츠의 작품이라고 여기는 등, 당신 입장에서 보면 말도 안 되는 내용을 어떻게 굳게 확신할 수 있는지 정말로 궁금한 마음이 들 것이기 때문이다. 그럴 때 질문하는 것은 중요하다. 그로써 당신이 함께 생각하기를 원하며 상대를 존중하고 있음을 전달할 수 있기 때문이다.

음모론을 믿거나 잘못된 사실을 확산시키거나, 아주 흔한 경우로 잘못된 확신을 품고 전혀 그 확신을 수정할 마음이 없는 사람을 어떻게 대해야 하는지에 관해 내게는 완벽한 레시피가 없다. 애초에 그런 레시피를 구상하는 것은 이 책이 추구하는 관심사도 아니었다.

하지만 나는 생각이 다른 사람과 대화하는 것이 불가능하지 않다는 점은 강조하고 싶다. 포퓰리즘적 여론 선동은 합리적 논증의 원칙에서 벗어나는 경우가 많다. 그럼에도 열린 태도와 진정한 관심을 가지고, 분별력과 인내심을 가지고 대화해나가라고 권하고 싶다. 이런 일에서 우리의 머릿속에서 확신이 어떻게 생겨나고, 그것이 우리에게 어떤 기능을 하는지 의식하는 것은 굉장히 도움이 될 것이다. 성공하지 못하더라도 건설적 대화를 시도하는 것은 언제나 가치 있는 일이다.

───────── 감사의 글

이 책의 상당 부분은 지난 10년 동안 진행해온 나의 연구를 총망라한 것이다. 물론 연구든 저술이든 결코 혼자 해낸 것은 아니다. 여러 동료와 긴밀한 협업과 지속적인 의견 나눔 덕분에 이 책이 탄생할 수 있었다. 함께해주고 도움을 베풀어준 모든 이에게 감사할 따름이다.

우선 지난 14년간 고락을 함께해온 베를린 샤리테 병원 시지각 연구실 연구원 모두에게 감사드린다. 놀라운 팀과 함께 연구하는 가운데 이 책의 중심 주제인 "우리 머릿속에서 확신이 어떻게 생겨나는가"라는 질문을 마음에 품을 수 있었다. 특히 안나-레나 에커르트, 메르베 프리치, 안나 고메즈-카릴로, 마티아스 구겐모스, 귀도 헤셀만, 요주아 마르틴, 마르쿠스 로트키르히, 리아 잔더스, 카타리나 슈막, 마리아 세쿠토비치, 카일리 세이모어, 하이너 슈투케, 파이트 바일른하머에게 심심한 감사를 전한다. 이들의 연구 덕분에 이 책을 시작할 수 있었다.

함께 연구하며, 때로는 밤낮을 가리지 않고 예측 처리 이론과 망상, 조현병을 논한 친구들과 지인들에게 감사를 전한다. 무엇보다 릭 아담스, 펠릭스 블랑켄부르크, 필 콜릿, 토비 돈너, 크리스 D. 프리스, 파울 플레처, 칼 프리슨, 안드레아스 하인츠, 슈테판 쾰러, 아론 미샤라, 알렉산더 뢰슬러, 플로리안 슐라겐하우프, 클라스 에노 슈테판, 페터 울하스, 마르틴 포스, 헨릭 발터에게 감사드린다. 안드레아스 클라인슈미트는 특히 고마운 분이다. 그 덕분에 초년 연구자 시절에 '뇌가 어떻게 우리의 지각을 만들어내는지'라는 점에 관심을 갖게 되었고, 인간 뇌의 기능 방식에 대해 천착할 수 있었다. 풍부한 아이디어와 남다른 열정을 지닌 프레드라그 페트로비치는 오랜 세월 늘 영감을 주는 동료이자 우정 어린 친구로서 함께해줬다. 고맙다, 친구야.

소중한 조언을 해주고, 원고를 세심하게 읽어준 하이케 팔러, 안네 군, 메흐텔드 칼레펠트, 디아나 마티네츠, 슈테판 립케, 막시밀리안 슈타인바이스, 소냐 슈테르처, 그리고 나의 부모님 리오바와 페터 슈테르처에게 깊은 감사를 드린다.

편집자 베티나 엘트너에게 큰 감사를 전한다. 그녀는 이 책을 쓰는 동안 많은 고무적 제안과 더불어 책의 구성과 관련해 비판적 조언을 아끼지 않았으며, 중요한 내용과 그렇지 않은 내용, 흥미로운 내용과 그렇지 않은 내용을 선별할 수 있게 도와주었다. 원고를 읽고 유용한 피드백을 해주고, 격려와 조언과 도움을 아끼지 않은 바바라 벤너에게도 감사하다. 무엇보다 샤리테 임상 펠로십 프로그램에 지원해준 샤리테 재단과 베를린 건강연구소에 진심 어린 감사를 드린다. 이런 지원 덕분에 새로운 연구 주제에 마음껏 몰두할 수 있었고, 이 책이 나올 수 있었다. 정말 감사드린다.

의견이 달라서 서로 혐오하고 불화하는 일이 요즘 부쩍 늘었다. 정치적, 종교적, 개인적 의견을 둘러싸고 상대를 이해하지 못하는 일이 다반사로 일어난다. '대체 저 사람은 왜 저렇게 생각할까?' '왜 말도 안 되는 이야기를 하지?' '자신이 옳다고 어떻게 확고히 확신할까?' '어쩜 저리도 단정적으로 이야기할 수 있을까?' '왜 다른 의견은 용납하지 않을까?' 누구나 한 번쯤 해본 생각일 것이다. 자신의 의견만 옳다고 생각하고 다른 의견은 수용하지 못하는 독선적인 사람들을 보면 자못 불편한 마음이 든다.

이 책은 바로 그런 주제를 다룬다. 우리는 왜 확신을, 그것도 비합리적인 확신을 갖게 될까. 왜 자신과 다른 확신을 가진 사람을 제정신이 아니라고 여기게 될까. 우리가 제정신이 아니라고 생각하는 사람들이 최소한 우리 생각보다는 '제정신'인 걸까. 말도 안 되는 음모론은 왜 그리도 성행할까. 이 책에서 플로리안 일리스의 말을 빌어 지적하듯이 "토론이나 의견 교환은 결코 중요하지 않고, 늘 280자(트위터 최대 글자 수)로 자신이 옳다는 이야기만 하는" 시대 분위기를 어떻게 하면 좋을까.

이 책에서 다루는 주요 이론인 '예측 처리 이론'은 저자에 따르면 대중 과학서에는 처음 소개되는 내용이라고 한다. 우리나라에서도 처음 소개된 셈이다. 책의 분량이 짧지 않아 때로는 저자의 '썰'을, 때로는 연구 과정을 잘 좇아가야 할 것이다. 하지만 이 여행을 마치고 나면 우리는 조금쯤 다른 사람이 되어 있을 것이다. 이 책을 읽고 나서 우리가 긍정적인 부작용을 겪지 않을까 생각해본다.

우리는 더 이상 단정 짓듯 말하지 못할 것이다. 이분법적 사고와 흑백논리로 상대를 폄하하고 배제하는 대신, 프랑스 철학자 시몬 베유가 사람이 지녀야 할 태도로 권한 '머뭇거림hesitation'이 우리 몸에 밸지 모르겠다. 그리고 대화에 조금 더 열린 사람이 되고, 건설적인 대화가 가능한 사람이 될 것이다. 머뭇거리는 아름다운 몸짓, 섣불리 단정하기보다 상대를 조금 더 따뜻하게 바라보는 아름다운 시선이 이 책을 읽은 우리 모두에게 부작용으로 남기를!

━━━━━━ 용어 정리

- **개념적 보수주의** 자신의 확신에 위배되는 정보가 속속 드러나는데도 기존 확신을 고수하는 현상.

- **과민한 행위 탐지 시스템** 우연히 일어났거나 전혀 의도와 무관하게 발생했는데도 주변에 일어나는 사건을 다른 사람의 의도, 혹은 높은 존재의 뜻으로 돌리는 경향.

- **베이지안 추론** 각각의 불확실성을 고려하는 가운데, 사전 지식과 사용 가능한 데이터를 조합해 결론을 도출하는 원리.

- **불확실성 감내력** 성격심리학에서 쓰이는 개념으로, 모호함과 불확실성을 수용하고 견딜 수 있는 능력을 말한다.

- **비정상적 현저성** 보통은 그다지 주목을 끌지 않았을 일상적인 것이 갑자기 이상하게 느껴지고 눈에 띄는 현상이다. 강한 예측 오류로 감각 데이터에 더 큰 비중이 주어지기 때문에, 평소 눈에 띄지 않던 것이 낯설게 느껴지고 의미 있게 다가온다.

- **빠르고 간소한 휴리스틱** 지각과 행동을 결정하는 데 적용되는 빠르고 단순한 대략의 원칙.

- **신경전달물질** 신경세포 사이 접점인 화학적 시냅스에서 신호를 전달하는 역할을 하는 신경계의 전달물질. 뉴런을 흥분시키거나 억제하는 효과를 낼 수 있다.

- **신경조절물질** 신경전달물질처럼 뉴런을 직접적으로 흥분시키거나 억제하지 않고 뉴런의 작용을 조절하는, 즉 그 작용을 강화하거나 약화하는 물질.

- **쌍안정 지각** 자극이 서로 다른 두 가지 지각과 결합할 수 있는 현상을 칭하는 전문용어. 우리의 지각이 때때로 두 개의 안정된 지각 상태 사이를 이리저리 왔다 갔다 한다는 것이다.

- **역화 효과** 확신에 모순되는 사실이 제시될 때 도리어 확신이 더 견고해

지는 현상을 말한다.

- **예측 오류** 이 개념은 기댓값과 실제값의 편차를 말한다. 일반적으로 말하자면 현실이 예상을 벗어나는 것이다.

- **예측 처리** 두뇌가 예측 오류를 최소화하고자 한다고 말하는 신경과학적 이론. 이 이론에 따르면 내적 세계 모델을 기반으로 현실 상태에 대한 예측이 이루어지고, 예측이 감각 데이터와 비교되며, 감각 데이터가 예측에서 벗어나는 경우는 예측 오류가 발생해 내적 세계 모델에 대한 업데이트가 이루어진다.

- **인식론** 인식, 지식, 확신이 어떤 조건에서 생겨나는가, 하는 질문을 다루는 철학의 분야.

- **인식적 합리성** 현실에 대한 상, 혹은 이론을 가능한 한 진실에 부합하게끔 구성하고자 하는 것. 어떤 확신은 그것이 주어진 증거에 뒷받침될 때 인식적 합리성을 지닌다고 할 수 있다.

- **인지 부조화** 자신의 지각, 생각, 혹은 감정이 서로 모순되는 것처럼 보일 때 생겨나는 불쾌한 감정 상태.

- **전체유전체 상관분석연구 GWAS** 특정 표현형(예: 질병)과 유전적 변이의 연관을 확인하려는 목적으로 게놈을 두루 검사하는 유전 연구.

- **정신증** 망상과 환각이 나타나고, 병리학적 의미에서 현실 판단 능력이 제한되는 상태 및 정신장애를 아우르는 상위 개념.

- **진리 대응론** 이론이나 진술이 경험 세계에서 확인할 수 있는 증거- 즉 팩트-에 얼마나 부합하는지 따지는 철학적 접근.

- **진리 정합론(정합설)** 진리 대응론과 다르게 어떤 진술이나 이론이 진실에 부합하느냐를 따지지 않고, 그 자체로 모순이 없는지 따지는 철학적 접근.

- **착시** 실재하는 자극을 잘못 지각하는 것. 현실은 맞게 지각하지만, 망상에 근거해 잘못 해석하는 망상적 지각과 착시 현상을 구별해야 한다.

- **클러스터 착각** 구름과 나무껍질에서 사람 얼굴을 알아보는 등, 데이터 포인트를 묶어 의미 있는 패턴으로 인식하는 현상. 즉 우연히 발생한 일을 특정 인과관계나 의도로 해석한다.

- **평균 이상 효과** 자신 혹은 자신의 능력이 평균보다 더 뛰어나다고 평가하는 경향.

- **필링-인** 지각적 환상을 활용해 누락된 정보를 채우는 지각 현상.

- **합리성의 일관성 원칙** 한 사람의 특정 확신이 그의 다른 확신 내지 신념과 들어맞는가를 묻는 것.

- **확증 편향** 기존 확신을 확인해주는 정보를 주로 찾거나, 이런 확신에 부합하는 정보를 지각하거나, 정보를 확신에 맞게 해석하는 경향을 말한다.

- **환각** 해당하는 외부 자극이 없는데도 실재하는 자극이 있는 것처럼 지각하는 것.

- **후광 효과** 한 사람의 어떤 특성이 다른 특성을 평가하는 데도 영향을 미치는 현상.

——— 미주

여기에 언급된 웹사이트는 마지막으로 2022년 6월 29일에 불러온 것이다.

프롤로그 우리 머릿속의 세상

1   https://www.glm.de/produkt/mind-games-pretty-fonky/ oder
    https://open.spotify.com/track/39cgrrxD2DOFlb0BOZt7FZ?si=941
    2c85ea1354e87.

2   다음을 참조하라. Brascamp et al., 2018; Sterzer et al., 2009.

3   다음을 참조하라. Sterzer et al., 2018.

4   Mercier und Sperber, 2018, p. 315 이하.

5   https://www.bpb.de/internationales/weltweit/innerstaatliche-
    konflikte/228710/religionskonflikte-zu-beginn-des-21-
    jahrhunderts.

6   Mercier, 2020, p. 211 이하.

7   https://de.wikipedia.org/wiki/Postfaktische_Politik.

8   이 문제에 대한 상세한 토론은 다음을 참조하라. Leo et al., 2017.

9   Illies, Wo bleibt die Liebe, wenn der Hass kommt. Zeit Nr.44,
    28.Oktober 2021, p. 54.

1장 가까우면서도 먼

1   여기서 독일어로 '망상(wahn)'의 형용사인 '편집증적인(wahnhaft)'을 사
    용했다. 이 단어는 독일의 신경정신과 의사이자 철학자 카를 야스퍼스가 사
    용했던 의미와는 구별된다. 야스퍼스는 1913년 최초로 출판한 자신의 저
    서 《일반 정신병리학》에서 다른 심리 현상의 결과로 설명할 수 있는 현상을
    편집증적인(wahnhaft)이라 칭했다(Jaspers, 1973, p. 89 참조). 그러나 쿠르
    트 슈나이더는 이 부분에서 '망상적인(wahnähnlich)'이라는 단어를 사용하
    면서 '편집증적인(wahnhaft)'을 '망상(wahn)'에 대한 형용사로 사용하고
    있다(Schneider, 1949, p. 26~31). 여기서 나는 슈나이더의 용어를 따랐음을
    밝혀두는 바다. 이에 대해서는 다음 출처도 참조하라. Conrad, 1959, p.
    44~45.

2 Allport, 1954, p. 20.

3 Pommrenke und Klöckner, 2013; Strate, 2015.

4 사실 나는 '확신(überzeugung)'이라는 단어를 이 책의 중심 개념으로 두어야 할지 오랫동안 마음을 정하지 못했다. 이 다소 어려운 단어가 내가 이야기하고자 하는 것과 딱 맞아떨어지는 말인지 고민이 컸다. 이 책의 몇몇 핵심적인 생각은 '확신이 뇌에서 어떻게 형성되고, 그것이 우리의 지각에 어떤 영향을 끼치는가'라는 주제의 나의 학술 연구에서 비롯되었다. 학문 연구를 할 때는 좀 더 단순하고 더 많이 쓰이는 '믿음(belief)'이라는 영단어를 사용한다. 이 단어는 독일어로 믿음(glaube)으로 번역할 수 있는데, 영어로 종교적 믿음(faith)을 연상시키기에, 이 책에서 말하고 싶은 바와 도무지 맞지 않았다. 그리하여 독일어의 확신(überzeugung)이 학술 용어로 믿음(belief)과 가장 잘 맞아떨어진다고 판단했고, 다소 어려운 이 단어를 이 책의 중심 개념으로 선택하게 되었다.

5 다음을 참조하라. https://www.duden.de/rechtschreibung/Ueberzeugung.

6 다음을 참조하라. https://www.vanityfair.com/news/2020/01/pelosi-to-trump-you-are-impeached-forever-and-your-tweets-are-crazy(저자 번역).

7 Dawkins, 2017, p. 221(저자 번역).

8 '안'과 '밖', 그로써 '시스템'과 '환경'의 구분을 통해 복잡함을 줄이기 위함이다. 다음을 참조하라. Luhmann, 1987.

9 https://www.nytimes.com/2016/11/19/world/asia/china-trump-climate-change.html.

10 https://www.pewresearch.org/science/2015/07/01/chapter-2-climate-change-and-energy-issues.

11 https://www.tagesschau.de/inland/deutschlandtrend-1645.html.

12 창세기, 5, 1.

2장 합리성의 환상

1 American Psychiatric Association, 2013(저자 번역).

2 망상이 일종의 확신이라는 견해를 의문시하는 학자들도 있다(Hamilton, 2006; Stephens und Graham, 2004). 이 문제에 대한 토론은 다음을 참조하

라. McKay und Dennett, 2009, p. 501, and Bortolotti, 2010, p. 55 이하.

3   다음을 참조하라. https://www.duden.de/rechtschreibung/Ueber zeugung.

4   이에 대해서는 다음 말도 참조하라. "굳은 확신을 변화시키는 것에 관한 한, 우리 모두는 굉장히 보수적인 경향이 있다. 그리하여 명백한 증거가 있을 때조차 그런 확신을 변화시키는 것이 불가능하다(저자 번역)." Bortolotti, 2010, p. 116.

5   Hume, 1888.

6   Kant, 1995.

7   Hepfer, 2015, p. 55.

8   Baumann, 2015, p. 155 이하; Hepfer, 2015, p. 57 이하.

9   Baumann, 2015, p. 175 이하; Hepfer, 2015, p. 57 이하.

10   Hepfer, 2015, p. 55.

11   Star Trek, Staffel 1: The Squire of Gothos.

12   Baumann, 2015, p. 188.

13   Rohwedder: Einigkeit und Mord und Freiheit, Netflix 2020.

14   다음 책에 뇌 신호를 해독하는 영역에서 현대 뇌 연구가 어떤 가능성을 지니고 있는지 자세한 설명과 정리가 되어 있다. Haynes and Eckoldt, 2021.

15   Bortolotti, 2010, p. 17.

16   Baumann, 2015, p. 195 이하.

17   Baumann, 2015, p. 179 이하.

18   Strark und Finke, 2000, p. 36.

19   '심리 질환'이라는 개념의 비판적 분석에 대해서는 다음을 참조하라. Heinz, 2014.

20   '정상인'을 병리화하는 문제에 대해서는 다음을 참조하라. Frances, 2014.

21   마허의 발언, Goleman, 1989(저자 번역).

22   평균 이상 효과에 대해 많이 인용되는 연구에 따르면, 연구 참가자들은 무엇보다 스스로 바람직하다고 생각하는 특성과 통제할 수 있다고 생각하는 특성과 관련해 자신들이 평균보다 더 낫다고 평가했다(Alicke, 1985). 100개 이상의 연구를 아우르는 최근의 메타 분석은 이런 효과를 정말로 부인할 수 없음을 확인해주었다(Zell et al., 2020).

23 McKenna et al., 1991.

24 이와 같은 종류의 인지 편향에 대해서는 다음 책에 잘 정리되어 있다. Brown, 2007.

25 Dawkins, 2017, p. 267(저자 번역).

26 Rappaport, 1999.

27 Kettell, 2016.

28 종교적 믿음이 일종의 망상이라는 주장은 '신무신론자'에게 꽤 인기가 있다. 다음을 참조하라. Dawkins, 2006.

29 William Shakespeare, Hamlet, 1막 5장.

30 Oliver und Wood, 2014.

31 Butter, 2018.

32 과학 학술지 〈네이처〉는 몇 년 전 인지 편향이 연구에 미칠 수 있는 영향을 한 권 전체에 걸쳐 다루었다(Let's think about cognitive bias. Nature 2015; 526: 163).

33 Hepfer, 2015, p. 32 이하.

34 Butter, 2018, p. 36 이하.

35 인지 편향이 어떻게 음모론에 잘 걸려들게 만드는지에 대해서는 다음을 참조하라. Brotherton, 2016, p. 159 이하.

36 다음을 참조하라. Brotherton, 2016; Butter, 2018; Hepfer, 2015.

37 맹점은 눈 뒤쪽에서 시각신경이 모여 안구를 빠져나와 뇌로 가는 곳으로, 이 부분의 망막에는 시각세포가 없어서 물체의 상이 맺히지 않는다. 이 부분을 시신경 유두라고 부르는데, 가장 선명한 상이 맺히는 중심와에서 살짝 코 쪽에 가까이 위치한다.

38 Lawson, 2006; Rozenblit und Keil, 2002.

39 개념 설명은 다음을 참조하라. Pohl, 2017.

40 1985년에 발표된 길로비치Gilovich 팀의 연구는 현재의 득점과 이전의 성공률 사이에 연관을 찾아내지 못했다. 하지만 이런 결과는 논란의 여지가 전혀 없지는 않다. 그리하여 2014년에 발표된 보크스코크스키Bocskocsky 팀의 연구는 훨씬 더 큰 데이터 세트를 기반으로 미미하지만, 통계적으로 의미 있는 연관을 찾아내기도 했다.

41 시각적 지각에서 섣부르게 패턴을 인식해버리는 현상을 변상증pareidolia 이라고도 한다. 다음을 참조하라. https://de.wikipedia.org/wiki/

Pareidolie.

42 Barrett, 2000.

43 Brotherton, 2016, p. 188.

44 Forgas und Laham, 2017.

45 Koschnick, 1993.

46 Beck et al., 1979.

47 Kahneman, 2011.

48 Nickerson, 1998.

49 몇몇 연구는 일반적으로 자신의 기존 확신을 확인하는 경향이 아니라, 자신의 확신에 상응하게 논쟁하는 경향이 있음을 시사한다. 그리고 이런 이유에서 '내편 편향my-side bias'라는 용어를 쓸 것을 대안적으로 제안했다(Mercier, 2017).

50 Ronson, 2015.

51 정의와 관련해서는 다음을 참조하라. https://journalistikon.de/echokammer.

52 정의와 관련해서는 다음을 참조하라. https://de.wikipedia.org/wiki/Filterblase.

53 Geschke et al., 2019.

54 Lewandowsky et al., 2012.

55 Pronin et al., 2002.

56 이런 기준에 대한 논의는 다음을 참조하라. Bortolotti, 2010, p. 23 이하.

57 많은 다른 저자도 이와 같은 견해를 표명했다. 가령 "망상은 합리적 확신이 아니지만, 대부분의 확신도 합리적 확신은 아니다."(Bortolotti, 2010, p. 120). 또는 "망상을 비합리적이라 말하는 것은 '정상적' 인지는 모두 합리적임을 시사하는데, 이것은 사실이 아니다."(Greenburgh, 2020).

3장 조현병은 왜 생겨날까?

1 다음을 참조하라. Heckers et al., 2013.

2 Bleuler, 1911.

3 Schneider, 1946.

4 Häfner, 2017.

5 조현병 증상에 대한 더 자세한 설명은 다음을 참조하라. Schlagenhauf und

Sterzer, 2020, p. 278 이하.

6 여기서 정신 질환과 구별해 신체 질환을 이야기한다고 하여 이를 데카르트적 의미에서의 이원론적으로 이해해서는 안 된다. 여기서 신체 질환은 명확하게 정의된 신체적 변화를 동반하기에 혈액검사, 영상검사, 조직검사 등으로 파악할 수 있는 질환을 말한다. 대부분의 정신 질환은 그렇지 않다. 현대에 신경과학적 관점으로 접근하는 정신의학은 정신 질환이 신체적 기초, 즉 뇌 기능 변화로 말미암는다고 보기는 하지만 말이다.

7 다음을 참조하라. Heckers et al., 2013.

8 다음을 참조하라. Schlagenhauf und Sterzer, 2020, p. 283 이하.

9 Falkai et al., 2017, p. 1595 이하.

10 비슷한 환경에서 자란 유전적으로 다른 이란성쌍둥이의 경우, 쌍둥이 한쪽이 조현병일 때, 다른 한쪽이 조현병에 걸릴 확률은 12퍼센트로, 일란성쌍둥이의 경우보다 훨씬 낮다. 그 밖에 부모가 둘 다 조현병인 경우 자녀가 조현병에 걸릴 확률은 35퍼센트로, 부모 한쪽만 조현병인 경우(10퍼센트)보다 훨씬 높다. 이 두 사실 모두 조현병에 유전적 영향이 농후함을 보여준다. 입양 가정을 대상으로 한 연구는 이런 면에서 시사하는 바가 굉장히 크다. 부모 한쪽이 조현병이 있는 가정에서 입양된 아동은 조현병 발병 위험이 그다지 높지 않았던 반면, 양 부모가 조현병인 가정에서 입양된 아동은 조현병 발병 위험이 높았다. 이에 관해서는 다음을 참조하라. Falkai et al., 2017, p. 1586 이하.

11 Trubetskoy et al., 2022.

12 Schizophrenia Working Group of the Psychiatric Genomics, 2014.

13 점액성 점착증(낭포성 섬유증이라고도 부른다)은 유전자 돌연변이로 특정 점막 세포, 무엇보다 폐에서 염화물 채널이 제 기능을 못하는 질환이다. 이런 기능장애로 말미암아 점막 세포가 점액을 과다하게 분비하면 기도에서 기관지 점액이 제대로 배출되지 못해 잦은 감염이 발생한다. 특히 중증 폐렴이 발생해 폐에 중대한 구조적 변화가 일어난다. 점액성 점착증을 앓는 사람들은 대부분 이런 질환으로 조기 사망하는데, 이런 질환의 주범은 바로 CFTR Cystic Fibrosis Transmembrane Conductance Regulator 유전자라는 특정 유전자의 돌연변이다. 이런 단인자 유전병의 유전은 멘델 법칙을 따른다. 다음을 참조하라. https://de.wikipedia.org/wiki/Mendelsche_Regeln.

14 Tinbergen, 1963.

15 이것은 하나의 설명 모델로 조현병을 완벽히 설명한다고는 볼 수 없다.

16 영국의 진화생물학자 리처드 도킨스는 1976년 자신의 저서《이기적 유전자》에서 종이나 각각의 개체는 자연선택의 대상이 아니며, 유전자가 자연선택에서 서로 경쟁한다는 파급력 있는 이론을 제안했다(Dawkins, 2006).

17 Brown et al., 2000; Olfson et al., 2015; Thornicroft, 2011.

18 MacCabe et al., 2009; Nanko und Moridaira, 1993.

19 Bundy et al., 2011; Power et al., 2013.

20 Brüne, 2004.

21 Brüne, 2008; Nesse, 2019; Stevens und Price, 2016.

22 Mukherjee, 2017, p. 350(저자 번역).

23 Nesse, 2019, p. 35.

24 Stevens und Price, 2016, p. 146.

25 Dehnhardt, 2003; Stevens und Price, 2016, p. 148 이하.

26 Liu et al., 2019.

27 이런 견해는 미셸 푸코Michel Foucault로 거슬러 올라간다. 미셸 푸코는 1961년에 출판된 저서《광기의 역사》에서 현대의 계몽된 사회에서 정신 질환자를 소외시키는 현상을 비판적으로 조명했다. 푸코의 핵심 논지는 정신 건강과 구별되는 광기는 사회적 구조물이라는 것이다(Foucault, 1973).

28 다음을 참조하라. https://de.wikipedia.org/wiki/Homosexualität.

29 다음을 참조하라. https://www.tagesspiegel.de/politik/schwule-und-lesbische-ab-geordnete-politik-unterm-regenbogen/12721820.html.

30 Brüne, 2004.

31 밀러가 제안한 CCM Cultural Courtship Model(Miller, 2000)은 논란이 없지 않다. 스티븐 핑커는 창의성 같은 현상은 순전히 부수적인 것일 수 있어 그 자체로는 선택상의 진정한 유익을 가져오지 않는다고 보았다(Pinker, 1997). 나아가 케냐의 메루족에 대한 최근 연구는 창의성과 번식 성공 사이에 '음의 상관관계'가 있음을 보여주었다(Lebuda et al.,2021).

32 Prokosch et al., 2009.

33 Peralta et al., 1994.

34 Acar et al., 2018; Baas et al., 2016.

35 Nettle und Clegg, 2006.

36 연구의 신빙성은 연구에 활용되는 도구가 연구 주제를 얼마나 잘 드러내는 가에 달려 있다. 참가자가 자신에 대해 진술하는 연구는 사용된 질문지가 얼마나 양질이냐에 따라 연구의 질이 달라진다. 여기서 결정적 요소는 소위 구성 타당도construct validity다. 통계학에서 사용하는 이 용어는 어떤 측정 도구가 특정한 개념(예: 창의성)을 얼마나 잘 묘사하는지 설명해준다. 여기서 문제는 측정이 체계적 오류를 동반하는지(가령 과대 혹은 과소 평가) 혹은 다른 개념(예: 지능)과 중첩되는지 하는 것이다. 이 밖에도 설문 조사의 신빙성은 참가자의 정직성과 의욕 등 통제하기 어려운 요소에도 좌우된다.

37 Schizophrenia Working Group of the Psychiatric Genomics, 2014에 의거한 유전적 위험 프로파일을 말한다.

38 Power et al., 2015.

39 Lawn et al., 2019.

40 Mehta et al., 2016; Ni et al., 2018.

41 Lawn et al., 2019; Mullins et al., 2017.

42 Brüne, 2008, p. 196.

43 Crow, 2000.

44 Broome et al., 2012; Johns und van Os, 2001.

45 Bleuler, 1911.

46 Meehl, 1962; Rado, 1953.

47 Strauss, 1969, p. 586(저자 번역).

48 Strauss, 1969, p. 581(저자 번역).

49 Peters et al., 1999.

50 다음을 참조하라. Chapman et al., 1994, und Werbeloff et al., 2012. 그러나 이런 접근 방식에 비판이 전혀 없는 것은 아니다. 그리하여 망상은 건강한 확신과 질적으로 다르며, 연속체 개념은 병리학적 망상을 사소한 것으로 만드는 동시에, 비합리적(그러나 병리적이지 않은) 확신을 병리적인 것으로 만든다는 주장도 있다(McKenna, 2017). 게다가 그런 설문지를 기초로, 망상적 확신이 일반적으로 얼마나 널리 퍼져 있는지 기술하는 것은 불가능함을 주지해야 한다. 그러려면 다시금 연속체에서 '망상이 있음'과 '망상이 없음'을 구분하는 경계를 설정해야 할 것이기 때문이다.

51 Bijl et al., 1998.

52 van Os et al., 2000.

53   McGrath et al., 2015; van Os et al., 2009.

54   Taylor et al., 2016.

55   van Os et al., 2009.

56   Pain et al., 2018.

57   Legge et al., 2019.

4장 비합리성의 진화

1   Bumpas, 1899.

2   Bouchard und Loehlin, 2001.

3   Nettle, 2006.

4   Ghiselin, 1974.

5   Haselton und Buss, 2000.

6   Gigerenzer, 2008.

7   Simon, 1956.

8   Goldstein und Gigerenzer, 2002.

9   Kahneman, 2011.

10   Gigerenzer, 2008.

11   Johansson et al., 2005.

12   올손 팀은 그 뒤에 진행한 연구에서 피험자들에게 사진 대신 도덕적 딜레마가 느껴지는 문장을 제시했다. 가령 "어떤 행동이 무고한 사람들에게 해를 끼친다 해도, 도덕적으로 옳을 수 있다"와 같은 내용이었다(Hall et al., 2012). 피험자들은 자신들이 이런 진술에 동의하는지, 동의하지 않는지 결정해야 했고, 나중에 각각의 결정에 대해 이유를 말해야 했다. 그런데 여기에서도 연구자들은 각각의 진술을 교묘하게 반대되는 것으로 바꾸어놓고서는 피험자들에게 자신의 결정을 변호하라고 요구했다. 그러자 대부분의 피험자는 진술이 바뀐 것을 눈치채지 못하고는 자신의 '결정'을 그럴듯하게 변호했다. 아주 합당한 이유에서 그런 결정을 내렸다는 듯, 자신의 결정을 열심히 변호하는 모습을 보였던 것이다.

13   Dunbar, 2004.

14   휴리스틱이 인간의 비합리성을 보여준다는 카너먼의 의견(Kahneman, 2011)은 전혀 논란의 여지가 없다. 그리하여 기게렌처는 휴리스틱이 최소한 생태학적 혹은 실용적 의미에서 전적으로 합리적이라고 주장한다

(Gigerenzer, 2008). 다음을 참조하라. Altman, 2004.

15 이 예는 다음에서 차용했다. Dennett, 2006, p. 160.

16 Dawkins, 2004, p. 12(저자 번역).

17 Kahneman, 2011.

18 Haselton und Nettle, 2006.

19 Taylor und Brown, 1988.

20 Gagne und Lydon, 2004.

21 Wenger und Fowers, 2008.

22 Krebs und Denton, 1997, p. 34.

23 Taylor et al., 2000.

24 이 말은 무엇보다 면역 체계에 해당된다. 다음을 참조하라. Sterzer et al.,
    2004. 이 인용은 여기서 절대적으로 필요한 것은 아니지만, 드디어 나의 박
    사학위 논문을 인용할 수 있어서 기쁘다. 논문 주제는 오래전부터 고민할 필
    요가 없었다.

25 Makridakis und Moleskis, 2015.

26 Bopp et al., 2012.

27 Kay et al., 2010.

28 Greenaway et al., 2013.

29 협동과 도덕의 진화에 대해서는 다음을 참조하라. Axelrod, 1984, und
    Tomasello, 2016.

30 https://www.bild.de/bild-plus/sport/fussball/fussball/fussball-
    die-fuenf-schlimmsten-fan-feindschaften-der-welt-61925788,
    view=conversionToLo-gin.bild.html.

31 사람들이 지구온난화에 대해 '확신'하는 바는 자신이 무엇을 아느냐를 반
    영하는 것이 아니라, 그들이 누구인지를 반영한다(https://www.nytimes.
    com/2017/06/06/learning/questions-for-climate-science-meets-a-
    stubborn-obstacle-students.html).

32 Kahan et al., 2011.

33 Kahan, 2015.

34 https://www.pewresearch.org/science/2015/07/01/chapter-2-
    climate-change-and-energy-issues.

35 다음을 참조하라. Pinker, 2019, p. 358.

36 Barrett, 2000.

37 도미닉 존슨과 동료들이 이런 논지를 내세웠다. 다음을 참조하라. Johnson und Krüger, 2004. 비슷한 논지와 관련해 다음도 참조하라. Dennett, 2006.

38 Matthias Claudius, Asmus omnia sua secum portans oder Sämtliche Werke des Wandsbecker Boten(1798), zitiert aus Matthias, 1976, p. 570.

39 Mercier und Sperber, 2018.

40 Nickerson, 1998.

41 Shaw, 1996.

42 Stanovich et al., 2013.

43 Stich, 1990, p. 62.

44 Pinker, 2019, p. 353(저자 번역). 비슷한 논지는 다음을 참조하라. McKay und Dennett, 2009.

5장 우리는 세계를 만든다

1 https://www.tfes.org.

2 Hohwy, 2013, p. 15 이하.

3 다음을 참조하라. Marr, 1982.

4 Teufel und Fletcher, 2020.

5 다음 책 서문, Clark, 2016, S.XIV(저자 번역).

6 Parr und Friston, 2018.

7 Seth, 2021.

8 Frith, 2007, 독일어 번역본 Wie das Gehirn die Welt erschafft(2010), p. 147.

9 Clark, 2016.

10 z.B. https://michaelbach.de/ot.

11 Gigerenzer, 2008.

12 Adams et al., 2004.

13 https://www.elsevier.com/connect/archive/beyond-the-dress-the-science-of-illusion.

14 fMRI로 신경 활동 그 자체(즉 신경세포의 활동 전위)를 측정할 수는 없지만, 최

소한 신경세포 활동의 변화에 동반되는 혈중 산소 함량 변화를 측정할 수 있다. 따라서 fMRI로 측정한 볼트 신호(혈류 산소 수준)는 신경 활동을 간접적으로 측정해 보여준다.

15 Sterzer et al., 2006.

16 Muckli et al., 2005.

17 내가 우리 혹은 나의 내적 세계 모델에 대해 이야기할 때, 그것은 엄밀히 말해 우리 혹은 나의 뇌가 만들어내고, 유지하는 내적 세계 모델을 말하는 것이다.

18 Alink et al., 2010.

19 베이지안 추론에 대한 쉽고 자세한 설명은 다음을 참조하라. Clark, 2016, Appendix 1, p. 301 이하. 그리고 Hohwy, 2013, p. 13 이하.

20 다음을 참조하라. Hohwy, 2013, p. 59 이하.

21 인지적 예측으로서의 예측 처리 이론과 '그런 인지적 예측이 지각 과정에 어떤 영향을 미치는가'라는 질문과 관련한 확신에 대한 논의는 다음을 참조하라. Macpherson, 2017, and Caporuscio et al., 2022. Williams, 2018은 예측 처리 이론 내부로 확신이라는 개념을 끌어들이는 것을 비판적으로 본다.

22 Connors und Halligan, 2014.

23 다음을 참조하라. Lancellotta und Bortolotti, 2019, p. 6.

24 '무작위 이중 맹검' 연구는 가령 불활성 성분(위약)과 비교해 약물의 효과를 시험하기 위한 연구에서 연구 참가자나 연구자 모두 어떤 물질이 투여되는지 모르는 상태로 연구를 진행한다. 어떤 참가자에게 진짜 약을 줄 것인지 위약을 줄 것인지 무작위로 배정하는 것이다. 자신이 위약을 복용하는 그룹인지 진짜 약을 복용하는 그룹인지 아는 것이 의식적, 무의식적으로 결과에 미칠 수 있는 영향을 최소화하기 위함이다. 무작위 이중 맹검 연구 결과는 의학에서 가장 신뢰할 만한 증거로 여겨진다.

25 독일 연구 재단의 '양질의 과학 연구를 위한 가이드라인'도 이에 속한다 (https://www.dfg.de/foerderung/grundlagen_rahmenbedingungen/gwp/).

26 Stich, 1990, p. 62.

27 Seth und Tsakiris, 2018(저자 번역). Berlin School of Mind and Brain의 조슈아 마틴은 박사학위 논문에서 우리 두뇌가 세계를 '유용하게 잘못 지각' 한다는 생각을 자세히 분석했다(Martin et al., 2021).

28 나뭇가지를 뱀으로 잘못 지각한 이야기는 우리 박사과정생 조슈아 마틴이

든 예를 차용한 것이다(Martin et al., 2021).

29   Haselton und Buss, 2000; 예측 처리 맥락에서의 오류 관리 이론과 관련해 자세한 것은 다음을 참조하라. Martin et al., 2021.

6장 균형을 잃은 사람들

1   Clark, 2016, p. 51.
2   Schneider et al., 1996.
3   이에 대해서는 다음을 참조하라. Adams et al., 2013; Sterzer et al., 2018.
4   다음 책 서문, Clark, 2016, S.XIV(저자 번역).
5   Levy et al., 2010.
6   Thaker et al., 1999.
7   Hong et al., 2005.
8   이런 발견은 운동 궤적에서 예측의 비중이 약화된 경우를 묘사하는 수학적 모델을 활용한 시뮬레이션에서 재확인되었다(Adams et al., 2013).
9   EEG는 뇌 속 신호 전달이 신경세포막의 전압 변화를 통해 기능한다는 사실에 착안한 방법이다. 많은 뇌 신경세포의 전압을 변화시키는 뇌 속 특정 사건을 밖으로부터, 즉 두개골을 통해 기록할 수 있는 것이다. EEG에서는 두피에 전극을 부착해 측정한다.
10   Garrido et al., 2009.
11   Parras et al., 2017.
12   Erickson et al., 2016.
13   Erickson et al., 2017.
14   도파민 가설에 대한 최신 연구 결과를 총망라한 정리는 다음을 참조하라. McCutcheon et al., 2019.
15   Larkings und Brown, 2017.
16   Bastos et al., 2012; Keller und Mrsic-Flogel, 2018.
17   Friston et al., 2012.
18   이 가설에 대한 실험적 증거는 최근에 발표된 다음 연구를 참조하라. Haarsma et al., 2020.
19   최근에 발표된 메타 분석이 조현병에서의 도파민 기능 문제와 관련해 총 65개의 영상 연구 결과를 분석하고 요약한 결과(Brugger et al., 2020), 조현

병 환자의 뇌에서 명백히 도파민의 합성 및 분비가 증가하는 것으로 나타났다. 반면 도파민 수용체의 밀도와 도파민 수송 단백질의 이용 가능성에 대한 분석 결과는 일치하지 않아서, 조현병 환자에게 신경 이완제(도파민 차단제)를 투여했을 때의 효과가 들쭉날쭉한 이유를 짐작케 해주었다.

20 Heinz, 2002; Kapur, 2003.

21 다음을 참조하라. Jaspers, 1973, p. 82.

22 Jaspers, 1973, p. 82.

23 Conrad, 1959.

24 클라우스 콘라트는 조현병의 현상을 세심하게 관찰해 정신분열증 정신병의 현상학에 대한 주의 깊은 연구로 조현병의 정신병리학을 이해하는데 중요한 기여를 했다. 그럼에도 나치 독일 시절 그의 행적은 언급하지 않을 수 없다. 그는 1933년 이후 뮌헨 소재 독일 정신의학연구소에 몸담고 간질의 유전성을 연구했다. 국가사회주의 전국강사연합, 의사연합 회원이었으며, 1940년에 국가사회주의 독일 노동자당NSDAP 당원이 되었다.

25 Jaspers, 1973, p. 85.

26 Conrad, 1959, p. 90 이하.

27 Conrad, 1959, p. 95~98, 원문에서 발췌.

28 Jaspers, 1973, p. 82.

29 Jaspers, 1973, p. 88.

30 Appelbaum et al., 2004; Kuipers et al., 1997; Sharp et al., 1996.

31 모두가 이런 견해를 공유하는 것은 아니다. 가령 맥스 콜터트는 뇌에 지각적, 인지적 기능장애가 있을 때 망상이 생겨난다는 두 가지 요인 모델을 제안했다(Coltheart et al., 2007).

32 Conrad, 1959, p. 36.

33 Bortolotti, 2020, p. 70 이하.

34 Roberts, 1991.

35 확증 편향에 대해 더 자세히 알고 싶은 독자는 다음을 참조하라. Nickerson, 1998.

36 Mercier und Sperber, 2018.

37 Talluri et al., 2018.

38 다음을 참조하라. Fischer und Whitney, 2014.

39 Cicchini et al., 2018.

40 Gigerenzer, 2008.

41 여기서 중요한 것은 감각 데이터와 관련해 상대적으로 예측에 부여되는 정확성이라는 점이다. 따라서 예측에 상대적으로 너무 적은 정확성이 부여되는 것은 '음량 조절기'와 비슷하게 기능하는 도파민의 활동 증가로 감각 데이터에 너무 높은 정확성이 부여되기 때문일 수도 있다.

42 Eckert et al., 2022.

43 Stein et al., 2020.

44 Gadenne und Oswald, 1986.

45 Balzan et al., 2013.

46 다른 형식의 연구들도 같은 방향에 있다. 가령 어떤 사실에 대한 정보를 그림이나 문장으로 단계적으로 제시하는 실험적 연구 결과도 마찬가지였다. 여기서 정보는 처음에 모호한 상태로 주어지지만 차츰 분명해지는데, 정신증 경향이 있는 사람들은 여기서 소위 BADEBias against disconfirmatory evidence(Moritz and Woodward, 2006; Woodward et al., 2006; Zhu et al., 2020) 형태의 강화된 인지 편향 경향을 보여주었다. 성급히 결론을 내리는 경향jumping to conclusions 역시 종종 망상이 생기는 것과 관련이 있다. 조현병 진단을 받은 사람들이 성급한 결론을 내리는 경향이 있음은 많은 연구에서 반복 확인되었지만(이에 대해 자세한 사항은 Sterzer et al., 2018을 참조하라) 연구에 활용되는 방법이 다른 요소들의 영향에 민감하다 보니 아직 명확하게 증명되지는 않았다(Schmack and Sterzer, 2019). 그러나 성급한 결론을 내리는 것에 관한 최근 발표된 연구에 따르면 망상 경향이 있는 사람들은 처음의 결론을 고수하는 경향이 더 강한 것으로 나타났다. 즉 반대되는 정보가 더 많아야 겨우 기존의 확신을 수정할 수 있는 것이다(Baker et al., 2019). 따라서 BADE에 대한 발견과 비슷하게 이런 결과 역시 강화된 인지적 확증 편향과 망상의 연관을 보여준다.

47 Frith, 2007, 독일어 번역본 Wie das Gehirn die Welt erschafft(2010), p. 147.

48 다음을 참조하라. Weilnhammer et al., 2021; Weilnhammer et al., 2017. 이러한 연구는 제이컵 호위 팀의 아이디어에 기반하며(Hohwy et al., 2008), 이를 간단히 설명하면 다음과 같다. 가령 내가 왼쪽으로 회전하는 구를 지각한다고 해보자. 이런 상황에서 나의 내적 세계 모델의 일부는 지금 왼쪽으로 회전하는 구가 내 눈의 망막에서 감지되는 신호를 유발한다고 말한

다. 그러나 동시에 이런 신호가 오른쪽으로 회전하는 구와도 양립될 수 있기에 내 뇌에서 예측 오류가 발생한다. 이런 예측 오류는 현재의 내적 세계 모델의 예측과 경쟁하고 "잠깐만, 넌 지금 이 구가 왼쪽으로 돈다고 보고 있지만, 내 정보에 따르면 구가 오른쪽으로 회전하고 있는걸"이라고 말한다. 그러면 어느 순간 예측 오류가 경쟁에 승리해 나의 내적 모델은 오른쪽으로 회전하는 구의 모델로 바뀐다. 따라서 나는 구가 갑자기 오른쪽으로 회전하는 것으로 지각하는 것이다. 그러나 물론 이제 다시금 예측 오류가 생겨난다. 즉 자극은 왼쪽으로 회전하는 구와도 양립이 되는 것이다. 그리하여 게임은 다시 처음부터 시작된다. 이런 새로운 예측 오류는 구가 오른쪽으로 회전한다는 현재의 예측과 경쟁하다가, 어느 순간 이 경쟁에서 이겨서 나는 다시금 왼쪽으로 회전하는 구를 지각한다. 이런 식으로 계속되는 것이다.

49 Brascamp et al., 2018.

50 예측 처리 이론의 관점에서 이런 확증 편향은 다음과 같이 설명할 수 있다. 실험에서 내가 왼쪽으로 회전하는 구를 지각하면, 그것은 이 시점의 나의 내적 세계 모델을 보여주는 것이다. 잠시 후 동일한 자극이 다시금 나타나면, 나는 해당하는 예측을 활용해 구가 왼쪽으로 회전한다고 가정한다. (Schmack et al., 2015).

51 Frith, 2007, 독일어 번역본 Wie das Gehirn die Welt erschafft(2010), p. 147.

52 Sterzer et al., 2008. 지각과도 관계되기는 하지만 이런 확증 편향은 위에서 기술한 지각적 확증 편향과 달리, 실험 참가자가 의식하고, 보고할 수도 있는 확신, 즉 인지적 편향이다.

53 Peters et al., 1999.

54 Schmack et al., 2013.

55 Schmack et al., 2015.

7장 여기서 병든 사람은 누구일까?

1 Freeman und Garety, 2000에 의거한 정의다.

2 Elahi et al., 2017; Taylor et al., 2016; van Os et al., 2009.

3 Kennedy und Adolphs, 2012.

4 Axelrod, 1984.

5 Raihani und Bell, 2019.

6   Anderson und Freeman, 2013; Ember et al., 2013; Kastelan et al., 2007; Wood und Dennard, 2017.

7   McKay und Dennett, 2009, p. 501.

8   Fineberg und Corlett, 2016; Lancellotta und Bortolotti, 2019; Mishara und Corlett, 2009.

9   Fineberg und Corlett, 2016, p. 74(저자 번역).

10   Fineberg und Corlett, 2016; Mishara und Corlett, 2009.

11   (통계학자들에게 인기 있는) 이 말은 영국 통계학자 조지 박스가 한 말이다(다음을 참조하라. https://en.wikipedia.org/wiki/All_models_are_wrong).

12   다음을 참조하라. Brotherton, 2016; Butter, 2018; Hepfer, 2015; Nocun und Lamberty, 2020.

13   https://harpers.org/archive/1964/11/the-paranoid-style-in-american-politics.

14   Oliver und Wood, 2014.

15   Nocun und Lamberty, 2020, p. 25.

16   Swami et al., 2011; van Prooijen, 2017.

17   다음을 참조하라. Brotherton, 2016; Butter, 2018; Hepfer, 2015; Nocun und Lamberty, 2020.

18   Martin et al., 2021.

19   Brotherton, 2016, p. 110(저자 번역).

20   Molding et al., 2016, p. 345

21   Nocun und Lamberty, 2020.

22   Zitiert nach Nocun und Lamberty, 2020, p. 51.

23   Conrad, 1959, p. 56.

24   Newheiser et al., 2011; Sullivan et al., 2012; van Prooijen und Jostmann, 2013.

25   Swami et al., 2016.

26   Nocun und Lamberty, 2020, p. 29.

27   de Spinoza, 2016, p. 1.

28   Jaspers, 1973, p. 87.

29   다음을 참조하라. Bortolotti, 2010, p. 24.

30   Imhoff und Lamberty, 2018.

31 Imhoff und Lamberty, 2018, p. 923.

32 Lincoln, 2007.

33 Chapman et al., 1994; Werbeloff et al., 2012.

34 Imhoff und Lamberty, 2018.

35 Schizophrenia Working Group of the Psychiatric Genomics, 2014.

36 Adams et al., 2013; Sterzer et al., 2018.

37 https://dorsch.hogrefe.com/stichwort/ambiguitaetstoleranz.

38 심리학에서는 이러한 욕구를 '종결 욕구need for closure' 혹은 '인지 욕구 need for cognition'라 부른다. 다음을 참조하라. https://lexikon.stangl. eu/21727/need-forclosure.

39 Larsen et al., 2021.

40 Whitson und Galinsky, 2008.

41 de Gee et al., 2020; Urai et al., 2017.

42 Pani et al., 2000; Vaessen et al., 2015.

43 Heinz et al., 2019.

44 Henssler et al., 2020.

45 Egerton et al., 2017.

46 신중을 기하기 위해, 여기서 다시 한번 보완하는 바, 이런 요인은 굉장히 복잡한 많은 신경 과정의 협연에 종속된다.

8장 기회, 위험 그리고 부작용

1 Frith, 2007, 독일어 번역본 Wie das Gehirn die Welt erschafft(2010), p. 147.

2 Deutsch: Es ist kein Fehler, es ist eine Funktion.

3 Shakespeare: As you like it, 4.1.112~115.

4 https://www.philoclopedia.de/was-soll-ich-tun/metaethik/ seinsollen-fehlschluss.

5 George Edward Moore, Principia ethica, 1903.

6 Dawkins, 2006, p. XIV(저자 번역).

7 다음을 참조하라. Gabriel, 2015, p. 37 이하.

8 Dennett, 2006, p. 73(저자 번역).

9 American Psychiatric Association, 2013.

10 위의 책.

11 다음을 참조하라. Martin et al., 2021.

12 더 중립적이고 정확한 명칭은 '전기 경련 요법'이다. 이 요법을 비판하는 사람들은 이것이 잔인한 치료법이라는 인상을 일깨우기 위해 '전기 충격'이라는 용어를 선호한다.

13 다음을 참조하라. Insel, 2010.

14 Jaspers, 1973, p. 88 이하.

15 Corrigan et al., 2013.

16 Barlow, 2004.

17 자세한 사항은 다음을 참조하라. Falkai et al., 2017, p. 1650 이하.

18 다음을 참조하라. https://psyarxiv.com/8mbsk.

19 다음을 참조하라. Litwin und Milkowski, 2020.

20 Fletcher und Frith, 2009, p. 54.

21 다음을 참조하라. https://de.wikipedia.org/wiki/Offene_Wissenschaft.

22 이런 면에서 나의 시각을 교정해준 저널리스트이자 작가인 막시밀리안 슈타인바이스에게 감사하다. 그의 도움으로 나의 과학 중심적 성향을 비판적으로 점검할 수 있었다.

에필로그 팬데믹 시대의 확신

1 https://www.spiegel.de/politik/deutschland/corona-und-die-afd-zwei-von-drei-ungeimpften-waehlen-rechte-parteien-a-da3157d2-c123-4796-898a-9f6bb35ee918.

2 https://www.ecpmf.eu/wp-content/uploads/2022/04/Feindbild-Journalist-2021.pdf.

3 다음을 참조하라. van der Heiden et al., 2012.

4 https://www.tagesschau.de/inland/lauterbach-kehrtwende-isolation-coronavirus-103.html.

5 Nyhan, 2021.

6 Kumar et al., 2015.

Acar S, Chen X, Cayirdag N. Schizophrenia and creativity: A meta-analytic review. Schizophr Res 2018; 195: 23~31.

Adams RA, Stephan KE, Brown HR, Frith CD, Friston KJ. The computational anatomy of psychosis. Frontiers in psychiatry 2013; 4: 47.

Adams WJ, Graf EW, Ernst MO. Experience can change the »light-fromabove« prior. Nat Neurosci 2004; 7: 1057~1058.

Alicke MD. Global self-evaluation as determined by the desirability and controllability of trait adjectives. Journal of Personality and Social Psychology 1985; 49: 1621~1630.

Alink A, Schwiedrzik CM, Kohler A, Singer W, Muckli L. Stimulus predictability reduces responses in primary visual cortex. J Neurosci 2010; 30: 2960~2966.

Allport GW. The Nature of Prejudice. Reading, Mass. Addison-Wesley 1954.

Altman M. The Nobel Prize in behavioral and experimental economics: a contextual and critical appraisal of the contributions of Daniel Kahneman and Cernon Smith. Review of Political Economy 2004; 16: 3~41.

Anderson F, Freeman D. Socioeconomic status and paranoia: the role of life hassles, self-mastery, and striving to avoid inferiority. J Nerv Ment Dis 2013; 201: 698~702.

Appelbaum PS, Robbins PC, Vesselinov R. Persistence and stability of delusions over time. Compr Psychiatry 2004; 45: 317~324.

American Psychiatric Association. Diagnostic and statistical manual of mental disorders (5. Ausgabe). Arlington, VA. American Psychiatric Publishing 2013.

Axelrod R. The Evolution of Cooperation. New York. Basic Books 1984.

Baas M, Nijstad BA, Boot NC, De Dreu CKW. Mad genius revisited:

Vulnerability to psychopathology, biobehavioral approach-avoidance, and creativity. Psychol Bull 2016; 142: 668~692.

Baker SC, Konova AB, Daw ND, Horga G. A distinct inferential mechanism for delusions in schizophrenia. Brain 2019; 142: 1797~1812.

Balzan R, Delfabbro P, Galletly C, Woodward T. Confirmation biases across the psychosis continuum: the contribution of hypersalient evidence–hypothesis matches. Br J Clin Psychol 2013; 52: 53~69.

Barlow HB. Anxiety and Its Disorders: The Nature and Treatment of Anxiety and Panic. New York. Guilford 2004.

Barrett JL. Exploring the natural foundations of religion. Trends Cogn Sci 2000; 4: 29~34.

Bastos AM, Usrey WM, Adams RA, Mangun GR, Fries P, Friston KJ. Canonical microcircuits for predictive coding. Neuron 2012; 76: 695~711.

Baumann, P., Erkenntnistheorie. 3. Ausgabe. Stuttgart, J. B. Metzler 2015.

Beck A, Rush AJ, Shaw B, Emery G. Cognitive Therapy of Depression. New York. Guilford 1979.

Bijl RV, Ravelli A, van Zessen G. Prevalence of psychiatric disorder in the general population: results of The Netherlands Mental Health Survey and Incidence Study (NEMESIS). Social psychiatry and psychiatric epidemiology 1998; 33: 587~595.

Bleuler E. Dementia praecox oder Gruppe der Schizophrenien. In: Aschaffenburg G, (Hrsg.). Handbuch der Psychiatrie. Leipzig, Wien. Deuticke 1911.

Bocskocsky A, Ezekowitz J, Stein C: The hot hand: A new approach to an old »fallacy«. 8th Annual MIT Sloan Sports Analytics Conference 2014. Hynes, USA, 2014; P. 1~10.

Bopp M, Braun J, Gutzwiller F, Faeh D, Swiss National Cohort Study G. Health risk or resource? Gradual and independent association between self-rated health and mortality persists over 30 years. PLoS One 2012; 7: e30795.

Bortolotti L. Delusions and other irrational beliefs. Oxford. Oxford University Press 2010.

Bortolotti L. The Epistemic Innocence of Irrational Beliefs. Oxford. Oxford University Press 2020.

Bouchard TJ, Jr., Loehlin JC. Genes, evolution, and personality. Behav Genet 2001; 31: 243~273.

Brascamp J, Sterzer P, Blake R, Knapen T. Multistable Perception and the Role of the Frontoparietal Cortex in Perceptual Inference. Annu Rev Psychol 2018; 69: 77~103.

Broome M, Dale J, Marriott C, Merino C, Bortolotti L. Neuroscience, continua and the prodromal phase of psychosis. In: Fusar-Poli P, Borgwardt S, McGuire P, (eds.). Vulnerability to Psychosis: From Neurosciences to Psychopathology. East Sussex. Psychology Press 2012.

Brotherton R. Suspicious Minds: Why We Believe Conspiracy Theories. London. Bloomsbury Sigma 2016.

Brown JD. The Self. New York. Psychology Press 2007.

Brown S, Inskip H, Barraclough B. Causes of the excess mortality of schizophrenia. The British journal of psychiatry: the journal of mental science 2000; 177: 212~217.

Brugger SP, Angelescu I, Abi-Dargham A, Mizrahi R, Shahrezaei V, Howes OD. Heterogeneity of Striatal Dopamine Function in Schizophrenia: Meta-analysis of Variance. Biol Psychiatry 2020; 87: 215~224.

Brüne M. Schizophrenia - an evolutionary enigma? Neurosci Biobehav Rev 2004; 28: 41~53.

Brüne M. Textbook of Evolutionary Psychiatry: The Origins of Psychopathology. New York. Oxford University Press 2008.

Bumpas HC: The elimination of the unfit as illustrated by the introduced sparrow. Biology lectures in marine biology at Woods Hole, Massachusetts 1899; P. 209~226.

Bundy H, Stahl D, MacCabe JH. A systematic review and meta-analysis of the fertility of patients with schizophrenia and their unaffected relatives. Acta Psychiatr Scand 2011; 123: 98~106.

Butter, M. »Nichts ist, wie es scheint«: Über Verschwörungstheorien. Berlin, Suhrkamp Verlag 2018.

Caporuscio C, Fink SB, Sterzer P, Martin JM. When seeing is not believing: A mechanistic basis for predictive divergence. Conscious Cogn 2022; 202: 103334.

Chapman LJ, Chapman JP, Kwapil TR, Eckblad M, Zinser MC. Putatively psychosis-prone subjects 10 years later. J Abnorm Psychol 1994; 103: 171~183.

Cicchini GM, Mikellidou K, Burr DC. The functional role of serial dependence. Proceedings Biological sciences/The Royal Society 2018; 285.

Clark A. Surfing Uncertainty: Prediction, Action, and the Embodied Mind. New York. Oxford University Press 2016.

Coltheart M, Langdon R, McKay R. Schizophrenia and monothematic delusions. Schizophr Bull 2007; 33: 642~647.

Connors MH, Halligan PW. A cognitive account of belief: a tentative road map. Frontiers in psychology 2014; 5: 1588.

Conrad, K, Die beginnende Schizophrenie. Versuch einer Gestaltanalyse des Wahns. Stuttgart, Thieme 1959.

Corrigan PW, Sokol KA, Rusch N. The impact of self-stigma and mutual help programs on the quality of life of people with serious mental illnesses. Community Ment Health J 2013; 49: 1~6.

Crow TJ. Schizophrenia as the price that homo sapiens pays for language: a resolution of the central paradox in the origin of the species. Brain Res Brain Res Rev 2000; 31: 118~129.

Dawkins R. The ancestor's tale: A pilgrimage to the dawn of life. London. Weidenfeld & Nicolson 2004.

Dawkins R. The God Delusion. London. Bantam Press 2006.

Dawkins R. The Selfish Gene. Oxford. Oxford University Press 2006.

Dawkins R. Science in the Soul: Selected Writings of a Passionate

Rationalist. New York. Random House 2017.

de Gee JW, Tsetsos K, Schwabe L, et al. Pupil-linked phasic arousal predicts a reduction of choice bias across species and decision domains. eLife 2020; 9: e54014.

de Spinoza, B., Tractatus theologico-politicus. 4. Ausgabe. Berlin, Holzinger 2016.

Dehnhardt, R., Schamanismus und Schizophrenie. Bern, Peter Lang 2003.

Dennett DC. Breaking the Spell: Religion as a Natural Phenomenon. London. Penguin 2006.

Dunbar R. The Human Story: A New History of Mankind's Evolution. London. Faber & Faber 2004.

Eckert A-L, Gounitski Y, Guggenmos M, Sterzer P. Cross-modality evidence for reduced choice history biases in psychosis prone individuals. PsyArXiv 2022 (Preprint).

Egerton A, Howes OD, Houle S, et al. Elevated Striatal Dopamine Function in Immigrants and Their Children: A Risk Mechanism for Psychosis. Schizophr Bull 2017; 43: 293~301.

Elahi A, Perez Algorta G, Varese F, McIntyre JC, Bentall RP. Do paranoid delusions exist on a continuum with subclinical paranoia? A multi-method taxometric study. Schizophr Res 2017; 190: 77~81.

Ember CR, Adem TA, Skoggard I. Risk, uncertainty, and violence in eastern Africa: a regional comparison. Hum Nat 2013; 24: 33~58.

Erickson MA, Albrecht M, Ruffle A, Fleming L, Corlett P, Gold J. No association between symptom severity and MMN impairment in schizophrenia: A meta-analytic approach. Schizophr Res Cogn 2017; 9: 13~17.

Erickson MA, Ruffle A, Gold JM. A Meta-Analysis of Mismatch Negativity in Schizophrenia: From Clinical Risk to Disease Specificity and Progression. Biol Psychiatry 2016; 79: 980~987.

Falkai, P., Schennach, R., Lincoln, T. M., Schaub, A., Hasan, A.., Schizophrene Psychosen. In: Möller, H.-J., Laux, G., Kapfhammer,

H.-P. (Hrsg., Psychiatrie, Psychsomatik, Psychotherapie. Berlin, Springer Nature 2017.

Fineberg SK, Corlett PR. The doxastic shear pin: delusions as errors of learning and memory. Cogn Neuropsychiatry 2016; 21: 73~89.

Fischer J, Whitney D. Serial dependence in visual perception. Nat Neurosci 2014; 17: 738~743.

Fletcher PC, Frith CD. Perceiving is believing: a Bayesian approach to explaining the positive symptoms of schizophrenia. Nat Rev Neurosci 2009; 10: 48~58.

Forgas JP, Laham SM. Halo Effects. In: Pohl RF, (ed.). Cognitive Illusions: Intriguing phenomena in thinking, judgement and memory. New York. Routledge 2017; S. 276~290.

Foucault, M., Wahnsinn und Gesellschaft: eine Geschichte des Wahns im Zeitalter der Vernunft. 1. Ausgabe. Frankfurt am Main, Suhrkamp 1973.

Frances, A., Normal: Gegen die Inflation psychiatrischer Diagnosen. Köln, Dumont 2014.

Freeman D, Garety PA. Comments on the content of persecutory delusions: does the definition need clarification? Br J Clin Psychol 2000; 39: 407~414.

Friston KJ, Shiner T, FitzGerald T, et al. Dopamine, affordance, and active inference. PLoS computational biology 2012; 8: e1002327.

Frith C. Making up the Mind. How the Brain Creates our Mental World. Oxford. Blackwell 2007.

Gabriel, M., Ich ist nicht Gehirn. 3. Aufl. Berlin, Ullstein 2015.

Gadenne, V., Oswald, M., Entstehung und Veränderung von Bestätigungstendenzen beim Testen von Hypothesen. Zeitschrift für Experimentelle und Angewandte Psychologie 1986, 33, S. 360~374.

Gagne FM, Lydon JE. Bias and accuracy in close relationships: an integrative review. Pers Soc Psychol Rev 2004; 8: 322~338.

Garrido MI, Kilner JM, Stephan KE, Friston KJ. The mismatch negativity:

a review of underlying mechanisms. Clinical neurophysiology: official journal of the International Federation of Clinical Neurophysiology 2009; 120: 453~463.

Geschke D, Lorenz J, Holtz P. The triple-filter bubble: Using agent-based modelling to test a meta-theoretical framework for the emergence of filter bubbles and echo chambers. Br J Soc Psychol 2019; 58: 129~149.

Ghiselin MT. The economy of nature and the evolution of sex. Oakland. University of California Press 1974.

Gigerenzer, G., Bauchentscheidungen: Die Intelligenz des Unbewussten und die Macht der Intuition. München, Wilhelm Goldmann Verlag 2008.

Gilovich T, Vallone R, Tversky A. The Hot Hand in Basketball: On the Misperception of Random Sequences. Cognitive Psychology 1985; 17: 295~314.

Goldstein DG, Gigerenzer G. Models of ecological rationality: the recognition heuristic. Psychol Rev 2002; 109: 75~90.

Goleman D. MEDICAL SCIENCE: Delusion, Benign and Bizarre, Is Recognized as Common. The New York Times 1989: C3.

Greenaway KH, Louis WR, Hornsey MJ. Loss of control increases belief in precognition and belief in precognition increases control. PLoS One 2013; 8: e71327.

Greenburgh A: Beliefs have a social purpose. Does this explain delusions? Psyche 2020.

Haarsma J, Fletcher PC, Griffin JD et al. Precision weighting of cortical unsigned prediction error signals benefits learning, is mediated by dopamine, and is impaired in psychosis. Mol Psychiatry 2021; 26: 5320~5333.

Häfner, H., Das Rätsel Schizophrenie: Eine Krankheit wird entschlüsselt. 4. Ausgabe. München, C. H. Beck 2017.

Hall L, Johansson P, Strandberg T. Lifting the veil of morality: choice blindness and attitude reversals on a self-transforming survey. PLoS

One 2012; 7: e45457.

Hamilton A. Against the Belief Model of Delusion. In: Chung M, Fulford W, Graham G, (eds.). Reconceiving Schizophrenia. Oxford. Oxford University Press 2006; S. 217~234.

Haselton MG, Buss DM. Error management theory: a new perspective on biases in cross-sex mind reading. J Pers Soc Psychol 2000; 78: 81~91.

Haselton MG, Nettle D. The paranoid optimist: an integrative evolutionary model of cognitive biases. Pers Soc Psychol Rev 2006; 10: 47~66.

Haynes, J.-D., Eckoldt, M., Fenster ins Gehirn: Wie unsere Gedanken entstehen und wie man sie lesen kann. Berlin, Ullstein 2021.

Heckers S, Barch DM, Bustillo J, et al. Structure of the psychotic disorders classification in DSM-5. Schizophr Res 2013; 150: 11~14.

Heinz A. Dopaminergic dysfunction in alcoholism and schizophrenia - psychopathological and behavioral correlates. Eur Psychiatry 2002; 17: 9~16.

Heinz, A., Der Begriff der psychischen Krankheit. Berlin, Suhrkamp/ Insel Verlag 2014.

Heinz A, Murray GK, Schlagenhauf F, Sterzer P, Grace AA, Waltz JA. Towards a Unifying Cognitive, Neurophysiological, and Computational Neuroscience Account of Schizophrenia. Schizophr Bull 2019; 45: 1092~1100.

Henssler J, Brandt L, Muller M, et al. Migration and schizophrenia: metaanalysis and explanatory framework. Eur Arch Psychiatry Clin Neurosci 2020; 270: 325~335.

Hepfer, K., Verschwörungstheorien. Eine philosophische Kritik der Unvernunft. Bielefeld, Transcript 2015.

Hohwy J. The Predictive Mind. Oxford. Oxford University Press 2013.

Hohwy J, Roepstorff A, Friston K. Predictive coding explains binocular rivalry: an epistemological review. Cognition 2008; 108: 687 ~701.

Hong LE, Avila MT, Thaker GK. Response to unexpected target changes during sustained visual tracking in schizophrenic patients. Exp Brain Res 2005; 165: 125~131.

Hume D. A Treatise of Human Nature. Oxford. Clarendon Press 1888.

Imhoff R, Lamberty P. How paranoid are conspiracy believers? Toward a more fine-grained understanding of the connect and disconnect between paranoia and belief in conspiracy theories. European Journal of Social Psychology 2018; 48: 909~926.

Insel TR. Rethinking schizophrenia. Nature 2010; 468: 187~193.

Jaspers, K., Allgemeine Psychopathologie. 9. Ausgabe. Berlin, Springer 1973.

Johansson P, Hall L, Sikstrom S, Olsson A. Failure to detect mismatches between intention and outcome in a simple decision task. Science 2005; 310: 116~119.

Johns LC, van Os J. The continuity of psychotic experiences in the general population. Clin Psychol Rev 2001; 21: 1125~1141.

Johnson DM, Krüger O. The Good of Wrath: Supernatural Punishment and the Evolution of Cooperation. Political Theology 2004; 5: 159~176.

Kahan D. Climate-Science Communication and the Measurement Problem. Political Psychology 2015; 36.

Kahan D, Wittlin M, Peters E, et al. The Tragedy of the Risk-Perception Commons: Culture Conflict, Rationality Conflict, and Climate Change. Temple University Legal Studies Research Paper 2011; 2011~2026.

Kahneman D. Thinking, fast and slow. London. Allen Labe 2011.

Kant, I., Kritik der reinen Vernunft. Frankfurt am Main, Suhrkamp 1995.

Kapur S. Psychosis as a state of aberrant salience: a framework linking biology, phenomenology, and pharmacology in schizophrenia. Am J Psychiatry 2003; 160: 13~23.

Kastelan A, Franciskovic T, Moro L, et al. Psychotic symptoms in combatrelated post-traumatic stress disorder. Mil Med 2007; 172:

273~277.

Kay AC, Gaucher D, McGregor I, Nash K. Religious belief as compensatory control. Pers Soc Psychol Rev 2010; 14: 37~48.

Keller GB, Mrsic-Flogel TD. Predictive Processing: A Canonical Cortical Computation. Neuron 2018; 100: 424~435.

Kennedy DP, Adolphs R. The social brain in psychiatric and neurological disorders. Trends Cogn Sci 2012; 16: 559~572.

Kettell S. What's really new about New Atheism? Palgrave Communications 2016; 2.

Klee, E., Das Personenlexikon zum Dritten Reich. Wer war was vor und nach 1945. 2. Ausgabe. Frankfurt am Main, Fischer Taschenbuch 2005.

Koschnick, W. J. Standardwörterbuch für die Sozialwissenschaften. München, Saur 1993.

Krebs DL, Denton K. Social illusions and self-deception: The evolution of biases in person perception. In: Simpson JA, Kenrick DT (eds.). Evolutionary social psychology. New York. Psychology Press 1997.

Kuipers E, Garety P, Fowler D, et al. London-East Anglia randomised controlled trial of cognitive-behavioural therapy for psychosis. I: effects of the treatment phase. The British journal of psychiatry : the journal of mental science 1997; 171: 319~327.

Kumar D, Menon M, Moritz S, Woodward T. Using the back door: Metacognitive training for psychosis. Psychosis 2015; 7: 166~178.

Lancellotta E, Bortolotti L. Are clinical delusions adaptive? Wiley Interdiscip Rev Cogn Sci 2019; 10: e1502.

Larkings JS, Brown PM. Do biogenetic causal beliefs reduce mental illness stigma in people with mental illness and in mental health professionals? A systematic review. Int J Ment Health Nurs 2018; 27: 928~941.

Larsen EM, Donaldson KR, Liew M, Mohanty A. Conspiratorial Thinking During COVID-19: The Roles of Paranoia, Delusion-Proneness, and Intolerance of Uncertainty. Frontiers in psychiatry 2021; 12: 698147.

Lawn RB, Sallis HM, Taylor AE, et al. Schizophrenia risk and reproductive success: a Mendelian randomization study. R Soc Open Sci 2019; 6: 181049.

Lawson R. The science of cycology: failures to understand how everyday objects work. Memory & cognition 2006; 34: 1667~1675.

Lebuda I, Sorowski P, Groyecka-Bernard A, et al. Creativity, Mating, and Reproductive Successes Outside the WEIRD World. Creativity Research Journal 2021; 33: 255~263.

Legge SE, Jones HJ, Kendall KM, et al. Association of Genetic Liability to Psychotic Experiences With Neuropsychotic Disorders and Traits. JAMA Psychiatry 2019; 76: 1256~1265.

Leo, P., Steinbeis, M., Zorn, D. P., Mit Rechten reden. Stuttgart, Klett-Cotta 2017.

Levy DL, Sereno AB, Gooding DC, O'Driscoll GA. Eye tracking dysfunction in schizophrenia: characterization and pathophysiology. Curr Top Behav Neurosci 2010; 4: 311~347.

Lewandowsky S, Ecker UK, Seifert CM, Schwarz N, Cook J. Misinformation and Its Correction: Continued Influence and Successful Debiasing. Psychol Sci Public Interest 2012; 13: 106~131.

Lincoln TM. Relevant dimensions of delusions: continuing the continuum versus category debate. Schizophr Res 2007; 93: 211~220.

Litwin P, Milkowski M. Unification by Fiat: Arrested Development of Predictive Processing. Cogn Sci 2020; 44: e12867.

Liu C, Everall I, Pantelis C, Bousman C. Interrogating the Evolutionary Paradox of Schizophrenia: A Novel Framework and Evidence Supporting Recent Negative Selection of Schizophrenia Risk Alleles. Front Genet 2019; 10: 389.

Luhmann, N., Soziale Systeme: Grundriß einer allgemeinen Theorie. Frankfurt am Main, Suhrkamp 1987.

MacCabe JH, Koupil I, Leon DA. Lifetime reproductive output over two generations in patients with psychosis and their unaffected siblings: the Uppsala 1915~1929 Birth Cohort Multigenerational Study. Psychol Med 2009; 39: 1667~1676.

Macpherson F. The relationship between cognitive penetration and predictive coding. Conscious Cogn 2017; 47: 6~16.

Makridakis S, Moleskis A. The costs and benefits of positive illusions. Frontiers in psychology 2015; 6: 859.

Marr D. Vision: A Computational Investigation into the Human Representation and Processing of Visual Information. New York. Freeman 1982.

Martin JM, Solms M, Sterzer P. Useful misrepresentation: perception as embodied proactive inference. Trends Neurosci 2021; 44: 619~628.

Matthias, C., Werke in einem Band. München, Winkler 1976.

McCutcheon RA, Abi-Dargham A, Howes OD. Schizophrenia, Dopamine and the Striatum: From Biology to Symptoms. Trends Neurosci 2019; 42: 205~220.

McGrath JJ, Saha S, Al-Hamzawi A, et al. Psychotic Experiences in the General Population: A Cross-National Analysis Based on 31,261 Respondents From 18 Countries. JAMA Psychiatry 2015; 72: 697~705.

McKay RT, Dennett DC. The evolution of misbelief. The Behavioral and Brain Sciences 2009; 32: 493~510; discussion - 61.

McKenna FP, Stanier RA, Lewis C. Factors underlying illusory self-assessment of driving skill in males and females. Accid Anal Prev 1991; 23: 45~52.

McKenna P. Delusions: Understanding the Un-understandable. Cambridge. Cambridge University Press 2017.

Meehl PE. Schizotaxia, schizotypy, schizophrenia. American Psychologist 1962; 17: 827~838

Mehta D, Tropf FC, Gratten J, et al. Evidence for Genetic Overlap Between Schizophrenia and Age at First Birth in Women. JAMA

Psychiatry 2016; 73: 497~505.

Mercier H. Confirmation bias – myside bias. In: Pohl RF (ed.). Cognitive Illusions: Intriguing phenomena in thinking, judgement and memory. New York. Routledge 2017.

Mercier H. Not Born Yesterday: The Science of Who We Trust and What We Believe. Princeton, New Jersey, USA. Princeton University Press 2020.

Mercier H, Sperber D. The Enigma of Reason: A New Theory of Human Understanding. London. Penguin 2018.

Miller G. The Mating Mind: How Sexual Choice Shaped the Evolution of Human Nature. New York. Random House 2000.

Mishara AL, Corlett PR. Are delusions biologically adaptive? Salvaging the doxastic shear pin. The Behavioral and Brain Sciences 2009; 32: 530~531.

Molding R, Nix-Carnell S, Schnabel A, et al. Better the devil you know than a world you don't? Intolerance of uncertainty and worldview explanations for belief in conspiracy theories. Personality and Individual Differences 2016; 98: 345~354.

Moritz S, Woodward TS. A generalized bias against disconfirmatory evidence in schizophrenia. Psychiatry Res 2006; 142: 157~165.

Muckli L, Kohler A, Kriegeskorte N, Singer W. Primary Visual Cortex Activity along the Apparent-Motion Trace Reflects Illusory Perception. PLoS Biol 2005; 3: e265.

Mukherjee S. The Gene: An Intimate History. London. London 2017.

Mullins N, Ingason A, Porter H, et al. Reproductive fitness and genetic risk of psychiatric disorders in the general population. Nat Commun 2017; 8: 15833.

Nanko S, Moridaira J. Reproductive rates in schizophrenic outpatients. Acta Psychiatr Scand 1993; 87: 400~404.

Nesse RM. Good Reasons for Bad Feelings: Insights from the Frontier of Evolutionary Psychiatry. London. Penguin/Random House 2019.

Nettle D. The evolution of personality variation in humans and other animals. The American psychologist 2006; 61: 622~631.

Nettle D, Clegg H. Schizotypy, creativity and mating success in humans. Proceedings Biological sciences/The Royal Society 2006; 273: 611~615.

Newheiser AK, Farias M, Tausch N. The functional nature of conspiracy beliefs: Examining the underpinnings of belief in the Da Vinci Code conspiracy. Personality and Individual Differences 2011; 51: 1007~1011.

Ni G, Gratten J, Wray NR, Lee SH, Schizophrenia Working Group of the Psychiatric Genomics C. Age at first birth in women is genetically associated with increased risk of schizophrenia. Scientific reports 2018; 8: 10168.

Nickerson RS. Confirmation bias: A ubiquitous phenomenon in many guises. Review of general psychology 1998; 2: 175~220.

Nocun, K., Lamberty, P., Fake Facts: Wie Verschwörungstheorien unser Denken bestimmen. Berlin, Quadriga 2020.

Nyhan B. Why the backfire effect does not explain the durability of political misperceptions. Proc Natl Acad Sci U S A 2021; 118.

Olfson M, Gerhard T, Huang C, Crystal S, Stroup TS. Premature Mortality Among Adults With Schizophrenia in the United States. JAMA Psychiatry 2015; 72: 1172~1181.

Oliver JE, Wood TJ. Conspiracy Theories and the Paranoid Style(s) of Mass Opinion. Am J Polit Sci 2014; 58: 952~966.

Pain O, Dudbridge F, Cardno AG, et al. Genome-wide analysis of adolescent psychotic-like experiences shows genetic overlap with psychiatric disorders. Am J Med Genet B Neuropsychiatr Genet 2018; 177: 416~425.

Pani L, Porcella A, Gessa GL. The role of stress in the pathophysiology of the dopaminergic system. Mol Psychiatry 2000; 5: 14~21.

Parr T, Friston KJ. The Anatomy of Inference: Generative Models and Brain Structure. Front Comput Neurosci 2018; 12: 90.

Parras GG, Nieto-Diego J, Carbajal GV, Valdes-Baizabal C, Escera C,

Malmierca MS. Neurons along the auditory pathway exhibit a hierarchical organization of prediction error. Nat Commun 2017; 8: 2148.

Peralta V, Cuesta MJ, de Leon J. An empirical analysis of latent structures underlying schizophrenic symptoms: a four-syndrome model. Biol Psychiatry 1994; 36: 726~736.

Peters ER, Joseph SA, Garety PA. Measurement of delusional ideation in the normal population: introducing the PDI (Peters et al. Delusions Inventory). Schizophr Bull 1999; 25: 553~576.

Pinker S. How the Mind Works. New York/London. W. W. Norton 1997.

Pinker S. Enlightenment Now: The Case for Reason, Science, Humanism, and Progress. London. Penguin 2019.

Pohl RF. Cognitive Illusions. In: Pohl RF (ed.). Cognitive Illusions: Intriguing phenomena in thinking, judgement and memory. New York. Routledge 2017; S. 3~21.

Pommrenke, S., Klöckner, M. B. Staatsversagen auf höchster Ebene: Was sich nach dem Fall Mollath ändern muss. Westend 2013.

Power RA, Kyaga S, Uher R et al. Fecundity of patients with schizophrenia, autism, bipolar disorder, depression, anorexia nervosa, or substance abuse vs their unaffected siblings. JAMA Psychiatry 2013; 70: 22~30.

Power RA, Steinberg S, Bjornsdottir G, et al. Polygenic risk scores for schizophrenia and bipolar disorder predict creativity. Nat Neurosci 2015; 18: 953~955.

Prokosch MD, Coss RG, Scheib JE, Blozis SA. Intelligence and mate choice: intelligent men are always appealing. Evolution and Human Behavior 2009; 30: 11~20.

Pronin E, Lin DY, Ross L. The Bias Blind Spot: Perceptions of Bias in Self versus Others. Personality and Social Psychology Bulletin 2002; 28: 369~381.

Rado S. Dynamics and classification of disordered behavior. Am J Psychiatry 1953; 110: 406~416.

Raihani NJ, Bell V. An evolutionary perspective on paranoia. Nat Hum Behav 2019; 3: 114~121.

Rappaport RA. Ritual and religion in the making of humanity. Cambridge. Cambridge University Press 1999.

Roberts G. Delusional belief systems and meaning in life: a preferred reality? The British journal of psychiatry Supplement 1991: 19~28.

Ronson J. So you've been publicly shamed. London. Picador 2015.

Rozenblit L, Keil F. The misunderstood limits of folk science: an illusion of explanatory depth. Cogn Sci 2002; 26: 521~562.

Schizophrenia Working Group of the Psychiatric Genomics C. Biological insights from 108 schizophrenia-associated genetic loci. Nature 2014; 511: 421~427.

Schlagenhauf, F., Sterzer, P., Psychotische Erkrankungen (»Schizo phrenie«). In: Roth, G., Heinz, A., Walter, H., (Hrsg.), Psychoneur owissenschaften. Berlin, Springer Nature 2020.

Schmack K, Gomez-Carrillo de Castro A, Rothkirch M, et al. Delusions and the role of beliefs in perceptual inference. J Neurosci 2013; 33: 13701~13712.

Schmack K, Schnack A, Priller J, Sterzer P. Perceptual instability in schizophrenia: Probing predictive coding accounts of delusions with ambiguous stimuli. Schizophr Res Cogn 2015; 2: 72~77.

Schmack K, Sterzer P. Delusions: sticking with conclusions. Brain 2019; 142: 1497~1500.

Schneider, K., Klinische Psychopathologie. Stuttgart, Thieme 1946.

Schneider, K., Zum Begriff des Wahns. Fortschr Neurol Psychiatr 1949, 17, S. 26~31.

Schneider U, Leweke FM, Sternemann U, Weber MM, Emrich HM. Visual 3D illusion: a systems-theoretical approach to psychosis. Eur Arch Psychiatry Clin Neurosci 1996; 246: 256~260.

Seth A. Being you: A new science of consciousness. London. Penguin 2021.

Seth AK, Tsakiris M. Being a Beast Machine: The Somatic Basis of

Selfhood. Trends Cogn Sci 2018; 22: 969~981.

Sharp HM, Fear CF, Williams JM, et al. Delusional phenomenology - dimensions of change. Behav Res Ther 1996; 34: 123~142.

Shaw VF. The cognitive processes in informal reasoning. Thinking & Reasoning 1996; 2: 51~80.

Simon HA. Rational choice and the structure of the environment. Psychol Rev 1956; 63: 129~138.

Stanovich KE, West RF, Toplak ME. Myside bias, rational thinking, and intelligence. Current Directions in Psychological Science 2013; 22: 259~264.

Stein H, Barbosa J, Rosa-Justicia M, et al. Reduced serial dependence suggests deficits in synaptic potentiation in anti-NMDAR encephalitis and schizophrenia. Nat Commun 2020; 11: 4250.

Stephens GL, Graham G. Reconceiving delusion. Int Rev Psychiatry 2004; 16: 236~241.

Sterzer P, Adams RA, Fletcher P, et al. The Predictive Coding Account of Psychosis. Biol Psychiatry 2018; 84: 634~643.

Sterzer P, Frith C, Petrovic P. Believing is seeing: expectations alter visual awareness. Curr Biol 2008; 18: R697~698.

Sterzer P, Haynes JD, Rees G. Primary visual cortex activation on the path of apparent motion is mediated by feedback from hMT+/V5. Neuroimage 2006; 32: 1308~1316.

Sterzer P, Kleinschmidt A, Rees G. The neural bases of multistable perception. Trends Cogn Sci 2009; 13: 310~318.

Sterzer P, Voss M, Schlagenhauf F, Heinz A. Decision-making in schizophrenia: A predictive-coding perspective. Neuroimage 2019; 190: 133~143.

Sterzer P, Wiegers GJ, Reul JM. Long-term in vivo administration of glucocorticoid hormones attenuates their capacity to accelerate in vitro proliferation of rat splenic T cells. Endocrinology 2004; 145: 3630~3638.

Stevens A, Price J. Evolutionary Psychiatry: A New Beginning. Oxon.

Routledge 2016.

Stich S. The fragmentation of reason. Cambridge. MIT Press 1990.

Strark R, Finke R. Acts of Faith: Explaining the Human Side of Religion. Berkeley. University of California Press 2000.

Strate, G., Der Fall Mollath: Vom Versagen der Justiz und Psychiatrie. Zürich, Orell Füssli 2015.

Strauss JS. Hallucinations and delusions as points on continua function. Rating scale evidence. Arch Gen Psychiatry 1969; 21: 581~586.

Sullivan D, Landau MJ, Branscombe NR, Rothschild ZK. Competitive victimhood as a response to accusations of ingroup harm doing. J Pers Soc Psychol 2012; 102: 778~795.

Swami V, Coles R, Stieger S, et al. Conspiracist ideation in Britain and Austria: evidence of a monological belief system and associations between individual psychological differences and real-world and fictitious conspiracy theories. Br J Psychol 2011; 102: 443~463.

Swami V, Furnham A, Smyth N, Weis L, Lay A, Clow A. Putting the stress on conspiracy theories: Examining associations between psychological stress, anxiety, and belief in conspiracy theories. Personality and Individual Differences 2016; 99: 72~76.

Talluri BC, Urai AE, Tsetsos K, Usher M, Donner TH. Confirmation Bias through Selective Overweighting of Choice-Consistent Evidence. Curr Biol 2018; 28: 312~335 e8.

Taylor MJ, Freeman D, Ronald A. Dimensional psychotic experiences in adolescence: Evidence from a taxometric study of a community-based sample. Psychiatry Res 2016; 241: 35~42.

Taylor SE, Brown JD. Illusion and well-being: a social psychological perspective on mental health. Psychol Bull 1988; 103: 193~210.

Taylor SE, Kemeny ME, Reed GM, Bower JE, Gruenewald TL. Psychological resources, positive illusions, and health. The American psychologist 2000; 55: 99~109.

Teufel C, Fletcher PC. Forms of prediction in the nervous system. Nat Rev Neurosci 2020; 21: 231~242.

Thaker GK, Ross DE, Buchanan RW, Adami HM, Medoff DR. Smooth pursuit eye movements to extra-retinal motion signals: deficits in patients with schizophrenia. Psychiatry Res 1999; 88: 209~219.

Thornicroft G. Physical health disparities and mental illness: the scandal of premature mortality. The British journal of psychiatry : the journal of mental science 2011; 199: 441~442.

Tinbergen N. On the aims and methods of ethology. Zeitschrift für Tierpsychologie 1963, 20, S. 410~463.

Tomasello M. A Natural History of Human Morality. Cambridge, MA. Harvard University Press 2016.

Trubetskoy V, Pardinas AF, Qi T, et al. Mapping genomic loci implicates genes and synaptic biology in schizophrenia. Nature 2022; 604: 502~508.

Urai AE, Braun A, Donner TH. Pupil-linked arousal is driven by decision uncertainty and alters serial choice bias. Nat Commun 2017; 8: 14637.

Vaessen T, Hernaus D, Myin-Germeys I, van Amelsvoort T. The dopaminergic response to acute stress in health and psychopathology: A systematic review. Neurosci Biobehav Rev 2015; 56: 241~251.

van der Heiden C, Muris P, van der Molen HT. Randomized controlled trial on the effectiveness of metacognitive therapy and intolerance-of-uncertainty therapy for generalized anxiety disorder. Behav Res Ther 2012; 50: 100~109.

van Os J, Hanssen M, Bijl RV, Ravelli A. Strauss (1969) revisited: a psychosis continuum in the general population? Schizophr Res 2000; 45: 11~20.

van Os J, Linscott RJ, Myin-Germeys I, Delespaul P, Krabbendam L. A systematic review and meta-analysis of the psychosis continuum: evidence for a psychosis proneness-persistence-impairment model of psychotic disorder. Psychol Med 2009; 39: 179.

van Prooijen JW. Why Education Predicts Decreased Belief in Conspiracy Theories. Appl Cogn Psychol 2017; 31: 50~58.

van Prooijen JW, Jostmann NB. Belief in conspiracy theories: The influence of uncertainty and perceived morality. Eur J Soc Psychol 2013; 43: 109~115.

Weilnhammer V, Fritsch M, Chikermane M, et al. An active role of inferior frontal cortex in conscious experience. Curr Biol 2021; 31: 2868~2880.

Weilnhammer V, Stuke H, Hesselmann G, Sterzer P, Schmack K. A predictive coding account of bistable perception - a model-based fMRI study. PLoS computational biology 2017; 13: e1005536.

Wenger A, Fowers BJ. Positive illusions in parenting: Every child is above average. Journal of Applied Social Psychology 2008; 38: 611~634.

Werbeloff N, Drukker M, Dohrenwend BP, et al. Self-reported attenuated psychotic symptoms as forerunners of severe mental disorders later in life. Arch Gen Psychiatry 2012; 69: 467~475.

Whitson JA, Galinsky AD. Lacking control increases illusory pattern perception. Science 2008; 322: 115~117.

Williams D. Hierarchical Bayesian models of delusion. Conscious Cogn 2018; 61: 129~147.

Wood J, Dennard S. Gang Membership: Links to Violence Exposure, Paranoia, PTSD, Anxiety, and Forced Control of Behavior in Prison. Psychiatry 2017; 80: 30~41.

Woodward TS, Moritz S, Chen EY. The contribution of a cognitive bias against disconfirmatory evidence (BADE) to delusions: a study in an Asian sample with first episode schizophrenia spectrum disorders. Schizophr Res 2006; 83: 297~298.

Woodward TS, Moritz S, Cuttler C, Whitman JC. The contribution of a cognitive bias against disconfirmatory evidence (BADE) to delusions in schizophrenia. J Clin Exp Neuropsychol 2006; 28: 605~617.

Zell E, Strickhouser JE, Sedikides C, Alicke MD. The better-than-average effect in comparative self-evaluation: A comprehensive review and metaanalysis. Psychol Bull 2020; 146: 118~149.

Zhu C, Kwok NT, Chan TC, Chan GH, So SH. Inflexibility in Reasoning: Comparisons of Cognitive Flexibility, Explanatory Flexibility, and Belief Flexibility Between Schizophrenia and Major Depressive Disorder. Frontiers in psychiatry 2020; 11: 609569.